中央编译局文库编辑委员会

主　任：贾高建

副主任：俞可平　魏海生　王学东　陈和平　杨金海

委　员：贾高建　俞可平　魏海生　王学东　陈和平　杨金海
　　　　柴方国　何增科　季正聚　郗卫东　张文成　曹荣湘
　　　　卿学民　刘明清　薛晓源

中央编译出版社文库编辑中心编辑小组

薛晓源　董　巍　苗永姝　冯　章　侯天保　李媛媛　盛菊艳
薛迎春　董　妍

中国的民主治理
理论与实践

Democratic Governance in China
Theory and Practice

主编　俞可平
副主编　何增科

服务政府

SERVICE-ORIENTED GOVERNMENT

徐焕 主编

《中国的民主治理：理论与实践》编辑委员会

主　编：俞可平
副主编：何增科
委　员：陈国权　丁元竹　龚维斌　何增科　黄卫平　姜晓萍　景跃进　蓝志勇
　　　　马　骏　米加宁　浦兴祖　王长江　王绍光　王正绪　吴建南　徐　勇
　　　　薛　澜　燕继荣　杨大利　杨光斌　杨雪冬　俞可平　余逊达　赵树凯
　　　　周光辉　朱光磊

总　序 · 俞可平 · 1
导　论　我国服务型政府建设的现状与未来 · 徐　焕 · 1

建设服务政府
　　——焦作市的实践 · 陈家刚 · 3
成都市深化行政审批制度改革
　　——从"一站式"到"一窗式" · 项国兰 · 36
基层公共服务模式的构建
　　——北京西城区街道公共服务大厅案例研究 · 龙宁丽 · 57
公共管理创新与基层服务型政府建设
　　——以山东青岛莱西"为民服务代理制"为例 · 包瓘钧 · 73
推进全面质量管理　打造服务型政府
　　——以陕西杨凌农业高新技术产业示范区
　　　"服务承诺制"为例 · 徐　焕 · 96
创新政府履行方式，构建新型居家养老服务体系
　　——宁波市海曙区的案例研究 · 吴玉霞 · 111

基于合同的公共服务供给
　　——以上海浦东新区预防和减少犯罪工作为例　·　龙宁丽　·　141
民主与民生共进　深化城乡统筹发展
　　——成都市村级公共服务和社会管理改革案例研究　·　徐　焕　·　158
农民领到了养老金
　　——河北省青县的农村合作养老制度案例分析　·　项国兰　·　177
农村社会福利新模式
　　——广西壮族自治区"五保村"建设的创新实践　·　丁开杰　·　194
社区助贫形式和社区建设思路的创新
　　——来自厦门嘉莲爱心超市的案例研究和思考　·　龚水燕　冯亚丽　·　219
试点中的创新
　　——以河北省迁安市新型农村合作医疗
　　　制度建设为例　·　闫　健　丁开杰　·　252
南京市下关区"政务超市"调研报告及分析　·　王勇兵　·　265

参考文献　·　285

· 插图图次 ·

图1 海曙区人口老龄化发展趋势图 · 113
图2 宁波市海曙区政府购买居家养老服务的组织体系和运行图 · 127
图3 有关合同的模型(根据威廉姆森和萨瓦斯的观点制作) · 142
图4 《社会工作服务合同》中的逻辑结构关系 · 149

· 插表表次 ·

表 1　根据 2009 年中致社第四季度基础工作数据统计表制作 · 150

表 2　2008—2009 年中致社社工服务规模 · 151

表 3　上海市"预防和减少犯罪工作体系"前后的政府规模比较 · 152

表 4　根据 2008 年和 2009 年浦东新区预防和减少犯罪工作考核评估报告中的数据制作 · 155

表 5　2009 年中致社服务指标完成情况统计表 · 156

表 6　建设"五保村"前的五保供养情况 · 200

表 7　广西壮族自治区 2004 年"五保村"建设基本情况 · 203

表 8　"五保村"管理制度 · 208

表 9　海外报刊对广西"五保村"建设的评价 · 209

表 10　生活来源渠道 · 212

表 11　爱心超市资料收集概况 · 222

表 12　2004 年 6 月—2006 年 6 月嘉莲爱心超市的月捐赠件数和月媒体报道次数 · 240

表 13　"政务超市"服务项目分类 · 268

总　序

尽管与社会经济迅速发展的进程和人们日益增长的需求相比，我国的政治体制还存在许多严峻的挑战，深化政治体制改革依然是一项极为紧迫的任务，但不能否认，改革开放30多年来中国的政治发展取得了重大的进步。30多年的改革开放进程，是一个包括政治生活、经济生活和文化生活在内的全方位的社会进步过程。然而，坦率地说，与人们对经济改革成就的评价不同，对政治改革的成就充满着争议。典型的争论呈两个极端：一种观点认为，中国的政治改革与经济改革一样，进步迅速，成就巨大；另一种观点则认为，与中国的经济发展不同，中国的政治发展几乎停滞不前，没有多少重大成就。海外一些专家甚至认为，不改革政治只改革经济，正是中国创造经济发展奇迹的原因所在。

其实，上述争论在相当程度上是因为观察问题的立场和视角不同，如果从宏观政治框架上看，那么中国的政治变迁确实很少。中共一党执政的政党体制没有变，人民代表大会和人民政协的基本制度没有变，党领导行政、立法、司法的政治格局没有变，马克思主义主导的一元化政治意识形态也没有变。然而，如果换一种视角和立场，从国家治理的角度来观察中国的政治变迁，就会发现截然不同的另一幅景象：中国的政治生活在过去30多年中也同样发生了巨大的变化。例如，从人治开始逐渐走向法治，首次确立了建设法治国家的根本目标，着手建构较为完备的法律体制，政府行为更多地受到法律的约束；从封闭政治逐渐走向透明政治，首次颁布了政务公开的法规，各级党政权力部门逐渐推行政务公开；从管制政府走向服务政府，出台一系列的措施，大幅度减少行政审批事项，同时为公民提供更多的公共服务；从高度集权走向适度分权，中央政府从财政、税收、审批等多个方面向地方政府分权，同时将更多原先政府管制的事务转交给民间组织，开始向社会分权。

毋庸讳言，国家治理更多属于工具理性的范畴。换言之，无论哪一种社会政治体制中，统治者都希望有更高的行政效率、更加稳定的社会环境、更加完善的公共服务，从而有广泛的民意基础。但是，工具理性与价值理性之间并非存在不可跨越的鸿沟，工具理性的改革通常需要价值理性的指导，而且也或迟或早会催生新的价值理性。更进一步说，国家治理的改革虽然是达到既定政治和经济目标的手段，是一种工具理性的改革，但治理改革本身必然体现着某种政治价值，而且势必导致新的政治需求。因此，我一直坚持认为，治理改革是政治改革的重要内容，甚至也是政治体制改革的组成部分。改革开放以来，中国政治生活的进步与变革，主要体现在国家治理领域和社会治理领域的改革和进步。

迄今为止，我一直是增量改革的倡导者和践行者。我在20世纪末提出了"增量民主"理论，并且在21世纪初主持发起了"中国地方政府改革创新研究与奖励计划"。在社会各界已有广泛影响力的"中国地方政府创新奖"，便是该计划的重要内容，也是以"增量民主"推动社会政治进步的一个重要尝试。从2000年开始，我与中共中央编译局比较政治与经济研究中心的同事们一道，利用"中国地方政府创新奖"这个重要平台，对过去十多年中各级政府的改革创新案例进行了搜集、整理、分析和研究，对其中的先进案例进行了奖励、宣传和推广。可以自豪地说，关于中国的民主治理改革和政府创新，我们中央编译局比较政治与经济研究中心拥有最齐全的案例数据库。我们一直希望能够通过某种方式，使我们的案例数据和研究成果能够为更多的学术同行和党政官员分享，这套丛书便是这种努力的一个重要结果。展示在读者面前的这套《中国的民主治理：理论与实践》，按主题共分十卷，分别由"中国地方政府改革创新研究与奖励计划"的骨干成员主持编选。这十卷的目录和主编依次是：《民主选举》（闫健）、《民主决策》（陈家刚）、《民主管理》（龙宁丽）、《民主监督》（何增科）、《党内民主》（靳呈伟）、《法治政府》

(李月军)、《透明政府》(刘承礼)、《效率政府》(陈雪莲)、《服务政府》(徐焕)和《社会管理创新》(周红云)。

丛书各卷的选材主要依据"中国地方政府改革创新研究与奖励计划"的案例和成果,但并非局限于此。除此之外,我们还广泛选取了在相关主题方面的经典案例和代表性研究成果。从这个意义上说,这套丛书是我国在民主治理的实践探索和理论研究方面较为重要的一个成果汇编,读者从中可以大体了解21世纪以来我国治理改革的现实进展和研究现状。所以,作为丛书的主编,我特别希望这套丛书对于党政部门的实践者来说,具有一定的借鉴意义;对于学术部门的研究者来说,则具有一定的史料价值。

俞可平
2013年端午节于京郊方圆阁

导 论
我国服务型政府建设的现状与未来

徐 焕
（中央编译局比较政治与经济研究中心）

服务型政府建设起源于 20 世纪 80 年代，始于英、美，并迅速在西方各国蔓延开来。20 世纪 90 年代以来，在实践发展和理论研究的推动下，构建服务型政府成为我国公共行政改革和政府机构改革的重要取向。所谓服务型政府是指，政府以社会和公众需求为导向，坚持一切从人民群众的根本利益和现实需求出发，在发展经济的基础上，引入市场竞争机制，为公民、社会组织和社会提供优质的公共产品和公共服务，同时，不断加强社会管理和建设，最终实现行政的科学、民主、透明、高效。

80 年代以来，我国进行了多次大的行政改革与转换，但都没有从根本上转变长期以来形成的政府公共行政理念，如公共行政是直接维护政治统治的工具、"行政管理"主体与被管理对象（社会公众）之间的关系不对等。若使行政改革出现新的转机，必须从原有的思路上进行突破，跳出机构归并、人员裁减的老思路，进行大的制度变迁，服务型政府建设的提出也就成为必然。

第一，建设服务型政府是解决改革开放中出现的深层次矛盾的要求。服务型政府建设的提出，既是全球化背景下世界各国政治一体化的突出表现，也是我国现代化背景下经济基础与上层建筑矛盾互动的结果。多年来，我国政治体制改革与经济体制改革没能同步进行，导致政治体制改革落后于经济建设的步伐。改革面临一系列挑战，如"三农"问题、非公有经济发展问题、弱势群体问题，这就要求政府更多地强调社会公众的意志，提高公共服务质量和社会公众的满意程度。服务型政府理念正好能够因应这一需求。

第二，建设服务型政府是我国市场经济发展的必然要求。改革开放初期，政府成为促进经济发展的主角。而随着市场经济的发展，要求政府要由生产投资型政府向公共服务型政府转变，着力于创造公平竞争的市场环境，从经济发展的控制者、审批者成为服务者。政府要通过良好的制度供给、公共政策供给，加大公共产品和公共服务的充分供给，为企业提供有效的服务，通过这些服务为经济发展提供新的动力。此外，加入WTO也直接推动了我国政府的转变，它要求政府必须公开透明，政府模式由管制型转变为服务型，要完善适应市场经济要求、与WTO规则接轨的法规体系。

第三，建设服务型政府是实现经济与社会协调发展的要求。多年来，我们采取了非均衡的发展战略，产生了许多问题，尤其是我国社会结构的调整如人口结构、就业结构、城乡结构的调整落后于经济结构的调整，我国教育、科技、医疗等社会公益事业的发展严重滞后于经济的发展，这些问题威胁着我国的社会稳定和社会安全。要解决这些问题就要求政府把自己的主要职责放到协调社会发展与经济发展同步进行，从经济建设型政府转变为服务型政府。

第四，建设服务型政府是完善现有公共服务模式、促进社会建设的要求。2003年的SARS危机暴露了我们原有公共卫生服务体系的严重缺失。原有公共卫生的财政资金投入不足，政府在履行提供公共产品服务方面的职能上有严重缺位。同时，现有的公共服务体系弊端突出。长期以来，我国各级政府基本集中掌握了本地所有的公共资源，提供着几乎所有的公共服务。随着我国社会的变迁转型，现有体系暴露出许多弊端，不仅导致各级政府机构臃肿，还造成较为严重的资源浪费、效率低下、服务成本过高、服务质量低下。因此，必须改革现有的公共服务模式，为切实推进社会建设提供强有力的保障。

第五，建设服务型政府，是建设责任政府、法治政府的前提和基础。建设责任政府需要政府能够积极地对社会民众的需求作出回应，并采取积极的措施，公正、有效率地实现民众的需求和利益。建设法治政府是要依法明确政府的各项职责，保障公民权利，将政府的决策、执行及监督的整个过程都纳入法制化轨道。建设廉洁政府，就是确保各级政府以权谋公、清正廉洁。在行政体制改革的四型基本要求中，服务型政府建设是基础和根本。

服务型政府建设是随着经济社会的发展而不断推进的历史过程，多年来，我国服务型政府建设已经取得了很大成就，但与目前的经济社会发展水平相比，服务型政府建设仍任重而道远。

一、我国服务型政府建设取得的进展

服务型政府建设是来自我国各地基层政府在改革实践中的创造，也是党中央和国务院的理性思考。2012 年 7 月，国务院还正式印发了《国家基本公共服务体系"十二五"规划》，为建设服务型政府指明了努力方向。随着社会主义市场经济的发展和行政管理体制改革的推进，我国服务型政府建设稳步发展并取得了显著的成就。

（一）政府职能开始转变，突显了服务性特征

党的十六大以来，以转变政府职能、构建服务型政府为目标的政府改革思路逐渐明晰。2002 年召开的十六大第一次把政府职能归结为经济调节、市

场监管、社会管理和公共服务四项内容。2004年，温家宝在中共中央党校省部级主要领导干部"树立和落实科学发展观"专题研究班结业式上正式提出服务型政府建设。2006年，党的十六届六中全会明确提出要建设服务型政府，强化社会管理和公共服务职能。党的十七大报告进一步强调加快行政管理体制改革，建设服务型政府。十七届二中全会通过的《关于深化行政管理体制改革的意见》指出：通过改革，实现政府职能向创造良好发展环境、提供优质公共服务、维护社会公平正义的根本转变。党的十八大报告进一步回应公共管理实践需求，对行政体制改革和政府职能转型进行了新的要求，更为清晰地提出要"构建起职能科学、结构优化、廉洁高效、人民满意的服务型政府"。转变政府职能重点体现在行政审批制度的改革上。一些地方政府在服务型政府理念的指导下，削减和整合行政审批事项，如本书收集的两个案例：北京市西城区2005年通过综合受理、联网受理、全程代办等方式，打造新型街道公共服务大厅；四川省成都市2004年2月建成了全国首家省、市同址办公的政务服务中心。此后，成都市又于2007年启动了"一窗式"并联审批受理平台，各职能部门在这个平台上内部运转、并行审批、限时办结，综合管理部门实时监控，测评；申请人可与审批部门双向互动，在线查询。

（二）不断探索政府结构的优化，进一步规范政府机构设置

改革开放后，我国经历了七次较大的行政管理体制改革：1982年，为提高政府工作效率，实行干部年轻化，将国务院各部门从100个减为61个；1988年，首次提出了"转变政府职能是机构改革的关键"，将国务院部委由45个减为41个；1993年，为适应建设社会主义市场经济的需要，将国务院组成部门、直属机构从86个减少到59个；1998年，为消除政企不分的组织基础，不再保留15个部委，新组建4个部委，3个部委更名，改革后除国务院办公厅外，国务院组成部门由原有的40个减少到29个；2003年，为进一

步转变政府职能、改进管理方式、推进电子政务、提高行政效率、降低行政成本，设立国资委、银监会，组建商务部、国家食品药品监督管理局、安监总局，将国家发展计划委员会改组为国家发展和改革委员会，国务院组成部门变为28个；2008年，为探索实行职能有机统一的大部门体制，新组建工业和信息化部、交通运输部、人力资源和社会保障部、环境保护部、住房和城乡建设部。除国务院办公厅外，国务院组成部门设置27个；2013年启动的新一轮国务院机构改革将国务院组成部门减少至25个。改革的重点是，紧紧围绕转变职能和理顺职责关系，稳步推进大部门制改革，实行铁路政企分开，整合加强卫生和计划生育、食品药品、新闻出版和广播电影电视、海洋、能源管理机构。

除国务院机构改革外，地方政府也从强化公共服务职能出发，注重优化各级地方政府组织机构，加强与社会管理和服务职能直接相关的部门建设。一是推进地方大部制改革。例如，2009年，广东省佛山市顺德区按照提高行政效能、建设公共服务型政府的要求，采用"同类项合并"的方式调整部门结构，启动了以大部门体制改革为重点的行政管理体制改革，有效地理顺了部门之间的权责关系，提高了行政效能。二是推进乡镇和街道改革。例如，2009年起，广西壮族自治区百色市整合乡镇七站八所的资源，设立了"一办三中心"：党政综合办公室由原组织、党政办、监察等部门组成，重点负责绩效考评和综合协调工作；产业服务中心由原乡镇农业服务中心、林业站、水利站等组成，重点负责产业规划、扶持和发展工作；社会服务中心由原乡镇民政办、计生服务所等组成，重点负责简政放权工作；政策法律服务中心由原乡镇综治办、司法所、派出所等组成，重点负责社会不稳定因素的排查、调处，处理突发事件等。

（三）在制度建设方面，出台了一系列相关的政策、意见

一方面，出台一系列政策，力图解决城乡基本公共服务供给失衡的矛盾，

强化政府在基本公共服务供给中的责任。2006年人事部制定了《全民科学素质行动计划纲要（2006—2010—2020）》，提出要大力开展农民科技培训服务。2006年9月，国务院出台了《农村卫生服务体系建设与发展规划》、《关于发展城市社区卫生服务的指导意见》，开始将农村和城市社区公共卫生服务体系建设作为改革的重点。2007年，国务院发出《关于在全国建立农村最低生活保障制度的通知》，十届全国人大常委会通过《中华人民共和国劳动合同法》，推动了我国劳动和社会保障体制改革的全面深入。2008年1月，卫生部、国家发展和改革委员会、水利部联合发布了《关于加强农村饮水安全工程卫生学评价和水质卫生监测工作的通知》，进一步规范了农村饮水安全工程建设和管理，保障了农村居民饮用水卫生安全。2008年10月，卫生部颁布的《关于规范新型农村合作医疗健康体检工作的意见》，进一步规范了农民健康体检工作，并提出要为受检者建立健康档案，逐步建立健康体检管理信息系统，提供免费健康档案查阅和健康咨询。2009年4月，国务院正式公布的《中共中央国务院关于深化医药卫生体制改革的意见》（新医改方案最终稿），坚持公益性原则，提出将促进基本公共卫生服务逐步均等化。2012年7月，国务院印发的《国家基本公共服务体系十二五规划》中提到的目标之一就是要实现"资源布局更趋合理，优质资源共享机制加快建立，县（市、区）域内基本公共服务均衡发展基本实现，农村和老少边穷地区基本公共服务水平明显提高"。2012年8月，国家标准化管理委员会还联合有关部门制定了《社会管理和公共服务标准化工作"十二五"行动纲要》，推动基本公共服务均等化。

另一方面，力图发挥各类公司企业、社会组织、个人在社会服务方面的作用，出台了一系列政策措施推进社会服务的市场化、社会化。实际上，在"十一五"规划实施以前，国务院、各部委就探索出台了相关政策。如2000年，国务院办公厅转发了民政部等11部委《关于加快实现社会福利社会化的意见》，指出到2005年，要在我国基本建成以国家兴办的社会福利机构为示范、其他多种所有制形式的社会福利机构为骨干、社区福利服务为依托、居家供养为基础的社会福利服务网络。2005年,民政部颁布了《关于支持社会力量兴办社会福利机构的意见》,进一步调动了社会力量参与社会福利事业的积极性,推动了社会福利社会化进程。在"十一五"规划实施期间,2006年,民政部下发了《关于加快发展养老服务业的意见》,提出要采取多种形式,鼓励和支持社会力量多形式、多渠道参与老年社会福利事业,引导和支持社会力量兴建各类社会养老服务机构。2008年1月,民政部又颁布了《关于全面推进居家养老服务工作的意见》,要求加大政府投入力度,合理配置资源,研究制定"民办公助"的政策措施,鼓励和支持社会力量参与、兴办居家养老服务业。2008年12月,民政部、财政部、国家税务总局联合下发了《关于公益性捐赠税前扣除有关问题的通知》,建立了公益组织捐赠税前扣除资格的认定和监管机制,通过慈善机构捐赠免税这一措施鼓励社会力量在社会服务领域的资金投入。2009年4月,国务院正式公布的《中共中央国务院关于深化医药卫生体制改革的意见》(新医改方案最终稿),在坚持公益性原则、提出基本公共卫生服务均等化目标的同时,也进一步提出要加快形成多元化办医格局,鼓励民营资本举办非营利性医院。2012年的《国家基本公共服务体系十二五规划》又提到要"创新基本公共服务供给模式,引入竞争机制,积极采取购买服务等方式,形成多元参与、公平竞争的格局,不断提高基本公共服务的质量和效率"。

(四)在服务供给方面,一方面发挥了政府的主导作用;另一方面,充分发挥各类公司企业、社会组织和个人的作用,探索了公共服务的多中心供给模式

首先,政府作为提供服务的责任主体发挥了主导作用,逐年加大对基本公共服务的财政投入力度,确保了基本公共服务的持续发展。如我国卫生筹资结构趋向合理,卫生总费用中个人卫生支出比重由2001年的60%下降到

2010年的35.5%，政府预算和社会卫生支出比重提高，居民负担相对减轻。在卫生总费用方面，政府预算卫生支出和社会卫生支出的比重，2001年分别仅占16%和24%，2010年分别提高到28.6%和35.9%。[1] 同时，政府对社会服务事业的投入也不断加大。如2011年全国社会服务事业费支出3229.1亿元，比上年增长19.7%，占国家财政支出比重为3%，与上年持平。中央财政共向各地转移支付社会服务事业费1808亿元，比上年增长34.7%，占社会服务事业费比重56%，比上年增加了6.2个百分点。社会服务事业基本建设施工项目4533个，全年完成投资总额218.5亿元，比上年增长19.4%。[2]

第二，积极探索了"政事分开"、"管办分离"事业单位改革，通过国企与事业单位的改制，合理地区分了政府、市场、社会在社会服务中的角色，推动了公共服务的多元化、市场化运作，让非政府组织、私营部门加入了提供公共服务的行列，实现了多元化的公共服务供给。政府从社会服务的"直接提供者"、"生产者"转为"合作者"和"发包人"。一些地区的改革探索走在了前列。如2005年7月，北京市海淀区就成立了公共委，将社会服务机构从政府部门中脱离出来，划归到公共委管理，打破了原来行政管理机构中政府机构直接领导事业单位的做法。通过这项改革，政府不再直接管理事业单位，这样，它的监管职能也就不必受政府管制，还可以通过公共委和政府保持联系。

第三，充分发挥了各类公司企业、社会组织和个人的作用，推进了公共服务的市场化、社会化建设。通过市场化方式，鼓励民间资本参与公共服务生产。根据新一轮的政府机构改革和职能转变方案，将重点培育、优先发展行业协会商会类、科技类、公益慈善类、城乡社区服务类社会组织。成立这些社会组织，可直接向民政部门依法申请登记，不再需要业务主管单位审查

---

1. 《我国卫生总费用中个人负担比重下降》，新华网 http://news.xinhuanet.com/society/2012-01/05/c_111379179.htm。
2. 《民政部2011年社会服务发展统计报告》，国家卫生和计划生育委员会网站 http://www.mca.gov.cn/article/zwgk/mzyw/201206/20120600324725.shtml。

同意。

同时，国家鼓励各地政府向社会组织"购买"服务。将原来由政府直接承担的一些服务职能和事项，以政府购买服务的方式转移到社会组织身上，是当前政府职能转变和社会组织发育发展的一个大趋势。在2012年3月召开的第十三次全国民政会议上，时任国务院总理温家宝提出，政府的事务性管理工作、适合通过市场和社会提供的公共服务，可以适当的方式交给社会组织、中介机构、社区等基层组织承担。这是中央领导首次明确提出，政府应将部分职能让位给社会组织，被认为是政府放权、建设服务型政府的具体部署之一。从全国范围看，政府向社会组织购买服务，在许多地方已有探索，如本书介绍的宁波海曙区的居家养老服务体系。在条件相对成熟的地方，政府向社会组织购买服务，已经可以进入全面实施的阶段，如广东省政府2012年发布《政府向社会组织购买服务暂行办法》，规定教育、卫生、文化、体育、公共交通、公共就业等领域适宜由社会组织承担的部分基本公共服务事项，法律服务、课题研究、政策（立法）调研、决策（立法）论证、绩效评价等辅助性和技术性事务，以及其他按政府转移职能要求实行购买服务的事项，原则上通过政府购买服务的方式，逐步转由社会组织承担。

（五）在服务内容方面，基本公共服务均等化步伐加快，各项社会服务工作全面推进

首先，农村义务教育发展迅速。（1）入学率、巩固率明显提高，办学条件明显改善。2011年，全国小学学龄儿童净入学率达到了99.8%，小学升学率达到98.3%。[1]（2）办学条件明显改善。2010年，农村小学生均仪器设备

---

[1]. 《中国统计年鉴2012》，国家统计局网站 http://www.stats.gov.cn/tjsj/ndsj/2012/indexch.htm。

值305元，初中生均仪器设备值为528元。农村小学每百名学生拥有教学用计算机3.5台，比上年增加0.3台；农村初中每百名学生拥有教学用计算机为6.0台，比上年增加0.5台。(3) 教师队伍整体素质得到提升。2010年，全国农村小学大专及以上学历教师比例达到75.4%，比上年提高3.7个百分点；农村初中本科及以上学历教师比例达到59.4%，比上年提高5.0个百分点。[1] 此外，自2006年起，教育部、财政部等部门联合启动实施了"农村义务教育阶段学校教师特设岗位计划"，公开招聘高校毕业生到"两基"攻坚县农村义务教育阶段学校任教，有力地缓解了农村地区教师紧缺和结构性矛盾。(4) 各级财政投入增多，学生生活得到改善。自2011年秋季学期起，国务院启动实施农村义务教育学生营养改善计划。中央财政将每年拨款160亿元，率先在集中连片特殊困难地区680个县（市）启动国家试点，惠及这些地区所有农村义务教育阶段约2600万名在校学生。2012年5月23日，教育部等15部门又联合印发了《农村义务教育学生营养改善计划实施细则》，使这项工作更加制度化、规范化。

其次，农村基本卫生医疗服务得到发展。(1) 新型农村合作医疗不断发展。截至2011年底，全国有2637个县（区、市）开展了新型农村合作医疗，参合人口数达8.32亿人，参合率为97.5%。(2) 农村三级医疗服务体系建设不断完善。2011年底，全国2003个县（县级市）共设有县级医院10337所、县级妇幼保健机构1994所、县级疾病预防控制中心2212所、县级卫生监督所1957所，四类县级卫生机构共有卫生人员198.4万人。全国3.33万个乡镇共设3.7万个乡镇卫生院，床位102.6万张，卫生人员116.6万人（其中：卫生技术人员98.1万人）。全国59.0万个行政村共设66.3万个村卫生室。村卫生室中，执业（助理）医师19.3万人、注册护士3.1万人、乡村医生和卫

---

[1]《中国教育概况——2010年全国教育事业发展情况》，教育部网站http://www.moe.edu.cn/publicfiles/business/htmlfiles/moe/s5990/201111/126550.html。

生员112.6万人（其中：乡村医生106.1万人）。每千农业人口村卫生室人员1.53人。[1]

第三，社会服务稳步发展。在提供住宿的社会服务方面，截至2011年底，全国各类提供住宿的社会服务机构4.6万个，其中全国各类养老服务机构40868个，比上年增加964个。在不提供住宿的社会服务方面也取得了较大进展，如社会救助方面，截至2011年底，全国有农村低保对象2672.8万户、5305.7万人，比上年同期增加91.7万人，增长了1.8%。全年各级财政共支出农村低保资金667.7亿元，比上年增长50.0%。全国有农村五保供养对象530.2万户、551万人，分别比上年下降0.95%和0.71%。全年各级财政共支出农村五保供养资金121.7亿元，比上年增长24.1%。其中：农村五保集中供养184.5万人，集中供养年平均标准为3399.7元/人，比上年增长15.2%；农村五保分散供养366.5万人，分散供养年平均标准为2470.5元/人，比上年增长17.5%。[2] 近年来一些地区还对五保户的供养方式进行探索，如广西壮族自治区自2002年起，在农村五保户相对集中的村庄建立"五保村"，从而兼顾了集中供养与分散供养的优势。

（六）在服务方式上，电子政务、网络问政迅速发展，政府运行机制更加透明，决策机制更加民主

公开性和透明性是服务型政府的重要特征。自2008年5月1日实施《政府信息公开条例》以来，我国各级政府纷纷贯彻落实，通过完善各项制度、畅通各种渠道来加大政务公开的力度，促进了政府决策的民主化和科学化。

---

1. 《2011年我国卫生事业发展统计公报》，国家卫生和计划生育委员会网站 http://www.moh.gov.cn/zwgkzt/pnb/201204/54532.shtml。
2. 《民政部2011年社会服务发展统计报告》，国家卫生和计划生育委员会网站 http://www.mca.gov.cn/article/zwgk/mzyw/201206/20120600324725.shtml。

随着互联网在世界各国的蓬勃兴起,人类社会传统的活动方式得到极大改变,同时,"由发达的技术程度所产生的复杂性,必然会影响其政治民主的运作形式"[1]。

中国的电子公共服务体系从无到有,呈现了一定规模:中央和省级政府网站普及率达到100%,地市级政府网站普及率达到99%,区县一级政府网站普及率也达到了90%,成为信息公开和网上办事、政民沟通的重要渠道。县级以上由电子政务信息系统来支撑的各级政府公共服务大厅已经达到4500多个。[2]

政府更加重视与公民在互动与交流中共同决策。一方面,政府通过设置"市长信箱"、"市长电话"、"市民论坛"等方式收集民意,并积极进行回应;另一方面,市民也正通过各种方式向政府进行政策咨询与建言献策,并对政府服务进行监督与评估。近年来,各级党委和政府越来越多地通过各种渠道问政于民,如安徽芜湖的"市民心声"、辽宁的"民心网"、山东寿光的"寿光民声"等。

(七)各级地方政府在服务型政府建设方面开展了一系列探索和创新

服务型政府建设提出以来,各地方政府在中央的相关政策支持下,开展了一系列服务型政府建设的创新实践,如本书中提到的一些案例。

第一,简化办事程序,建立"政务大厅",开展行政审批制度改革。行政审批制度改革是我国政府深化行政体制改革、创建廉洁高效政府的重要组成部分。从2000年河南焦作市清理行政审批事项、简化行政审批手续,2000年南京市下关区"政务超市",到成都市2004年行政审批事项的"一站式"办

---

1. [美]劳伦斯·迈耶等:《比较政治学——变化世界中的国家和理论》,罗飞等译,北京:华夏出版社2001年版,第35页。
2. 《我国电子政务十年成就》,人民网 http://politics.people.com.cn/h/2012/0106/c226651-1011634418.html。

理、2007年的"一窗式"并联审批,以及2005年北京市西城区"综合受理、全程代办"的政务大厅,我们可以看到各级政府在改变"审批难"的问题上所投入的努力。而山东省莱西市2003年开展的"为民服务代理制",更是将"综合受理、全程代办"的服务深入到基层农村,在市、镇、村三级设立代理服务机构,为群众提供无偿全程代理服务。

第二,推行服务承诺制,实行政务公开。推行政务公开,提高公众对政府的信任度,这不仅能够激发公众参与政府管理和决策的热情,而且也有利于强化公众对政府行为的监督,有效地遏制腐败。服务承诺制是一项保障我国政府服务公开化、程序化和实效化的制度,它是指政府机关将政府承诺服务的依据、承诺服务的对象、承诺服务的基本内容以及政府服务违约责任的追究机制等公之于众,以接受公众的监督,促使政府部门树立服务意识,提高服务水平。服务承诺制最早源于1994年6月的烟台市,2003年陕西杨凌农业高新技术产业示范区管委会所推行的服务承诺制以其推行面之广、涉及单位之多、深化力度之大和可持续性之强,得到了社会各界的关注和肯定。

第三,明确政府、企业和社会的责任,探索公共服务的分类供给。如浙江省宁波市海曙区"政府扶持、非营利组织运作、社会参与"的居家养老服务体系,成都市的村级公共服务和社会管理分类供给机制,上海浦东新区政法委的预防和减少犯罪机制,河北省青县的农村合作养老机制等。

第四,创新服务方式,改变原有扶贫、养老等模式。如广西壮族自治区的"五保村"建设,改变传统的五保老人供养方式,在农村五保户相对集中的村庄,集中建设五保村住房,进行统一供养和管理;厦门市嘉莲街道社区助贫形式和社区建设思路的创新;河北省迁安市新型农村合作医疗制度建设。

第五,推行电子政务,网络问政。电子政务能够使公众通过现代信息化

渠道迅速获取政府信息与服务,使政府部门内部、政府部门之间以及政府与社会之间通过信息化渠道迅速进行沟通。如安徽芜湖"倾听民声、了解民意、广纳民智"的"市民心声"网站。

二、我国服务型政府建设存在的主要问题

(一)体制改革不彻底,政府职能转变落后,事业单位改革还有待深入

如前文所述,改革开放以后,我国经历了7次较大的行政管理体制改革,其中,1988年进行的改革已明确提出"转变政府职能是机构改革的关键"。然而,目前这一改革目标仍未完全实现。政府干预经济生活、职能"越位"、"缺位"和"错位"的现象仍存在,经济建设职能得到强化,但社会管理和公共服务职能相对较弱。政府职能结构不尽合理,职能交叉重叠、相互推诿扯皮、行政效能低下以及党政不分、政企不分、政事不分、政社不分的问题依然存在。这些问题导致了公民对公共产品不断增长的需求与公共服务不足之间的矛盾得不到解决。近年来发生的公共食品药品卫生、公共安全等突发性事件也暴露了服务型政府建设面临的困境。

事业单位指的是国家为了社会公益目的,从事科技、文化、卫生等活动的社会服务组织。我国事业单位的改革在实践上已经推行了很久,但目前仍处于整体滞后状态和艰难攻关阶段,主要是由部门和地方自主推进,虽然改革的内容、重点、方式不尽一致,但都碍于长期形成的传统思维观念束缚,面临市场经济的冲击和挑战,受到人员编制、经费紧缺和历史包袱制约。一方面,一批事业单位被推向市场,导致政府向人们提供的服务日益缩水;另一方面,有些事业单位在享受财政供养的同时,却不向公众提供有效的公共服务。这使得现有事业单位提供的服务在公平和效率上不能满足公众需要。

（二）政府组织结构有待于进一步优化，中央和地方政府的公共服务职责权限有待于进一步明确

精简、统一、效能原则是优化政府组织结构必须遵循的基本原则。按照这一原则，党的十七大以来，我国分别于2008年和2013年探索实施了两次大部门体制改革，探索实行职能有机统一的大部门体制，改革还有一些后续问题需要探索考量：（1）党的十七大报告要求"统筹党委、政府和人大、政协机构设置"。除少数地方在大部门体制改革中体现了这一精神之外，十七大的这一精神和要求尚未得到贯彻落实。（2）在推行大部门体制改革中，有的上边未改，下边已动，导致上下不对接，运行机制不顺畅。（3）已经实行大部门体制的部门，尚需时间以整合到位。在具体的问题上，铁道部取消后，铁路总公司实行企业化运营，是否会形成新的垄断？食品也是农产品，改革后的食品药品监督管理总局与农业部关系如何理顺？食品药品监督部门只是到县一级，但食品药品问题主要出在基层农村市场，这是否会导致"人在上头，问题在下头"的情况？大部制改革方案中提到"不要求地方与中央的部门上下对口"，如卫生与计划生育部门在中央层级已经合并，地方在实际工作中如何理顺运行机制？

中央和各级地方政府的公共服务职责权限尚不明确，主要表现为：一是中央与地方在核心公共服务支出中存在错位现象，使地方政府特别是基层政府财政不堪重负。根据政府间公共服务职责划分的原则和国际经验，社会保障与福利总体上应属由中央政府提供的全国性公共服务，而我国中央政府支出的比重只占政府总支出的8%；教育和医疗卫生应属由各级政府共同提供的公共服务，其中中央政府支出的比重只分别占政府总支出的8%和3%；而地方各级政府支出则分别占到教育事业政府总支出的92%，卫生事业政府总支出的97%。二是公共服务事权与财权不对称。目前，我国地方各级政府支出

占政府总支出的比重达到70%，按照现行财政体制，地方各级政府收入占政府总收入的比重为45%，收支差额部分应由中央财政补助或转移支付弥补，但现行转移支付制度存在的层级过多、层层截留等缺陷，使地方政府特别是基层政府和欠发达地区政府实际得到的资金十分有限，导致县乡财政普遍困难、落后地区基本公共服务供给不足等问题。[1]

（三）基本公共服务发展不均衡

有研究表明，当前我国基本公共服务"总体水平偏低、发展不平衡、效率低"，基本公共服务综合绩效总体处于偏低水平。

首先，基本公共服务的地区差异很大，以义务教育和基本医疗卫生方面的表现最为显著。我国教育发展的区域性差异，表现之一是优质教育资源分布不均衡，西部地区初中辍学率较高，专任教师偏紧，高学历教师比例偏低，校舍与仪器设备条件较差，与东部地区存在显著差距。在医疗方面，以每千人拥有医疗机构床位数看，2011年全国平均水平为3.81张，东部地区平均水平高于全国平均水平，为4.67张，中部和西部地区的平均水平低于全国平均水平，分别为3.69张和3.75张；最高的上海位于东部地区，达7.55张，最低的贵州位于西部地区，仅有2.77张。[2]

其次，城乡基本公共服务差距过大。教育公平是社会公平的底线，城乡教育资源不均衡，竞争不公平，将导致底层上升通道受阻，社会阶层固化趋势加剧，贫穷将会代际传递。就农村的义务教育而言，尽管政府通过中小学危房改造等专项转移支付改善了农村的办学条件，但目前农村学校的校舍、仪器设备等仍不达标。教师队伍超编和缺编并存，城里学校教师人满为患，

---

1. 薄贵利：《建设服务型政府必须深化行政体制改革》，载《国家行政学院学报》，2011年第1期。
2. 国家统计局：《中国统计年鉴2007》http://www.moh.gov.cn/publicfiles/business/htmlfiles/zwgkzt/ptjnj/year2008/3.htm。

农村学校门可罗雀。过去10多年间，我国高等教育规模不断增大，但农村生源在重点大学所占比例却逐年下降。北大的农村学生所占比例从三成降至一成，清华2010级农村生源，也仅占17%。在社会保障方面的城乡差距更大，长期以来，全国社会保障制度仅覆盖了属于正规部门的部分城镇居民，而农村实行的是以家庭保障为主、政府和社区适当扶助的制度，农村社会保障体制还有待于进一步健全。再如农村的饮水问题，《全国农村饮水安全工程"十二五"规划》显示，目前我国还有2.98亿农村人口和11.4万所农村学校的饮水安全问题有待解决。2012年，山西省在11个地级市的16个区和26个县（市、区）共设置城市和农村学校饮水监测点1561个，对所有市、县的饮水进行采样检测。检测结果显示，2012年城市市政集中式供水出厂水监测合格率100%，而农村饮用水卫生监督监测合格率为70.24%。[1] 医院卫生方面，2011年卫生总费用城乡构成：城市15508.6亿元，占77.6%；农村4471.8亿元，占22.4%。人均卫生费用1490.1元，其中：城市2315.5元，农村666.3元。卫生总费用占GDP百分比为4.98%。[2]

（四）公共服务投入不足，包括资金、人才方面

在总体上，政府用于公共服务的投入有待于进一步提高。用于非生产性的行政管理费用占国家财政支出的比重过大，而用于公共教育、公共医疗卫生、社会保障和环境保护等方面的公共服务投入不足，政府公共产品供给能力偏低与社会公共需求快速增长之间的矛盾突出。如在医疗卫生领域，与世界平均水平相比，我国在卫生费用负担方面个人与政府所占比重刚好相反。

---

1. 《山西对农村饮用水卫生监测显示合格率为七成》，中新网 http://www.sx.chinanews.com/news/2013/0519/74000.html。
2. 《民政部2011年社会服务发展统计报告》，国家卫生和计划生育委员会网站 http://www.mca.gov.cn/article/zwgk/mzyw/201206/20120600324725.shtml。

《2011年我国卫生事业发展统计公报》显示，2010年我国卫生支出的总费用达19980.4亿元，占GDP百分比为4.98%，但其中，社会卫生支出占36.0%，个人卫生支出占35.3%，政府卫生支出仅占28.7%（这在GDP中的比重仅为1.44%）。[1]

其次，政府购买服务的机制尚在探索中，政府资金对公益类社会服务组织和专业社会服务机构的扶持不够、投入不足。公共服务的进步和发展需要政府、企业和社会组织共同努力，比如民办社会服务组织开展的慈善公益服务，为社会作出了贡献，政府应当积极给予资金支持，但实际上民办社会服务组织每年从政府得到的扶持资金较少。绝大多数政府职能部门也未能积极推行向民办社会服务组织购买服务的政策，尽管上海、深圳、北京等地政府已经向社会组织购买服务，并取得了良好的效果。但就整体而言，还缺乏相应的制度、评价和考量机制。民办社会服务组织为政府做事情很多是"义务劳动"，政府没有给予一定的资金补偿或以奖代拨。

第三，社会服务的人才缺乏，能力素质有待提高。社会工作专业人才是加强和创新社会管理、构建服务型政府的重要力量，具体是指具有一定社会工作专业知识和技能，在社会福利、社会救助、扶贫济困、慈善事业、社区建设、婚姻家庭、精神卫生、残障康复、教育辅导、就业援助、职工帮扶、犯罪预防、禁毒戒毒、矫治帮扶、人口计生、应急处置、群众文化等领域直接提供社会服务的专门人员。党的十七大之后，我国社会工作专业人才制度建设稳步推进，实践探索不断深入，发展了一支近20万人的社会工作专业人才队伍，但当前我国社会工作专业人才工作还存在基础比较薄弱、岗位不明确、投入不足、体制机制和政策制度不太完善、人才数量缺口很大、能力素质不高、结构不太合理等问题。我国社会工作专业人才队伍发展总体水平与

---

1. 《民政部2011年社会服务发展统计报告》，国家卫生和计划生育委员会网站http://www.mca.gov.cn/article/zwgk/mzyw/201206/20120600324725.shtml。

现有经济实力不相匹配，与人民群众不断增长的社会服务需求不相适应，与构建社会主义和谐社会的要求还有较大差距。[1]

（五）民间社会组织的发展存在困境

具有社会服务功能的民间社会服务组织，在社会服务中发挥着越来越重要的作用，但是其存在的一系列问题制约着其良性发展。首先，民间社会服务组织的数量偏少，规模较小，每万人拥有民间社会服务组织的数量不足7个。其次，资金紧张，尤其是无政府背景的组织。《2011中国慈善捐助报告》显示，2010年中国58.3%的捐款都流入政府、慈善会及红会系统中，只有1.3%捐款到了慈善会之外的社团、民间非营利组织和福利院，而即使在这1.3%的捐款接收部门中，仍不排除有政府背景的公益组织。第三，政府的优惠和扶持政策有待完善。如截至2012年9月30日，在广州市注册登记的民间非营利组织共3116个，其中，从事公益服务类为45个。而广州地税局资料显示，2011年公布获得免税资格的民间非营利组织仅27个，其中从事公益服务类的仅3个，免税申请成功率不足7%。有些组织在财政透明方面已得到民间评估机构的认可，但多次申请免税资格却一直未成功。第四，人才匮乏。经费不足导致现有的工作人员工作不安心，专业人才又不愿从事此类工作，致使民间社会服务组织工作人员流动性大、专业性较低。根据国家统计局的数据，2011年社会组织的月平均工资只有740多元钱，是私营单位平均工资的43%，且有四成以上的机构没上保险，上全的不到两成。第五，部分组织的管理技术落后、服务质量有待提高。一些组织虽有组织架构，但内部的规章制度不完善，组织机构不健全，缺乏民主管理机制。第五，国家法律和制

---

[1].《社会工作专业人才队伍建设中长期规划（2011—2020年）》，民政部网站 http://www.mca.gov.cn/article/zwgk/fvfg/shgz/201204/20120400302330.shtml。

度的缺失阻碍了民间社会服务组织的健康发展。

（六）公共服务的决策、监管和问责机制不健全

首先，我国公共服务决策机制缺乏规范。公共服务决策的针对性和实效性不强，有些决策科学化、民主化程度不高。公共服务决策的专家咨询制度和听证制度还存在一定程度的形式主义，社会公众参与公共服务决策的程度较低。

其次，监管规则尚不完善，还存在管办不分的现象。一方面，有些法律法规陈旧，并不能适应新形势下公共服务监管的需要。而且，各种规则之间缺乏配套统一，如不同部门出台的规章缺乏协调性，还有严重的部门立法现象。另一方面，由于监管者和被监管者不是完全独立的，也使得监管规则很难得到有效执行。在监管过程中最重要的是监管者与被监管者应该保持一定的距离，而目前公共服务中自己监管自己、管办不分的机制直接影响了公共服务的监管效力。尤其是在地方层次，政府集政策制定、服务提供及服务监管职能于一身，严重影响了公共服务提供的效率与效果。

第三，对民间社会服务组织、社会中介组织的监管有待加强。2008年，民政部在机构改革中，第一次赋予国家民间组织管理局以执法监察权，以管理社会组织，但在社会组织从业者看来，这远远不够。中国公益事业的发展处于初级阶段，不可避免有公益丑闻发生。尽管公众可以监察社会组织，但是毕竟不能直接扮演"监察者"的角色。尽管国家民间组织管理局每年会依照《基金会管理条例》，对于基金会的年度公益支出、行政办公和工作人员工资福利支出的比例进行检查，但尚需更加细致。比如，有些基金会符合《条例》的硬性规定，但可能存在"筹资成本过高、管理费用过高、资助型支出少"等问题。另外，2009年2月，社科院发布报告称"中介组织腐败已成腐败重灾区"：政社不分、行政干预为一些中介组织不法行为提供了条件。社会

中介组织大部分是在经济转轨过程中从过去的政府管理职能中分离出来的，有些本身就是依托政府成立的，带有官办、半官办、官民合办的色彩，实际上形成了政府中介合二为一，结成利益共享体。这样的"官会不分"，为一些中介组织从事钱权勾结、寻租腐败提供了基础。

第四，公共服务问责机制存在一定缺陷。按照世界银行提供的分析框架，公共服务的"问责三角形"涉及客户（公民）、提供者和政府三方，问责机制包括4种：（1）公民和政府之间的"表达"；（2）政府与提供者之间的"协约"；（3）客户与提供者之间的"客户权力"；（4）提供者内部的"治理"。目前，我们主要是依赖政府对公共服务提供者的问责机制。而如前所述，政府常常集政策制定、服务提供及服务监管职能于一身，从而影响了监管的效果。而其他3种机制还有待于进一步发展。

三、国外公共社会服务发展的主要经验

"服务型政府"概念的提出是我国学者的贡献，但与之相仿的理念在西方国家新公共管理运动实践中却多有体现。20世纪80年代以来英美等发达国家进行的以市场力量改造政府绩效的这场运动，为我国服务型政府的建设带来了重要的启示。

（一）普遍推行以市场化、社会化、分权化为主要趋势的公共服务改革

20世纪80年代以来，公共服务市场化成为主要趋势，它主要是指在公共社会服务领域引入市场机制，将服务的决策和执行分开，即政府更多的是"掌舵"（决策），而不是"划桨"（执行）；存在多个公共服务的供给者，各个供给者之间互相竞争、共同发展；消费者在各个供给者之间有选择的权利和用以选择的资源。公共服务市场化的形式主要有：（1）合同出租，即政府

将原先垄断的公共产品的生产权与提供权向私营公司、非营利组织等机构进行转让,这些机构按合同生产服务,政府用纳税人的钱购买承包商生产的服务。(2) 公私合作,即政府借助社会资源,通过与私人部门合作的方式共同承担责任、共享利益,进行生产和提供服务。(3) 用者付费,不消费不付费,多消费多付费。(4) 凭单制,即政府为帮助某些特定群体购买某些特定货物或服务而发放的有价证券。公共服务的市场化可以解决公共服务领域投入不足、经营不善、效率低下等问题。

公共服务社会化是指以社会需求为导向,鼓励各种非营利组织和社会公众参与兴办公益事业和提供公共服务,形成以政府为主导各种社会主体共同参与的服务供给格局。公共服务社会化的主要形式有:(1) 非营利组织的供给。目前各种非营利组织已经成为社会管理中非常重要的角色,在一些空白领域和传统上由政府从事活动的领域里显现了重要作用。(2) 社区供给。主要是指通过受益者所居住的社区或所从事的职业来提供社会服务,其成本来源于自愿或其他依据民意的方式征收。(3) 公民个人自愿供给,主要是指通过公众的自愿性劳动和捐赠来实现。

公共服务的分权化主要是指地方政府在公共社会服务生产和提供中发挥更重要的作用,一些可以使全体公众受益或虽然只惠及一部分人但对国家发展至关重要以及具有广泛的偏好相同的服务由中央政府提供,其他的则由地方政府提供。这样就可以因地制宜,发挥地方的主动性和创造性,有效地选择适合该地发展的服务计划。同时,通过各地方政府之间的相互借鉴和竞争也可以在整体上提高公共服务的质量。

(二) 社会性公共服务的重要性日益突出

社会性公共服务,如教育公共服务、社会保障公共服务和医疗卫生类公共服务等,与人的生存和发展直接相关,是西方发达国家政府职能的主要内容。随着时代的发展，世界上发达国家普遍加大公共支出结构中社会性支出的比重，减少经济性支出的比重，不断提高社会性公共服务的地位与作用。如欧盟国家政府的公共服务职能深入到公共产品生产与国民收入再分配领域，形成了完善的社会福利体系和全面的社会保障制度。以美国为例，美国联邦政府用于教育、社会服务、医疗卫生保健、社会保障等方面的支出占联邦政府总支出的比重由1940年的43.7%上升到2006年的63%。[1]

（三）有效发挥民间服务组织的作用

发达国家普遍重视扶持民间组织的发展，许多社会服务主要依靠民间组织提供。按万人拥有民间组织的数量计算，法国是110个，日本97个，美国52个，新加坡15个。美国非营利组织包括150多种类型，覆盖社会生活的方方面面，其中民办非营利性医疗机构占全国医疗服务部门的51%，民办非营利性教育机构占全国教育服务部门的46%，民办非营利性文艺组织占全国文艺服务组织的90%以上。加拿大的非商业性、非政府性社会服务机构发展十分成熟，已经形成专门的领域、专业的管理方式和从业队伍。对于此类机构的设立，政府会从公共效益等角度进行考核，然后予以批准登记，并给予政策扶持。"食物银行"是加拿大著名的民间志愿性救助组织。在加拿大城市的许多食品商店、教会，都可看到标有"食物银行"字样的食品捐献处，许多人将自己所购食品的一部分放到"食物银行"收集箱中，通过社会服务机构或教会慈善团体免费发放给社区中失业者、无家可归者和低收入家庭。多数"食物银行"不接受政府资金，注重保持非机构性社会服务性质。非营利性社

---

[1] 姜异康、袁曙宏等：《国外公共服务体系建设与我国建设服务型政府》，人民网 http://news.xinmin.cn/rollnews/2011/03/28/9963636.html。

会服务机构通常由专职管理者和志愿者两类人员组成,其内部结构运行像现代商业和事业机构一样存在复杂的模式,从规划设计、资金管理、人力资源管理,到项目实施、伙伴合作、质量保证各个环节,都需要专职人员和志愿服务人员有很高的事业心和专业才干。所以,每一个成功的非营利组织和慈善机构都十分注重吸引合适的人员加入。加拿大的社会服务系统还十分注意有效的宣传和信息服务,他们认识到社会服务的效率很大程度上依赖于服务信息的质量和丰富的程度。[1]

(四) 重视调动地方政府的积极性

国外政府非常重视发挥地方政府在公共服务领域的作用。以美国为例,除了联邦政府对公共服务提供财政支持外,各州和地方政府的作用更大。据美国全国公共管理学院行政组织与管理常务小组主席托马斯·斯坦顿分析,2002 年联邦政府的消费与投资支出为 6937 亿美元,占 35%;而州和地方政府支出为 12800 亿美元,占 65%。州和地方政府最主要的职责体现在许多服务部门,按由多到少的排序,州和地方政府的支出分别用于教育、公共福利、卫生和医院等方面。加拿大的社会服务由省和地区政府负责,省市政府一般通过签订合同、提供经费的方式,将大量服务项目交由志愿性社区组织来具体操作。联邦政府通过与省和地区政府签订分担服务的协定,鼓励开展社会福利性服务。联邦政府的国家性补助计划规定在多数服务项目上与省按 1:1 的比例分担经费开支。自 1990 年开始,加拿大联邦政府要求三个经济最富有的省,即安大略省、不列颠哥伦比亚省和阿尔伯塔省,将所承担的份额扩大到 2/3,以减轻财政负担。

---

1. 姚展宏:《加拿大:完善的社会服务》,载《21 世纪》,2007 年第 2 期,第 27 页。

（五）重视公共服务的决策和监管问题

科学民主的公共决策，有利于整合不同阶层的利益要求。在法国，政府通过组织咨询市民的活动，以公共商议、公共调研等方式直接听取市民的意见，尤其是在一些大型基础设施建设的问题上，法国政府总是采用公众调查和民意测验等办法了解民意。

尽管最近二三十年来，多数国家和地区在推行公共服务改革的过程中，普遍采用的市场化和社会化的措施，但这并不意味着政府放弃了监管的责任。公共服务监管蕴涵的基本前提是"市场失灵"和"第三部门失灵"。对于经营性公共服务，大部分的监管职责由独立的监管机构承担；对于社会性公共服务，一般通过加强立法、成立专门的监管机构以及发动社会各方力量共同参与来实现有效监管。进入20世纪90年代以来，绩效评估逐渐被西方各国重视并广泛应用于公共服务评估领域。如美国在高等教育方面实行了高等教育的评估与认证制度，学校要定期接受审查，符合要求的才取得被认可的资格。尽管这种评估和认证出于自愿，但由于其具有较大影响力，因此大部分学校都参与这种评估。

（六）重视发挥新媒体的作用

新媒体主要是指以互联网为代表的数字化媒体，西方发达国家普遍重视新媒体在公共服务领域的运用。如美国政府在甲型H1N1爆发后，充分运用网络媒介和手机短信平台，传播事件相关信息和最新进展，构建官方电子舆论平台，实现了对公众舆论的合理引导。2006年新加坡"民情联系组"推出了总的新官方网站作为政府与民众进行电子沟通的集中管道，与市民联系、互动、听取反馈意见，市民可以用博客、网上聊天、短消息或线上聚会等形式参与政府规划的各类项目，提出自己的意见和看法。政府还通过电话、手机等渠道与网络联动，共同收集与评估民情民意。

四、我国服务型政府建设的未来展望

2020年是我国实现全面建设小康社会目标的时间节点，为争取在2020年建成符合经济社会发展水平、适应人民群众日益增长的公共需求、体制机制比较完善、基本公共服务能力显著增强、基本公共服务水平有较大提高的服务型政府，我们还需要在以下方面继续努力。

（一）围绕公共服务体系建设真正转变政府职能

政府职能不能真正转变，服务型政府建设就只能是有名无实。加快政府职能转变，有待于政治体制改革的进一步推进。如果改革只是局限在机构调整、提高效率等层面，一些根本性的问题便得不到解决，服务型政府建设便会落空。2010年我国政府在《政府工作报告》中指出："我们的改革是全面的改革，包括经济体制改革、政治体制改革以及其他各领域的改革。没有政治体制改革，经济体制改革和现代化建设就不可能成功"。加快政府职能转变，还要调适政府的维护性职能、经济性职能、社会性公共服务职能三者之间的比例。政府职能结构调整的总趋势为：控制和降低维护性公共支出，稳定经济性公共支出，增加社会性公共服务支出。

转变政府职能还需要按照构建基本公共服务体系的总要求和政事分开、事企分开、管办分开、营利性与非营利性分开的原则，统筹规划和分类推进科技、教育、文化、卫生等事业单位改革。通过改革，形成公益目标明确、投入机制完善、治理结构规范、微观运行高效、监管制度健全的事业单位管理体制和运行机制，确保政府公共服务职责的充分实现。

（二）进一步优化政府组织结构，明确中央政府和地方政府公共服务职责权限

要继续探索实行职能有机统一的大部门体制，对已经实行大部门体制的，要进行工作流程的优化再造、管理职能的重新分配和内设机构的整合调整，真正做到职能有机统一。同时，按照建设服务型政府的精神和要求，积极探索和推进公共服务领域的大部门体制改革，明确公共服务的职责分工，减少职责交叉。在推进大部制改革中，加强权力的监督机制建设，尤其要通过科学的权责划分，实现决策权、执行权、监督权有效分离。

加快公共服务相关立法步伐，合理配置政府间公共服务事权财权，努力实现中央政府及地方各级政府公共服务职责和行为的规范化、法制化。一是以法律的形式明确中央和地方政府的事权范围，以保证划分的科学化、规范化。二是借鉴国际经验，制定《转移支付法》，健全转移支付制度，以实现转移支付的规范化、科学化，保证地方政府具有一定的财力为辖区内的公众提供足够的公共服务。三是推进社会保险、农村新型合作医疗等基本公共服务的立法。

（三）充分发挥政府的主导作用，同时引入多元化的供给主体

1. 充分发挥政府的主导作用

我们应当明确界定政府的职责，不应把本该由政府承担的服务职能采取"卸包袱"的方式推向市场。在某些领域，尤其是基本公共服务领域，包括基础教育、基本医疗卫生、基本社会保障等并不适合推行市场化或者社会化改革，政府在社会服务的规划、付费、监管等方面仍发挥着主导作用。为此，我们应该加大公共服务的投入，建立基本公共服务体系。要注重支出的结构性调整，提高基础教育、基本医疗服务、中西部地区、农村地区和贫困人群

的支出比例，以实现基本公共服务的均衡性。

2. 引入多元化的供给主体，充分发挥市场主体和社会组织应有的活力，推进公共服务改革

我们需要结合社会服务本身的特点，综合运用多种治理工具实施分类改革和管理，在社会服务的供给上，适当引入竞争机制，运用市场化、社会化的手段增加社会服务供给。对于公益性很强的公共服务，如基础教育和医疗卫生等仍主要由政府直接提供；对于公益程度相对较弱或因其自身特点不宜由政府直接组织的公共服务，就交由非营利机构承担，政府通过直接或间接资助的方式以及相关的规制性手段鼓励、引导其发展；还有一些公共服务由政府出资购买。在这一过程中，我们要注意以下几个方面的建设。

首先，充分发挥各类公司企业在提供公共服务方面的重要作用。政府可以通过降低准入门槛，实行税收、土地使用和贷款优惠等政策，打破国有事业单位的垄断地位，引导各类企业和民间资本进入就业服务、教育、医疗卫生、养老、托幼等社会服务领域，鼓励竞争，促进社会服务质量的提高。第二，要充分发挥各类社会组织的作用，加大对公益类民间组织的扶持力度。加强对其扶持要做到以下几点：尽快完善民间组织方面的法律法规体系；加大资金投入；制定发展规划；加强培训；加强与民间组织的合作，购买其成熟的公共服务产品；加强对民间公益组织电子化进程的扶持。第三，要加强志愿者队伍建设，鼓励公民个人参与到公共服务过程中。我们可以借鉴发达国家的成功经验，探索有效动员志愿者参与公共服务活动的办法，把志愿者充实到社会服务组织工作队伍中，以有效缓解社会服务组织人力资源缺乏的问题。

（四）实现基本公共服务均等化

首先，进一步加大政府对农村及中西部地区基本公共服务投资的力度，明确各级政府的事权范围。第二，优化财政支出结构，解决城乡公共产品失衡问题。当前，在财政资源有限的情况下，财政资金需要选择农村社会服务的关键领域（如基础教育、医疗卫生）加以重点支持，优先保障农村和落后地区的基本公共服务。第三，改革公共服务的资金筹集渠道，鼓励城乡之间建立公共服务资源的良性互动机制，建立以公共财政为主体的、动员社会各方面力量共同参与的农村公共产品融资体制，切实解决农村基本公共品供给不足的矛盾，破解城乡二元公共服务体系的障碍。

（五）加强社会工作专业人员队伍建设

首先，在机构或组织的筹建过程中，相关的社会服务组织、社会服务部门的行政人员及专业人士应考虑多聘用具有社会工作背景的人从事。具体从事照顾、服务工作的医生、护士、教师等，也可考虑招聘接受过社会工作专业训练的人员，从而建立跨专业团队，进行跨专业合作，以提高服务质量。其次，要加强对现有社会工作人员知识业务等方面的培训，使其具有良好的业务能力和专业素质，实现队伍的专业化和职业化。第三，要加强对社会工作人才的激励和保障，通过建立政府购买社会工作服务机制、出台薪酬指导政策等方式，切实保证或改善社会工作人才的工作环境、工作条件和待遇、收入，充分调动广大社会工作人才干事创业的积极性。尤其要重视民间社会服务组织中社会服务工作专职人员的相应保障政策。

（六）建立健全公共服务的决策、监管和问责机制

我们需要采取有效的措施来解决公共服务决策机制中存在的问题：一是建立和完善重大行政决策调查研究制度；二是建设依法行政决策机制；三是全面推行重大行政决策公示和听证制度，提高行政决策的群众参与度，增强

决策的民主性；四是建立和完善行政决策专家咨询制度，为重大行政决策提供理论依据和技术支撑；五是建立行政决策责任制。对因违反决策程序给国家和群众利益造成重大损失的，必须追究部门负责人和当事人的责任，制定行政决策负责制和主要负责人引咎辞职办法。在决策过程中，充分发挥网络、手机等新媒体的作用，重视网络民意表达机制的运用。

我们还需要建立有效的监管和问责机制。尽快推行以基本公共服务为主要内容的政府绩效评估制度，强化基本公共服务的行政问责。要根据中央的精神和要求，构建科学合理的政府绩效评估指标体系，将基本公共服务作为政府绩效评估的重要内容，纳入政府绩效评估指标体系之中，并加大其权重。要优化评估框架，完善评估程序，健全评估机制，将社会公平正义实现状况和人民群众满意程度作为评估首要标准，保证评估体系发挥应有作用。对于没有很好履行服务职责的政府，要进行行政问责，追究有关领导的行政责任。此外，要将绩效评估的结果与干部的选拔、任用、激励相联系，在此基础上建立和实施严格的行政问责制度，加强政府对公共服务供给的监管职责。对于私人部门提供的公共服务，我们要加强政府监管、合约绩效管理和赋予客户权力。我们还要充分发挥行业协会、媒体和社会公众的力量形成合力，以实现社会服务的透明、高效、规范。

建设服务政府
——焦作市的实践

陈家刚
(中央编译局世界发展战略研究部)

政府之所以成为政府,关键在于其履行了为社会提供公共服务的基本职能。政府的职能就是为社会提供更多、更优质的服务,而不仅仅是统治和管制。我们党的宗旨是为人民服务,建设服务政府能够更好地体现这一宗旨。而在新的历史时期,"各级政府要全面履行职能,在继续搞好经济调节、加强市场监管的同时,更加注重履行社会管理和公共服务职能"[1]。建设服务政府成了政府与民众的共识,其意义就在于恢复政府的本来面貌,使政府成为政府。河南省焦作市建构三级公共服务型政府的实践为我们提供了鲜活的经验。

焦作市位于河南省西北部,辖二市(沁阳、孟州)四县(温县、博爱、武陟、修武)五区(解放、山阳、中站、马村、高新技术开发),是一座以能源、化工、轻纺、食品、旅游为主综合发展的新兴城市。[2] 1999年,新一届政

---
1. 温家宝:全国人大十届二次会议《政府工作报告》,2004年3月5日。
2. 焦作市人民政府编:《今日焦作》。

府履职后,坚持"依靠科技进步,调整经济结构,提高经济增长的质量和效益",从整体上促进了经济社会的全面进步和发展。全市地区生产总值由1999年的211.7亿元增加到2003年的334.2亿元,年均增长11.8%。人均地区生产总值达到9800元,年均增长10.7%。地方财政收入达到16.9亿元,年均增长21.5%。城市化水平逐渐提高,人民生活水平明显改善,社会保障体系初步形成,社会事业得到进一步发展。[1]

然而,焦作市委、市政府在组织经济建设过程中,也深刻体会到"乱收费、乱罚款、乱摊派"行为和政府行政效率低下等问题,对经济运行、投资环境,党和政府的形象的影响。为了改变这种状况,2000年初,焦作市委、市政府下决心对经济发展环境进行大规模的综合治理。焦作市建构公共服务型政府的实践从此开始了从生长到完善以至逐渐成熟的历程。

一、建设服务政府的主要做法

(一)简化行政审批手续

2000年11月7日,焦作市成立了治理经济发展环境工作领导小组,[2] 并发出《焦作市治理经济发展环境工作方案》(焦办〔2000〕42号文),正式启动治理经济发展环境工作。

焦作市治理经济发展环境工作领导小组首先确定了治理改革的目标,即"松绑、减负、保护、服务",而治理的任务则主要表现在4个方面:一是清理行政审批事项,提高政府办事效率,主要解决行政事项多、程序烦、工作透明度不高、办事效率低、审批难、办证难等问题;二是制止"三乱",纠正

---

1. 焦作市第十届人民代表大会第一次会议《政府工作报告》,2004年4月9日。
2. 焦作市人民政府《关于成立焦作市治理经济发展环境工作领导小组的通知》(焦文〔2000〕91号)。

行业不正之风，主要解决乱收费、乱罚款和乱摊派以及重收费请管理、只收费不管理等问题；三是打击破坏经济发展环境的行为，保护经营者的合法权益，主要解决强买强卖、欺行霸市、敲诈勒索、侵占国家和集体财产以及经济案件难以查处、执行难等问题；四是规范行政管理和执法行为，提高政府部门服务质量，主要解决管理环节多、水平低和有法不依、执法不严以及乱检查、乱评比、乱达标等问题。

然后，焦作市将清理审批项目工作分为三个阶段，逐步深入进行。2000年11月14日，焦作市治理经济发展环境工作领导小组发出其第一份文件《焦作市市级行政审批项目清理工作实施方案》（焦治〔2000〕1号文），确定清理行政审批事项。第一阶段：从2000年11月15日到11月19日，是准备和动员阶段。焦作市委、市政府召开专门会议部署清理行政审批事项，增强政府各部门的积极性和主动性；从市直有关部门抽调工作人员，充实行政审批项目组，采取分工到组、责任到人的办法，使清理工作有了可靠的组织保障。

第二阶段：从2000年11月20日到12月5日，各部门自查自清并制定上报方案。政府各部门和有审批职能的事业单位，按照市行政审批制度改革的统一要求，对本部门和本单位的事项进行全面清查，逐条逐项清理，在此基础上提出本部门取消1/3以上行政审批、审核事项的初步方案，上报行政审批项目组。

第三阶段：审定、公布改革方案。行政审批项目组组织专门人员，逐项审核各部门上报的改革方案，严格把关，提出各部门拟取消、合并、下放、转移、保留的审批、审核、备案事项的建议和意见，经市治理经济环境领导小组办公室审核并报市政府审定，向社会正式公布。

焦作市先后公布了5批核准取消的行政审批事项：第一批包括市人事局、公安局、房产局、环保局和市爱卫会等9个部门取消的126个项目；第二批包括市计委、经贸委、财政局、物价局等44个部门取消的427个项目；第三批是进一步削减前两批的其他项目40个；第四批又削减了劳动局等32个部门的87个项目；第五批取消了农业局等17个部门的101个项目。[1]

焦作市原来有各种行政审批项目2049项，经过清理之后取消或转入日常工作1427项，只保留行政审批事项622项。削减幅度70%。[2] 焦作市辖下的各县（市）、区也对行政审批事项进行了清理，如修武县在清理行政审批事项后，保留的项目为479项。[3] 对市级审批的各种收费项目，焦作市也进行了全面清理，并正式公布了3批取消废止的项目。经过清理，市级53个单位的308个收费项目予以保留。[4]

（二）建立行政审批服务中心

在一定意义上，清理行政审批项目还只是公共服务型政府建设的起点。问题是在减少行政审批之后，政府怎样以更有效、更完善、更全面的方式服务社会和群众。焦作市作出了与其他地区和城市同样的选择，即建立行政服务中心，将行政审批项目统一于行政服务大厅，集中办公，方便民众。行政服务中心并非焦作市首创，焦作市在借鉴外地成功经验的基础上，结合本市实际，在制度创新方面作了更多的尝试。

2001年2月26日，焦作市委常委扩大会议决定建立"焦作市行政服务中心"，并于3月1日以市委、市政府联合下文的形式，对行政服务中心的组织机构、工作职责、管理权限和工作要求等问题作了原则规定。[5] 随后，焦作市

---

1. 关于焦作市清理审批事项的行为，焦作市人民政府办公室从《关于印发第一批取消的行政审批事项的通知》（焦政办〔2000〕120号）到《关于印发第五批清理调整行政审批事项的通知》（焦政办〔2002〕1号）先后下发了5个文件，以督促清理工作的顺利实施。
2. 《焦作市治理经济发展环境工作情况》。
3. 修武县人民政府办公室：《关于印发修武县保留的行政审批事项的通知》（修政办〔2001〕16号）。
4. 焦作市人民政府办公室：《关于公布保留收费项目的通知》（焦政办〔2001〕8号）。
5. 中共焦作市委、焦作市人民政府：《关于建立焦作市行政服务中心有关事项的通知》（焦发〔2001〕5号）。

政府以及市编委、人事局等机构又多次下文，对行政服务中心管理和运行的相关问题进行了具体规定。经过近一个月的紧张筹备，焦作市行政服务中心于2001年3月28日正式成立并开始运行。

与此同时，焦作市委、市政府也对县（市）、区级行政服务中心的筹建工作进行了全面部署。2001年3月30日至6月30日，全市各县（市）、区的行政服务中心也相继挂牌成立，从而在全市范围内形成了市、县（区）两级行政服务中心体系。

各服务中心成立的时间分别是

修武县行政服务中心：2001年3月30日；

武陟县行政服务中心：2001年5月31日；

温县行政服务中心：2001年6月12日；

博爱县行政服务中心：2001年6月6日；

沁阳市行政服务中心：2001年6月19日；

孟州市行政服务中心：2001年5月23日；

解放区行政服务中心：2001年6月6日；

山阳区行政服务中心：2001年6月29日；

中站区行政服务中心：2001年6月28日；

马村区行政服务中心：2001年6月28日。

焦作市、县两级行政服务中心均实行"一条龙"式的窗口式服务，由中心管理层对窗口服务进行直接管理。服务窗口的设置，一般是一个行政、事业单位1个窗口，行政审批事项较多的单位可设置2—3个窗口，行政审批事项较少的单位，则可以开设联合服务窗口。服务窗口根据系统邻近的原则设置，或者按照系统建立专门的服务区，如解放区行政服务中心就分设了行政、金融、社区、商务4个服务区。

行政服务中心的工作人员实行选派制和轮换制。焦作市行政服务中心的窗口服务人员为102名，县（市、区）行政服务中心的窗口工作人员则一般在100人以下，如修武县的窗口工作人员为74人，解放区的窗口工作人员为40人，武陟县的窗口工作人员为76人。

焦作市两级行政服务中心的最大特点是全面推行窗口集中办公模式。这种窗口集中办公模式，与以往的分散审批、各自为政的政府管理有很大的不同，是政府智力形式的重大改变。公开、公正、规范、便捷是行政服务中心办理行政审批事项和收费项目的基本原则。焦作市两级服务中心在强调"一门受理、一条龙服务"的同时，确定了"六六六"制的窗口运作模式。即"六公开"、"六件"、"六制"。

"六公开"，即审批内容、办事程序、政策依据、申报材料、承诺时限、收费标准全部公开。为实行"六公开"服务，各行政服务中心印制了《服务指南》，设置窗口分布图和计算机查询台，摆放办事说明书，工作人员挂牌服务，接受群众监督。

所谓"六件"，即各行政服务中心按照服务内容不同，将所有受理事项分类为"六件"管理，对即办件、退办件、承诺件、联办件、补办件、上报件采取不同的管理办法。[1]

"六制"办理是受理事项的审批办理方式，主要体现在对审批事项范围的认定和办理程序的规定两方面。市、县两级行政服务中心对这方面的规定基本相同，一般都针对不同情况，把对服务事项的审批办理分为直接办理制、承诺办理制、联合办理制、负责办理制、明确答复制、统一收费制等有关事项作出了相应规定。[2]

但是，焦作市的行政服务中心建设并没有局限于市、县（区）两级，焦作市还就行政服务中心模式向基层延伸的可能性进行了试验性探索。2001年5月，焦作市在解放区进行了建立乡和街道办事处服务中心的试点，9个乡、

---

1. 《修武县行政服务中心事项审批暂行办法》，修武县行政服务中心：《文件汇编》，第14—22页。
2. 《修武县行政服务中心事项审批暂行办法》，修武县行政服务中心：《文件汇编》，第11—13页；《解放区社会服务中心行政服务事项办理暂行办法》，焦作市解放区行政服务中心：《文件汇编》，第15—18页。

办事处都建立了服务中心。[1] 在这9个试点服务中心中，焦西办事处是一个典型的例子。

焦西办事处地处焦作市西南部的城乡结合部，辖区内企事业单位40多家，总人口为28000人。街道办事处作为政府派出机构，本身承担的行政审批职能较少，更多的是服务和沟通能力。然而，长期以来，街道办事处普遍存在着职能错位、机构臃肿、人员过多、效率低下的现象。在一定程度上影响了应有的服务和沟通职能的实现。为解决上述问题，焦西办事处提出了"服务职能进中心，管理职能到社区，协调指导在两室"的总体思路，从3个方面进行了改革。

第一，建立焦西办事处社区服务中心。2001年5月8日，焦西办事处社区服务中心正式建成运营。社区服务中心的服务内容分为行政服务、便民服务两大类，办事处职能范围内的计划生育、民政、城建、经济等4个方面的14项行政服务项目全部进入中心；中心提供的便民服务则有福利、生活、后勤等3个方面的13个项目。2001年5—8月，社区服务中心受理行政服务项目1504件，提供便民服务322件。

第二，精简机构，减少人员。焦西办事处原设党政办公室、计划生育办公室、综合治理办公室、城建民政办公室、经济科、协税科6个科室，共有41名工作人员。办事处的公共服务职能全部进入社区服务中心后，焦西办事处进行了大胆的改革，将原6个科室合并为综合办公室、经济发展办公室，核定工作人员18人。焦西办事处"二室一中心"共计21名工作人员，比原来减少了20人。

第三，人员分流，充实社区。焦西办事处原来下辖19个居民委员会，调整后改建为园林、电翔、祥和3个社区居委会。办事处机构改革中精简的20名工作人员，全部下到社区居委会工作。其工资、待遇仍由办事处发放，一年后转

---

1. 《建中心一心为民，创环境力图发展——河南省焦作市解放区社会服务中心建设综述》。

为社区发放。[1] 按照解放区焦西办事处的模式,焦作市其他区的街道办事处亦在2002年3月底前完成了建立社区服务中心、精简机构和人员分流的工作。

(三) 设立"12345"为民服务中心

"12345,有事找政府"已经成为焦作市普通市民的口头禅。这是焦作市政府在公共服务建设方面的又一举措,即设立了面向城市居民的"12345"为民服务中心。为了提高政府公共服务的水平,实现政府部门由权力到服务的转变,焦作市在建委系统成立了"12345"为民服务中心,该中心把涉及城建系统所有的服务项目集中起来,统一面向社会公开服务,变过去的分级管理为集中管理,变行政协调为群众指令监督,架起了政府与市民的连心桥,充分调动了广大市民参与城市建设与管理的积极性。

2002年1月1日,焦作市正式建立"12345"为民服务中心,受理人民群众有关城市规划、建设、公交、供水供气、园林绿化以及电力、通信、旅游、环保等方面的咨询和投诉。该服务中心由3级网络构成,分别负责受理群众和社会各界人士提出的问题和建议,发布指令,督促监督各网络单位落实有关具体工作,安排专业抢修、维护,快速处理有关问题,并将落实情况反馈给指挥中心。并随时与110、120保持联动。

城市服务系统的联合运作与全社会的广泛参与,改变了过去分散和封闭的城市管理模式,提高了城市综合管理与服务水平,实现了城市管理与服务机制的根本转变。这些转变主要表现在这样几个方面:(1)变被动为主动,实现了观念更新。因为办事程序公开,全程监督和阳光作业,责任单位重视程度提高,处理问题的工作力度加大。不但主动热情处理群众反映的问题,而且还主动上门征求意见、接受批评。(2)变压力为动力,促进服务质量和

---

1. 解放区焦西办事处:《抓好中心建设,推进机构改革》。

水平的提高。(3) 变叫我干为我要干,内部管理得到了加强。中心的各项管理制度、培训工作、信息工作等都上了新台阶。(4) 变客人为主人,调动了市民关心城建工作的积极性。拉近了群众与政府部门的距离。[1]

截至 2003 年 7 月底,"12345"服务中心已受理市民来电反映问题 33932 件,办结率超过 98%,答复群众各类咨询 3 万余件。

(四) 改革公共财政体制

"财政乃庶政之母",建设公共服务型政府的关键是确立现代的公共财政体制,缺少公共财政体制的公共服务型政府最多只是形式上的存在。焦作市努力在建构公共服务型政府的过程中对以往的财政体制进行改革,力图真正建立起公共服务型政府。焦作市从细部入手,普遍推行了会计委派、部门预算、政府采购等制度,深化了国库集中支付、财政监督等方面的改革。在这方面,焦作市下属的孟州市的做法值得深入探讨。

孟州市是焦作市辖下的县级市。全市总面积 541 平方公里,辖 8 镇、3 乡、2 个办事处,273 个行政村,总人口 35.7 万。作为公共财政体制建设的试点,孟州市对财政管理体制进行了一系列改革和完善,初步建立了具有孟州特色的公共财政框架。具体内容包括:

第一,率先在全省推行会计集中核算制度,成立了市级会计核算中心,对全市 140 多个单位实行"单一账户、集中支付、分户核算"的会计集中管理模式,精简财会人员 160 人,取消银行账户 470 多个,规范了业务管理、资金结算、票据传递等工作流程,杜绝了私设"小金库"、骗取财政资金等现象。两年来,累计进入中心账户资金 2.5 亿元,审核出违规、违纪凭证 25 张,节约财政资金 900 多万元。第二,对每个单位的预算内外收支和基金收

---

[1]. 《焦作市"12345"为民服务中心创建纪实》,载《焦作日报》,2003 年 8 月 6 日。

支进行了详细测算,合理确定各项经费标准,采取"一次核定、全年执行、超支不补、节约留用"的办法,解决了财政资金的二次分配和年中追加问题,提高了资金分配透明度。第三,将使用财政性资金购置交通工具、办公机具和工程建设的项目,全部纳入政府采购,统一进行招标,几年来共实施大型招投标121次,竞争性谈判185次,询价采购等857次,采购总金额达7292万元,节约资金1142万元。第四,对市直行政事业单位、乡镇机关、学校建立财政专户,实行市级管理和工资统一发放,保证了干部和教师队伍的稳定。第五,对全市非税收入实行"银行代收、直达国库",预算内支出由国库直接拨付到各单位或供应商的账户,实现了财政资金"一个口子进,一个漏斗出"。目前国库集中支付资金占财政总支付资金比例已达93%。第六,成立了"财政资金监督委员会",实行离岗审计、拨款终身负责制等,对资金审批项目进行严格把关,建立起"出入口规范化、管理模式化、操作程序化、资金运作市场化、监督全程化"的资金运作体系。第七,全面推行"村财乡理"的集中核算管理办法,在全市13个乡镇、办事处建立了"会计服务中心",对273个行政村、1780个村民小组的财务实行了无偿代理服务。[1]

在孟州市的公共财政体制建设过程中,村财乡理和乡财县(市)管是两大重要举措。就前者而言,核心是建立会计服务中心,对各村组财务进行集中核算,实行无偿代理服务。会计服务中心属乡镇政府直属机构,由乡镇长领导,乡财政所具体负责管理,业务上接受财政会计部门、财政监督部门和农经部门的指导。为了扭转乡、村"财务不明,村官不清"的局面,在各乡镇建立会计服务中心,对村级财务、村民小组财务实行集中管理,统一开户,分户核算,在原核算单位"资产所有权不变,资产使用权不变,财务审批权不变,独立核算性质不变,财务管理体制不变"的前提下,将乡镇各部门、各村组变为报账单位,由会计服务中心集中进行会计核算,建立融服务与监

---

[1]. 中共孟州市委办公室:《创新行政管理体制,切实转变政府职能》。

督于一体的新型会计管理体制。[1]

而就乡财县（市）管来说，2004年，孟州市在财政综合改革的基础上，于7月1日开始推行乡财县管。其立足点是缓解乡镇财政困难、加快乡镇经济建设、实现县乡财政同步发展。改革的基本内容是实行"四个统一"：一是预算统编，将乡镇所有收支纳入预算管理，实行综合预算；二是账户统设，取消乡镇财政开设的所有账户，由县财政在各乡镇统一设立"结算专户"、"工资专户"、"支出专户"；三是收支统办，取消乡级金库，乡级预算内外资金分别上缴市级金库和市非税专户，使用时通过申报和审批集中支付；四是票据统管，乡镇使用的行政事业性收费票据、农业税税收凭证等，全部收归市财政部门，坚持票款同行、以票管收。[2]

实行村财乡理和乡财县（市）管后，成效非常明显。一是规范了村级财务收支，2002年4月到11月底，孟州市各会计服务中心拒绝不合理、不合法开支60笔，涉及金额16万元。二是降低了村务成本，减轻了农民负担，各村组共取消了会计和出纳1500人，减少村组行政支出90余万元。三是收费及时存入银行，减少了坐支、挪用等问题，一定程度上避免了乱收费。[3]同时，乡镇举债得到有效遏制。乡财县管工作运行两个多月，孟州市就消化了乡镇债务175万元，债务风险得到有效缓解；收支行为得到规范。杜绝了坐收坐支和乱收滥支，工程建设、招待费和工资发放等"白条"现象消失；防止了截留上级财政资金行为，避免了专项资金和村级资金的"雁过拔毛"现象；县乡财政协调运行机制得到完善。由于县财政的支持，乡镇能够集中精力办大事，乡镇增收节支、创收多收的积极性有所提高。[4]

---

1. 吴玉萍：《孟州乡村有了明白账》，载《焦作日报》，2002年6月1日。
2. 全省财政工作会议交流材料。孟州市委市政府：《推行乡财县管，缓解财政困难，促进县乡经济社会协调发展》，2004年9月23日。
3. 杨志军：《堵住村财管理致乱之源》，载《焦作日报》，2002年12月24日。
4. 同上。

孟州市的公共财政体制建设产生了积极的影响，中央电视台、《中国财经报》、《河南日报》、河南电视台、《焦作日报》等多家新闻媒体作过专门报道。被列为河南省10个财政综合改革试点市之一；近两年来，省内外有80多个市、县来孟州市考察学习。

（五）推行效能革命

2004年6月，焦作市委、市政府决定在全市党政机关、事业单位和服务行业开展一场以"两个转变（转变政府职能、转变工作作风）"、"三个服务（为群众、为基层、为纳税人服务）"为主题的"效能革命"。那么，什么是"效能革命"，焦作市为什么要开展"效能革命"呢？所谓"效能"是指行政管理的效率、效果和效益，"革命"就是对行政管理的方式、方法实行变革，提高行政管理的效率、效果和效益。"效能革命"就是要向传统的思想观念开刀，向不合时宜的行为方式开刀，向顽固不化的恶疾陋习开刀，从根本上解决当前焦作市各级机关、部门存在的行政效率不高、服务质量不高的问题，解决生产关系影响生产力发展的问题。[1]

毛超峰市长说得很明白："我市开展效能革命是在前几年行政管理体制改革取得阶段性成果的基础上，为适应新的形势、新的任务，经过充分调查研究后做出的一项重大举措。"那么，新的形势是什么呢？即三级服务中心建立以后，工作过程中还存在一些问题，需要认真研究解决；政府为各类市场主体、群众、基层服务的过程中也暴露出一些问题；2004年7月1日，《行政许可法》实施后，对各级政府的行政行为、行政方式等提出了前所未有的挑战。新的任务则是，焦作市市委八届七次全会提出了"经济总量进位次、人均指标居前列、发展速度争第一"的要求。因此，"如果不开展效能革命，进一步

---

[1] 铁代生：《在焦作市开展"效能革命"优化经济发展环境动员大会上的讲话》，2004年6月15日。

优化发展环境，我们的政府部门就无法适应新形势、新任务的要求，现实生活中存在的不作为、乱作为，职能缺位、越位等弊端和不良现象就难以克服"。[1]

2004年6月15日，全市开展"效能革命"动员大会之后，"效能革命"在焦作市全面实施。第一，进一步提高服务质量。尽管近年来焦作市的环境治理取得了一定成效，但也还存在很多问题：一些部门门难进、脸难看、话难听、事难办的现象仍然存在；一些部门变相收费的项目却在悄悄地增加；少数部门和公务人员顶风作"乱"、利用手中的权力向纳税人吃、拿、卡、要的现象屡禁不止。效能革命开展后，机关、事业单位和服务行业的服务质量明显改善。在焦作市行政服务中心的简报中，对效能革命较为详细的具体描述，就是中心工作人员的各种敬业、高效、耐心、热情的服务。例如10多分钟办理好企业名称核准手续；不分上下班为顾客服务；热心帮助不熟悉审批规程的顾客等。

第二，整合审批职能成建制进中心。为建立优化经济发展环境的长效机制，市委、市政府决定推动行政审批制度改革和服务中心建设向纵深发展，整合审批职能成建制进中心。即按照权责一致的原则，调整行政机关内设机构的职责权限，对其职能分工进行再次划分，将与行政审批业务相同或相近的职能剥离出来，交由一个科室承担，并整体进驻"中心"。这样做符合《行政许可法》"一个窗口对外"、"一个窗口进出"的基本要求，符合行政审批制度改革所确定的建立科学合理的管理机制、规范高效的运行机制和严密完善的监督制约机制的总体要求，符合行为高效、运转协调、公正透明、廉洁规范的行政管理体制的需要。[2]

行政服务中心与市编办一起，先后召开5次沟通会，确定了这项改革的

---

1. 焦作市行政服务中心：《工作信息》第15期（总第88期），2004年7月23日。
2. 焦作市行政服务中心：《借效能革命的强劲东风，积极推进整合审批职能成建制进中心》，2004年10月20日。

基本原则和步骤。即（1）实事求是，不搞一刀切；（2）科室职能整合、重组不增加科室数额；（3）行政事项在两个科以上的可设立行政事项服务科，行政事项单一、不涉及其他科室办理的不设立行政事项服务科；（4）整合后的职能不交叉，权责一致；（5）以点带面，点面结合，分类铺开。此后，行政服务中心组成5个联系小组，每组联系7个单位，利用一周时间与35个窗口单位交换意见，达成共识。

为了切实推进整合审批职能成建制进中心工作顺利实施，在市领导的督促下，中心成立了3个审批科室进驻中心工作督查组，负责督查15家首批行政事项服务科整体进驻工作进展情况。到10月20日，工作基本完成。

第三，加快电子政务建设，是效能革命的一项重要内容。市行政服务中心首先为公安、国税、地税等6个窗口开通了互联网业务，实现窗口与原单位专业网的数据共享；然后，与市信息中心结合，建立了网上办事模块，公开了302项进厅项目的名称、办事流程、申报材料、收费标准、政策依据、承诺时限等6项公开内容，群众在家里可下载相关材料，方便了办事群众，同时也为下一步开展网上审批奠定了基础。三是建立市行政服务中心门户网站，在互联网上实现办事查询、表格下载、文件上传、电子印章、电子签名、文件传阅等功能，实现真正意义上的电子政务。

第四，开门纳谏，追求高效。（1）走出去开门纳谏，对25家大中型企业进行调研。围绕"审批职能成建制进中心"这个问题，中心先后到36个窗口单位、25家大中型企业开展了3次大的调研活动，使工作更加贴近社会经济发展和群众的生活实际；（2）发放评议表、征求意见函。中心共发放评议表800份，收回675份，其中认为窗口及工作人员态度好、效率高的649份，占96.5%，一般的26份，占3.85%，认为较差的3份，占0.4%；（3）请进来，聘请效能革命监督员。从行政审批手续办理较多的部门和大中型企业中聘请10名效能革命监督员，监督行政审批行为；（4）开展办件跟踪督查活动。对36个窗口单位的项目办理情况进行跟踪督查，采取多种形式，利用现场查阅资料、电话回访、电脑查询、回访办件当事人等形式对 62 个办件进行抽查，结果显示，窗口单位严格执行 ISO 9001 标准，工作质量明显提高。[1]

二、建构服务型政府的动因、特征与成效

（一）建构公共服务型政府的动因

近年来，我国各地各层级的政府分别通过不同的形式实践着政府体制的改革与创新，例如乡镇长选举制度以及乡镇综合体制的改革、县级党代会代表直接选举、鼓励妇女参政、政务公开等。这些创新与改革都取得了不同程度的成效，也引起了人们的广泛关注。焦作市建设公共服务型政府的努力也是如此，成绩与影响有目共睹。那么，焦作市为什么要改变传统的工作思路，改革固有的体制，建构一种新的实践模式呢？影响并推动焦作市努力建构公共服务型政府的因素有哪些呢？

在调研中，我们发现，不管是焦作市政府、市行政服务中心以及市（县）相关部门提供的材料，还是调研组召开的座谈会，不管是政府领导，还是具体的工作人员，都几乎一致地将焦作市建构公共服务型政府的实践看做是为焦作市经济发展营造一个更好、更宽松、更规范的环境而做出的努力。因为，长期计划经济体制的惯性影响、市场经济转轨过程中的混乱已经使焦作市的经济社会发展环境日益恶劣。最明显的表现是，行政审批事项过多，审批程序繁杂、工作透明度不高、办事效率低、审批难、办证难；乱收费、乱罚款、乱摊派等三乱现象蔓延；重收费轻管理、只收费不管理；强买强卖、欺行霸市、敲诈勒索、侵占国家和集体财产，经济案件难以查处、执行难，侵犯经营者和消费者合法权益的事例屡禁不止；行政管理和执法行为不规范，政府

---

1. 焦作市行政服务中心资料。

服务政府
Service-oriented Government

部门服务质量低，管理环节多、水平低和有法不依、执法不严以及乱检查、乱评比、乱达标严重。这种环境严重影响到了焦作市招商引资的工作，影响到焦作市的经济发展。

为了营造良好的经济发展环境，吸引更多的投资，提高经济素质和竞争力，2000年初，焦作市委、市政府下决心对经济发展环境进行大规模的综合治理。以此为契机，焦作市才开始了建构公共服务型政府的实践。为了探索政府职能转变的有效途径，构筑政府行政的快速通道，焦作市从2000年11月起，从治理经济环境入手，以改革行政审批制度为突破口，在大幅度清理压减行政审批事项的基础上，建立了市县两级行政服务中心。[1]

但是，焦作市对治理经济发展环境问题的认识有一个过程。在2002年5月召开的"行政审批制度改革与行政服务中心建设"全国学术研讨会上，焦作市市委副书记、纪委书记赵功佩同志的发言描述了市委、市政府认识上的转变。赵书记说，焦作市这些年在建设山水园林城市，争取中国优秀旅游城市。在这个过程中，开始认为制约本市经济发展的是基础设施落后。于是，焦作市下大力气抓城市建设和基础设施建设，投巨资兴建焦作的公路等项目。但是，随着经济的发展，市委、市政府深切地感到，行政审批项目繁多，一些部门衙门作风严重，门难进、人难找、脸难看、事难办，成了制约焦作市引进资金、加快发展的重要因素。[2] 所以说，焦作行政审批制度改革推进得这么顺利，行政服务中心建设得这么好，其根本原因以及根本动力就在于："促进经济快速发展，是我们开展这项工作的动力；最大限度地提高全市人民生活水平，是我们的工作压力，也是我们下决心优化经济发展环境的原因。"[3]

那么，焦作市政府为什么要下大力气整顿经济发展环境呢？其最终目的是为了什么呢？很显然，对经济发展环境需要治理的认知在一定程度上反映

---

1. 中共焦作市委、焦作市人民政府：《改革行政审批制度，构筑政府行政的快速通道》，2001年。
2. 赵功佩：《在行政审批制度改革与行政服务中心建设学术研讨会上的发言》，2002年5月11日。
3. 同上。

了地方政府创新实践的动机，但是，在这种话语的背后还隐藏着另外一种最直接的动因，那就是各地政府面临的财政困境或者经济落后的现状促使地方政府努力改善环境以吸引更多的投资、上更多的项目，以弥补本地发展的不足，促进本地的经济增长。对于个人领导者来说，经济增长速度如何，地方建设项目如何，则是衡量其政绩的主要指标。

清理审批项目、建立行政服务中心后的第二任市委书记铁代生同志就形象地指出："最近，湖北、黑龙江分别在浙江招商引资已多达 375 亿元和 76 亿元，而我们引进的项目和资金却少得可怜。我市有着资源、交通、劳动力等许多方面的优势，但为什么没有形成中西部地区的投资热点，招商引资的效果不明显？关键还是环境问题！环境问题仍然是制约我市招商引资、扩大开放、加快发展的瓶颈。顽症不治，外商难留；恶习不改，形象难树；环境不优，发展无望。"[1]

十一届三中全会以后，随着我党工作重心的转移，以经济建设为中心的指导思想一直主导着我国各级地方政府的工作方向和重点。地方政府也努力通过各种方式促进本地经济的发展。但资源总是有限的，外来的投资也总是流向更有利于创造利润的地方。所以，各级地方政府为着吸引更多的外来投资，也总是在投资环境建设和优化、实行优惠政策等方面费尽心思、挖空心思。资源约束的硬化是促使地方政府决心改变行政体制、提高行政效率、优化行政环境的最根本动力。

当然，因为环境恶化而导致政府权威下降、形象受损也是地方政府努力改变工作思路的原因之一。导致政府权威下降、形象受损的原因首先是政府部门本身的运作体制僵化、低效、繁杂、拖拉，例如行政审批项目上千项，审批程序拖拉、扯皮，审批环节繁多等事实留给人们的印象就是官僚主义。其次，政府部门掌握权力的人员只知权力，不知责任，在利益的驱使下，吃、

---

1. 铁代生：《在全市开展"效能革命"动员大会上的讲话》，2004 年 6 月 15 日。

服务政府
Service-oriented Government

拿、卡、要，损害纳税人、投资者和经营者的利益。政府不作为、乱作为已经成为各种各类问题的焦点，在事实上也严重影响了政府的形象。"'乱收费、乱罚款、乱摊派'行为和政府行政效率低下等问题，不仅影响了经济的正常运行，还严重影响了投资环境，损害了党和政府的形象。"[1] 权威危机、信任危机、公信力下降也促使焦作市政府下决心推动公共服务型政府建设，转变政府职能，为社会提供更好的公共服务，改善政府的形象。

与国内其他地区的地方政府创新一样，焦作市建设公共服务型政府的成效还得益于另外一个重要因素，即地方政府领导者个人或领导集团的创新意识、开阔的视野、坚强的决心和果断的作风。在制度、体制结构化并沿着历史惯性发挥作用时，突破或超越既有制度往往需要一个具有开放意识和创造力的领导者或领导者集团。从焦作市来看，作为地方权威集体的市委、市政府领导在建设公共服务型政府过程中发挥着关键的推动性作用。人的因素在制度变革、制度变迁过程中起着相当大的作用。没有富有创新意识的领导者，就没有政府改革的创新之举。

在焦作市建设公共服务型政府的过程中，需要提及的权威集体包括前任市委书记秦玉海、现任市委书记铁代生、市长毛超峰，以及时任市纪委书记、现任市政协主席的赵功佩等人。很显然，他们受过现代知识的熏陶，具有深厚的理论知识、广阔的视野、极高的责任感、明确的政治目标和政治理想。时代、知识、能力的结合赋予他们广阔的舞台以施展自己的才华，承担改革先兵的历史重任。2001年3月26日，市委书记秦玉海在全市治理经济发展环境暨建立行政服务中心动员大会上强调："要以对党对人民高度负责的态度，站在全市经济发展的高度，用铁的纪律、铁的措施、铁的手腕，把行政服务中心建好，各部门、各单位领导必须高度重视，提高认识，转变思想，不换思想就换人。"而在2001年3月28日的焦作市行政服务中心运行典礼仪式

---

1. 《焦作市治理经济发展环境工作方案》（焦办〔2000〕42号文）。

上,毛超峰市长也指出:"焦作市行政服务中心是焦作市的一个窗口,代表着党和政府的形象,反映着我们全市的经济环境和服务水平,市直各部门、各单位要从全市经济发展的大局出发,进一步提高认识,高度重视行政服务中心的工作,热情关心和支持行政服务中心的工作。"2004年6月,焦作市开展"效能革命",市委书记铁代生明确表达了推动各项工作深入发展的坚强决心:"环境问题仍然是制约我市招商引资、扩大开放、加快发展的瓶颈。顽症不治,外商难留;恶习不改,形象难树;环境不优,发展无望。我们必须痛下决心,在全市上下大胆开展'效能革命',进一步整治优化环境,坚决根治阻碍发展的顽症,扫除影响经济发展的绊脚石,促进经济持续快速健康发展。"市纪委书记赵功佩同志是推动公共服务型政府建设的坚定支持者,也是积极的实践者。从带队考察沿海省市的行政审批制度改革,到推动焦作市行政服务中心的建设,以至亲自领导行政服务中心的工作,公共服务型政府建设的整个过程都能够感受到这位支持者的热情和责任。虽然现在他已经到政协担任主席职务,但对公共服务型政府的建设仍然热情未减。在笔者调研过程中,他对成绩的低调、对不足的清醒、对未来的信心依然让人感动。

正是有了这样一个富有创新精神的团队,焦作市公共服务型政府的建设才能够在创造经济社会全面发展的优良环境、建立和谐的政府与社会关系、转变政府职能、恢复政府本来面目等各方面取得瞩目的成绩。

(二) 公共服务型政府创新实践的特征

随着我国经济社会发展的深入,各地地方政府在解决其面临问题时创造出许多新的路径,而因为我国地方的多样性以及解决问题的针对性特征,这些创新实践各具特色。焦作市建构公共服务型政府的实践也是如此,在保持既有体制的持续性与稳定性的前提下,其改革与创新也表现出一些新的特色:

第一,学习与创新相结合。在我们政府创新课题组到焦作市调研的过程中，负责此事的赵功佩书记告诉我们，建立行政服务中心不是焦作市的首创，全国各地各级地方政府基本上都在这方面有所创新。我们为着建设行政服务中心，首先想到的是到他们那去看看，去学习，看他们怎么做的，有哪些特点等。在掌握充分信息、资料等基础上，我们才开始我们的实践的。[1] 2001年2月，焦作市派出由市委常委、纪委书记赵功佩带队的考察团，对浙江绍兴市、上虞市、铜庐县的"便民服务中心"，江苏省连云港市的"行政审批中心"、镇江市的"投资项目审批一个窗口"，上海市嘉定区的"投资服务和办证办照中心"、闵行区的"便民服务中心"，安徽省芜湖市的"行政服务中心"等进行了11天的考察。[2] 在认真研究各地的做法后，焦作市提出了在全市范围内建立市、县（区）两级行政服务中心体系、构筑新型的政府行政审批模式的总体构想。

因为建立行政服务中心没有固定的模式，所以，焦作市项目的创新之处在于比较全面，审批项目清理过后的项目能进中心的全部纳入服务中心管理，与江浙一带的"一条龙服务"相比更全面、更完善。经过7次对审批项目和办事程序的精简，现在有367个审批事项、36个部门、46个窗口。另一创新之处在于，依靠制度管理，大胆引入质量认证制度，在全国同行业单位首家实行ISO9001认证。县（市）目前未拿到认证证书，但基本上都按照市的模式做，一个月检查一次，发现问题及时改正。[3]

第二，理论与实践相结合。地方政府的各种创新活动开始都具有明显的针对性和临时性，而且实践性也比较强，因为地方政府面临的实际问题需要他们努力找出解决问题的新方法、新思路。但是，随着实践的深入，他们也

---

1. 《政府创新课题组调研记录》，2003年12月。
2. 刘好民、杨仕智先后在《焦作日报》发表了《重大的突破——绍兴等地改革行政审批制度、创建行政服务中心系列报道之一》（《焦作日报》；2001年2月7日）、《高效的服务——绍兴等地改革行政审批制度、创建行政服务中心系列报道之四》（《焦作日报》；2001年3月23日）等4篇报道，详细介绍考察团的行程以及各地服务中心的具体运作情况。
3. 《政府创新课题组调研记录》，2003年12月。

深感理论思维和理论归纳的重要性，深感创新的提高需要理论来作指导。焦作市政府在公共服务型政府建设过程中，与理论研究和学术界保持着紧密的联系，从理论的高度总结、提升和推广公共服务型政府的建设。

2002年5月11—12日，行政审批制度改革与行政服务中心建设研讨会在焦作市举行。此次会议由中国经济体制改革研究会、中国社会科学院公共政策研究中心和中共焦作市委、市政府联合举办。参加此次研讨会的有北京大学、国家行政学院、中国行政管理学会、中国社会科学院、河南省社会科学院等科研机构的专家学者，全国人大常委会内司委、国务院行政审批制度改革领导小组、国务院法制局、中央编制办等有关国家机构人员，以及安徽省等国内其他12个省、市、自治区的20个城市的行政服务中心负责人。这次研讨会针对我国加入WTO后，如何更好地转变政府职能、改革行政审批制度、促进政府依法行政，进一步适应经济全球化的新形势，努力把行政服务中心建设得更科学化、规范化、制度化而召开。从焦作方面而言，他们从中得到的更多的是关于公共服务型政府建设的理论归纳和理论思考，以及这种思考对于公共服务型政府建设未来走向的意义。正如毛超峰市长在会议闭幕上所说的那样："通过这次研讨会，我们从中学到了许多宝贵经验，受到了很大启发，对我们进一步搞好行政审批制度改革和行政服务中心建设，必将起到积极的推动作用。"[1]

2004年3月，焦作市建构公共服务型政府的项目还参与了由中央编译局比较政治与经济研究中心主持的"中国地方政府创新奖"的评估活动。全国专家委员会和选拔委员会的成员对此项目也给予了高度评价，并荣获2003—2004年度"中国地方政府创新奖"。获得该奖项既是对焦作市过去工作的肯定，也赋予其追求进一步发展的更大动力。

第三，拓展与提高相结合。公共服务型政府的建设在政府结构上不仅仅

---

1. 毛超峰：《在行政审批制度改革与行政服务中心建设研讨会闭幕式上的发言》，2002年5月12日。

局限于一个层级，而是包括市、县（市）、乡（镇、办事处）各级政府的完整的层级。虽然焦作市在刚开始启动行政服务中心建设时只涉及市、县两级，但随着创新实践的深入，行政服务中心在政府层级上也逐渐向乡（镇、街道办事处）延伸，建构覆盖整个行政层级的行政服务中心。同时，政府改革开始扩展到各个领域，在更大范围内规范政府及其工作人员的行政行为，拓展了政府为市民群众提供公共服务的覆盖面，收到了良好的效果。焦作市设立了"12345"便民服务中心；孟州市先后成立了外商投诉中心、行政效能投诉中心，设置了对外公开服务呼叫中心，建立了人大、政协评议职能部门的制度，促使各级各部门强化服务意识，提高服务水平；成立文件查阅中心，收集整理了政府职能部门的政策法规文件，方便干部群众查阅了解情况。

以"两件实事"和效能革命为载体，提升公共服务型政府建设的层次。"两件实事"指的是全市所有市直单位每年为农村和社区群众办两件实实在在的事情。"两件实事"工作法的实施，解决了岭区人畜饮水难、行路难、学校教学条件差、城乡环境卫生状况不良等群众关心的热点、难点问题。5年来，累计为群众办实事办好事1100多件，促进了干部作风的转变，进一步树立了党和政府的良好形象，密切了党群干群关系。[1] 效能革命强调转变政府职能，转变工作作风，坚持为群众服务、为纳税人服务、为基层服务的方针，从根本上解决市各级机关、部门存在的行政效率不高、服务质量不高的问题，解决生产关系影响生产力发展的问题。促进服务上台阶、上层次，真正实现服务型政府的本质。

（三）公共服务型政府建设的成效

从2000年清理行政审批项目，到2001年建立行政服务中心，以至2004

---

1. 中共孟州市委办公室：《创新行政管理体制，切实转变政府职能》。

年开展"效能革命",焦作市公共服务型政府的建设经历了一段逐渐拓展、逐渐深入的过程,同时也取得了相当的成效。

第一,焦作市公共服务型政府建设的最直接成效就是透明和高效。透明主要表现在政策根据透明、政策过程透明、政策结果透明。焦作市的市、县、乡行政服务中心首先制定了严格的规章制度,实现"六公开",即审批内容公开、办事程序公开、政策依据公开、申报材料公开、承诺时限公开、收费标准公开。各行政服务中心都编有服务指南,各部门的柜台都摆放有服务告知单,中心大厅设有触摸式电脑查询。服务大厅还设有咨询员,指导和帮助有困难的服务对象办理审批事项等。其次,开放式办公,公开了政策执行的过程,办事程序公开,有利于群众了解政策执行过程,避免了因为暗箱操作而诱发的权力寻租和腐败行为发生。再则,行政服务中心,设立了投诉科,专门受理服务对象对窗口服务的投诉。邀请新闻媒体和社会对服务中心进行监督,监督程序完善,投诉系统健全,监督有力。孟州市为优化经营环境,成立了治理经济发展环境工作领导小组,实行了"检查企业许可证制度"、"行风评议制度",加大对各种破坏经济发展环境的行为的治理力度。2002 年共有 25 人受到纪律处分或通报批评,没收违纪资金 6100 元,退回企业不合理收费 18.8 万元。[1]

焦作市的市、县(市、区)两级行政服务中心成立后,简化了审批程序,减少了办事环节,有效地缩短了审批时间,提高了政府办事效率。从受理事项的数量和到期办结率来看,市级行政服务中心在成立的头 100 天内,共受理各类行政审批事项 57495 件,办结 55890 件,到期办结率 100%。修武县行政服务中心自 2001 年 3 月 30 日投入运行至 7 月底,共办理各类行政审批事项 32570 件。[2] 从审批环节和周期看,原来个体户在公安局办理货运车禁运道路

---

1. 中共孟州市委办公室:《创新行政管理体制,切实转变政府职能》。
2. 赵功佩:《转变政府职能,办好服务中心,促进行政提速》,载《焦作日报》,2001 年 7 月 19 日;中共修武县委、修武县人民政府:《修武县行政服务中心情况介绍》(2001 年 8 月)。

通行证一般需要半个月甚至一个月时间,现在仅有半小时即可办结。解放军驻修武县某部队过去办理家属随迁需 27 道审批手续,最快也要 20 天时间才能办完。现在,手续减少了 12 道,仅用一个小时即可办完。[1] 在解放区,原来各部门为群众办事平均一件事要 15 天时间,现在平均只需 2 天,大部分都能够在半小时内办完。[2]

第二,服务观念与质量提高。在建设公共服务型政府的过程中,焦作市始终把人民群众的利益和需要放在首位。它们服务宗旨的第一条就是便民,其服务理念是"宁可自己麻烦百次,不让群众麻烦一次"。为了真正转变服务观念,提高服务质量,焦作市委、市政府明确要求各政府部门选派"政治觉悟高,业务素质强,敬业精神好"的优秀业务骨干进中心窗口,把中心作为转变政府工作作风的新起点。其次,改变过去"群众围着部门转,部门围着领导转"为现在"部门围着窗口转,窗口围着群众转",淡化了权力意识,增强了服务意识。值得注意的是,焦作市还从技术环节保证服务质量,他们专门研究服务大厅的设计,要求更具人性化,从整体设计、空间布局、机具摆放、窗口位置和工作台的高低等都体现便民、开放的特点。

为了保证服务质量,各行政服务中心还设计了征求意见表和评议表,面向群众征求意见。修武县行政服务中心在投入运行的头 4 个月中,共发出征求意见表和评议表 17000 多份,满意和基本满意达 16800 多份,满意率 98.6%。[3] 焦作市房管局窗口在运行的头 100 天,共接待群众上万人,受理审批事项 3000 余件,办结 2000 余件,收到群众赠送锦旗 13 面,各类表扬信 26 封。[4]

---

1. 赵功佩:《转变政府职能,办好服务中心,促进行政提速》,载《焦作日报》,2001 年 7 月 19 日;中共修武县委、修武县人民政府:《修武县行政服务中心情况介绍》(2001 年 8 月)。
2. 《建中心一心为民,创环境力图发展——河南省焦作市解放区社会服务中心建设综述》。
3. 《修武县行政服务中心情况介绍》。
4. 焦作市房管局:《进一步做好中心工作,努力使服务窗口更亮丽》,2001 年 7 月 8 日。

第三，促进了政府职能的转变。传统的行政审批制度是计划经济条件下政府管理经济和社会的基本手段与方式。政府通过审批，实现对社会资源的计划配置，从这个角度讲，计划经济也是审批经济，是以审批管理为主的一种经济制度。但是，随着市场经济的建立和发展，越来越不适应了。就焦作市而言，问题突出表现在 5 个方面：多，审批事项过多，全市 60 多个政府职能部门就有审批项目 2049 项；繁，审批手续烦琐；慢，办事速度慢，程序复杂，关卡多；暗，就是暗箱操作，审批随意性大；差，服务质量差，衙门作风。这种审批制度在市场经济的建设过程已经越来越不适应现实的需要了：政府本身应该履行的宏观调控、市场监督、提供公共物品等基本职能也无法充分实现；从市场角度看，审批限制了市场对资源的配置作用，经济发展缺乏活力；从社会角度来说，权力寻租导致腐败现象严重，损害党和政府的形象。

焦作市公共服务型政府的建设则改变了这种状况，促进了政府职能的转变。焦作市行政服务中心是在清理和削减行政审批权限的基础上建立起来的。在此基础上，焦作市建立了市县两级行政服务中心，部分乡镇（办事处）也进行了建立行政服务中心的试点，在全市初步形成了市县乡三级政府行政的快速通道。[1] 随着公共财政体制建设和效能革命的深入发展，直接促进了政府职能转变，政府开始从市场主体变成了市场的监管者、公共服务的提供者，政府治理的形式也开始实现从统治到服务、从管制到服务的转型。从而真正使政府变成政府，恢复其本来面目。

三、挑战与发展

从 2000 年开始算起的话，焦作市建构公共服务型政府的实践已经有 4 年时

---

1. 中共焦作市委、焦作市人民政府：《改革行政审批制度，构筑政府行政的快速通道》。

间了。在这4年时间里,焦作市从清理审批项目开始,到成立覆盖市、县、乡镇三级的行政服务中心,建立公共财政体制,以至开展"效能革命",一步步从过去的统治走向治理、从管制走向服务,在转变政府职能,改变服务观念和提升服务质量,促进政府行为高效、便民,保持廉政等几方面取得了相当的成绩。但是,正如各地方政府的其他创新一样,焦作市政府的建构公共服务型政府的实践也还存在着许多需要进一步完善的地方。这些需要完善和改进的地方有可能是主观因素导致的,也有的是客观原因造成的。认真梳理这些需要进一步解决的问题,将有助于焦作市公共服务型政府建设的完善和发展。

首先,焦作市建构公共服务型政府的实践是地方政府解决经济发展问题所采取对策的副产品,具有明显的指向性、对策性。正确认识"公共服务型政府"的本质,理解其基本职能是建构服务型政府的前提。

从政府职能的角度讲,所谓服务型政府,就是公共服务职能在整个政府职能体系中占主导地位的政府。换言之,服务型政府最基本、最重要的使命就是为社会提供优质高效的公共产品和公共服务。但是,长期以来,我们对政府本质的认识一直未能超越时代和体制的局限,政府职能的具体内容一直未能科学界定;在实践中,政府一直处于"超载"状态之中,政府不仅承担起提供所有公共物品的职责,而且负责向全体社会成员直接提供所有私人物品,政府承担了许多管不了、管不好、不该管的职能,政府机构和运行机制完全是从管理者自身出发来设置和运行,在自身能力和资源的约束下,心有余而力不足,公共服务的职能得不到很好的体现。政府无所不包的职能结构,使政府行为有了强烈的强制行政倾向,严重制约了社会发展的生机与活力。

十一届三中全会以后,党和国家确立了以经济建设为中心的工作重心,以及建设社会主义市场经济体制的战略目标,促进经济增长和经济发展成为政府的首要任务。我国各级地方政府基本上都将更多精力用于吸引投资,上项目,抓经济建设,促经济增长,而本应作为其主要职能的公共服务则基本上边缘化了。十六大以后,党和国家强调科学发展观,强调可持续发展,以及建设社会主义和谐社会，但是，路径依赖使地方政府无法在短期内控制以经济增长为目标的发展模式，即使在政策话语的表述上地方政府始终遵循与中央政策保持一致。

从焦作市建构公共服务型政府的实践我们也可以看出，清理行政审批项目、建立行政服务中心最直接的动因是为了方便外来投资，为了吸引更多的投资项目，因为这些项目的投入可以对焦作市的经济增长产生即时的效益。设立"12345"便民服务中心是为了方便群众，化解群众与政府之间的矛盾。财政体制改革的试点是为了解决基层财政面临的困境，从"节流"而非"开源"的环节入手，同时是为了防止基层政府的财政上的不规范而导致的腐败现象，防止因此而诱发的干群矛盾以及群体性突发事件。"效能革命"的实施是因为前述措施并没有从根本上消除政府认为应该消除的诸多问题。所以说，如果从公共服务型政府建设的角度来看，焦作市建构"公共服务型政府"的努力改变了传统的行政思维和行政方式，取得了一定的效果，但是，它并不是根据公共服务型政府的理念来实施其创新和改革措施的。因此，政策话语上的"公共服务型政府"建设并没有从根本上转变政府的职能，也没有建构起合理的政府与社会、政府与市场、政府与民众之间的关系。

其次，政府职能转变带来的机构改革问题非常复杂，其面临的困境也表明，政府职能转变是个艰巨的任务，彻底的职能转变才能真正精简臃肿的政府机构，充分实现其公共服务职能。

焦作市公共服务型政府建设过程中，三级行政服务中心的设立可以说是让他们感到自豪的事情，因为在层级上他们建构起市、县（市、区）、乡镇（办事处）三级行政服务中心，比较全面；在服务内容上，除特殊条件限制的外，所有项目都经过行政服务中心；在规范性上，引进质量认证体系，区别于其他地方的创新。但是，行政服务中心的设立同时也带来了另外一个问题，即机构改革与政府职能转变的关系问题。在政府职能未能有彻底转变的情况下，机构改革往往流于形式。

在焦作市，市行政服务中心被定性为市政府派出机构，暂定为县级规格。焦作市下辖的县（市、区）行政服务中心，为县（市、区）政府派出机构，确定为科级规格。[1] 行政服务中心虽然是派出机构，但具有一定的行政级别。在行政服务中心里面，还建立了党组织。中共焦作市委在市行政服务中心建立工作委员会，作为市委派出机构，工作委员会书记由市委副书记、市纪委书记兼任。[2] 工作委员会下设党委和支部，并建立了中心组学习制度、党组织活动制度、党风廉政建设制度等。[3] 县（市、区）级党委亦在同级行政服务中心建立党的基层委员会或工作委员会，书记由县（市、区）副书记、纪委书记兼任。基层委员会或工作委员会之下，一般按系统分设党支部。[4] 在市、县两级行政服务中心工作的中共党员和共青团员，都要将组织关系转入中心，由中心的党、团组织进行统一管理。完全是模仿党政系统的机构设置在行政服务中心建立起了一整套的相关机构。所以，有人将行政服务中心称为"二政府"。

在行政服务中心的一项专项治理工作的安排中，市行政服务中心对10个县（市）区的53个乡镇（办事处）便民服务中心进行了深入细致的调研。总体情况看，乡镇的便民服务中心基本上模仿县级中心的模式，81%的同志对乡镇（办事处）党政办和便民中心合署办公形式表示认同。存在的主要问题是，职能和定位问题，即乡镇（办事处）的便民中心应该干什么，能干成什么，不明确，不统一。所以，解放区焦西办事处将社区的职能、办公室的职能、窗口的职能全部整合放在便民中心，修武县方庄镇把乡镇的所有职能充

---

1. 焦作市机构编制委员会：《关于成立焦作市行政服务中心的通知》（2001年3月2日，焦编〔2001〕3号）；修武县机构编制委员会：《关于确定修武县行政服务中心机构编制的通知》（2001年3月6日，修编字〔2001〕2号）。
2. 中共焦作市委、焦作市人民政府：《关于建立焦作市行政服务中心有关事项的通知》（焦发〔2001〕5号）。
3. 焦作市行政服务中心编：《制度政策》，第28—30页。
4. 中共解放区委、解放区人民政府：《关于成立解放区社会服务中心的通知（暂行）》（2001年5月19日，解发〔2001〕12号）；中共修武县委、修武县人民政府：《关于成立修武县行政服务中心的通知》（2001年3月8日，修发〔2001〕17号）。

分整合，前移办公室，前移职能；其他则模仿县级模式，将七所八站放到中心，不切合乡镇工作实际，因为乡镇工作多为集中性的、重点的，增加了乡镇的负担。[1]

行政服务中心，无论是包含部分政府所属部门还是包含全部政府所属部门，都是作为同级政府的派出机构。在行政编制上，增加了一个机构。在行政管理上，多了一个层级。在现有政府所属部门机构设置不变的情况下，为实现集体办公和"一条龙"服务，增强了用行政服务中心的模式进行管理和规范的层级，虽然可以达到高效、公开、透明的目的，但行政审批事项和人事管理都实行的是双重管理制度，这就可能出现反弹。再则，行政服务中心对现有的非窗口政府工作人员也构成了潜在的威胁，因为政府服务功能"前移"暴露出来了机构臃肿、人浮于事的现象。怎样在政府职能转变过程中整个地改革政府运行体制就是个非常紧迫的问题，也是一个需要深入思考和谨慎谋划的课题。

第三，审批制度改革面临着相当大的阻力，必须合理化解改革中的矛盾，才能更好地建设公共服务型政府。

建立一条龙的窗口式行政服务，首先要解决的问题是将多少行政审批事项拿到行政服务中心办理。在多次清理后，焦作市保留了行政审批事项622项，收费项目308项。建立服务中心后，有45个部门和单位设立了服务窗口，进入中心的审批项目为781项。即在保留的930项行政审批和收费项目中，有149项没有进入行政服务中心。原因在于这些项目多受场地或其他因素的制约，无法在中心办理。如公安局管理的驾驶证和车辆运营证的办理，都需要专门的场地。[2]

而将这些经过清理的行政审批事项和收费项目全部或者绝大多数纳入行

---

1. 市行政服务中心调研组：《关于乡镇（办事处）便民服务中心的调研情况》。
2. 焦作市服务中心：《焦作市行政服务中心简介》。

政服务中心,在事实上已经遇到较大的阻力。一些部门的"权力意识"、"部门利益"的思维模式给行政服务中心的运作带来巨大的压力和困难。焦作市行政服务中心建立后,最大的问题就是"两头受理、体外循环"。一些行政许可过于分散,一个许可申请往往需要一个行政机关内设的多个科室分别审查,出具审查意见,科室之间的相互扯皮和推诿,让申请人无所适从。由于授权不到位,说话算数的人不在"中心",结果申请人既跑中心,又跑原单位,不仅没提高工作效率,反而增加了行政成本。对行政服务中心的抵制最根本的原因在于利益分配机制发生变化后所带来的利益分配不均衡。这种障碍是体制性的:窗口职能不明确、授权不充分,管事的人、说话算数的人、最终拍板的人不在"中心"窗口。

在县级,虽然也对进入中心的审批事项作出了硬性要求,但是,有些部门和单位并没有按照要求做,而只是把部门审批事项放到了行政服务中心,直到在党委和政府的强行干预下,才把绝大多数审批事项放进中心。以武陟县为例,经过清理后保留的行政审批事项292项,收费项目249项,行政服务中心2001年5月31日开始运营,进入中心的审批事项和收费项目都没有过半,截止到7月3日,由中心35个窗口办理的各类审批事项共计1111项,平均每天办理33件,每个窗口平均每天只办理1个审批事项。各收费项目合计收费为18423.5元。更有甚者,有的部门还为行政服务中心的窗口服务设置障碍,如交通局办理的营运证,原来在交通局可以即办即取,该项目进入行政服务中心后,办证在行政服务中心的窗口,取证则要到交通局,人为地增加了办证的难度。为改变这种状况,县委、县政府7月7日在行政服务中心召开现场会,明确要求各部门、单位领导将所有审批事项和收费项目放进行政服务中心,并要"看得透,想得开,跟得上"。在这种压力下,所有行政审批事项和收费项目才进入行政服务中心。7月7日到7月11日,5天之内行政服务中心35个窗口办理的各类审批事项共计1887项,平均每天办理377项,每个窗口平均每天办理11件审批事项,各收费项目合计收费为52124.16元,无论是办事效率还是收费金额都增长了 10 倍以上。[1]

以修武为例，经过清理后保留的行政审批事项共 479 项，全县具有非税收入的 60 个单位共保留 346 项收费项目。行政服务中心刚刚建立时，进入中心的行政审批事项只有 233 项，[2] 占保留行政审批项目总数的 49%。后经县委、县政府协调，479 项行政审批事项和 346 项收费项目全部进入中心，在运行一段时间后，证明有 9 项行政审批事项确实不适合在中心办理，准予退出中心，所有收费项目则都在中心办理。经过这样的调整后，修武县行政服务中心能够处理的行政审批事项为 470 项，占保留行政审批事项的 98%。[3]

所以，正如焦作市市长毛超峰同志所说的那样："如果政府职能不转变，行政服务中心充其量只是一个方便老百姓、在一定程度上遏制腐败现象，并有限度地提高政府办事效率的场所。"2004 年 6 月，焦作市启动"效能革命"、整合审批职能成建制进中心事实上也是为了解决这个问题。但问题的根本是政府的职能是否真正实现了转变，只有彻底的职能转变才有助于解决这些问题。

最后，推动政府改革的个人因素带有很大的不稳定性和非持续性。怎样保持创新与改革的可持续性，也是地方政府面临的重要问题。

虽然不同程度地存在着制度动因，但我国各级地方政府的创新实践在很大程度上都是由当地党委、政府的领导者个人依靠权威、权力推动的。他们具有开阔的视野和变革的勇气，熟悉地方政治的结构与功能，与上级权威具有良好的关系，能够获得更高层次的默许；同时，领导者的个人魅力也能够使其赢得基层民众较广泛的支持。举例来说，四川遂宁市中区直选乡镇长候

---

1. 《焦作市申报"中国地方政府创新奖"资料（一）》，第 15 页。
2. 修武县行政服务中心：《服务指南》。
3. 修武县行政服务中心：《服务指南（续）》；中共修武县委、修武县人民政府：《修武县行政服务中心情况介绍》，2001 年 8 月。

服务政府
Service-oriented Government

选人、贵阳市人民代表大会制度的改革等都是地方领导者个人推动和支持的。焦作市的公共服务型政府建设也是如此,从问题认知,到设计制度,以至于推动改革向纵深发展,每一关键环节都可以发现当地党委、政府主要领导者和支持者个人的作用。在焦作市的创新实践中,前任市委书记秦玉海、现任市委书记铁代生、市长毛超峰,以及时任市委副书记、市纪委书记,现任市政协主席的赵功佩同志都发挥着重要的作用。

领导者个人在推动地方创新突破既有体制的实践中能够发挥非常有效的作用,但是,从另外一个方面讲,在既有的干部管理体制下,地方政府的主要领导面临着经常性调动和更换的问题,每个领导者的秉性也不尽相同,在强调政绩的情况下,领导者个人可能都会提出不同于他者的改革与发展的思路,因此,能否在这种状态下推动政府创新的持续性发展就是地方政府面临的一大挑战。例如,深圳大鹏镇的镇长直选就因为领导的更替而停止下来。

虽然存在着地区差异,但在地方政府的各种创新实践中,创新的动因、方向、制度保证、效益与可持续性等问题具有相当的普遍性。焦作市建设公共服务型政府过程中遇到了这些问题,其他地方政府改革过程中也会遇到这样的问题。而关键是怎样面对和解决这些问题。

地方政府创新的直接动因是要解决其面临的危机以及发展问题。受体制、环境、资源以及领导者个人因素的影响,地方政府在解决这些问题时都是应对性和被动的,一旦危机消失,或者发展问题初步得到解决,创新的动力往往就会减弱。这种情况既说明创新应对危机和发展的有效性,同时也意味着创新无法取得更深入和更具突破性的进展,无法对体制性变迁产生深刻的影响。因此,怎样将应对性改革转变成主动的、系统的创造性改革,怎样赋予地方政府创新的制度性动因则是地方政府应该更多思考的问题。另外,因为临时性、应对性、单向性,许多地方政府创新活动的持续性往往无法保证。创新实践的制度化将是地方政府保持创新持续性的最佳选择。

因此，在改革行政审批制度、确立三级公共服务体制和建设公共财政体制等方面改革已经取得相当成效的基础上，怎样用公共服务型政府的理念来规范政府体制改革、在真正转变政府职能的基础上改革政府运行机制、建立公共财政体制等仍然是各级地方政府未来改革与创新所面临的重大课题。科学、合理地解决上述几个问题将使公共服务型政府建构更完善、更成熟。

（原载俞可平主编：《中国地方政府创新案例研究报告（2003—2004）》，北京：北京大学出版社2006年版）

成都市深化行政审批制度改革
——从"一站式"到"一窗式"

项国兰
(中央编译局比较政治与经济研究中心)

成都的行政审批改革启动于 2001 年。2003 年市政府下发《关于印发〈成都市改革行政审批制度在企业登记中实行前置审批告知承诺的意见〉的通知》。通知中提出并联审批问题,要求在涉及 6 个部门的 8 项行政审批中实行告知承诺制,但由于涉及法律法规数量大、审批事项交错、行政许可法对审批权限有所改变等因素,这项改革没有取得实质性进展。2004 年通过全国首家省、市同址办公政务中心的建立,实现了行政审批"一站式"办理。

到 2007 年年初,包括"一站式"办理在内的成都市行政审批制度改革在创新工作模式、完善运行机制等方面进行了积极的探索和实践,各项相关改革取得一定成效,表现为以下四个方面:行政审批项目大幅度减少,先后 7 批取消调整行政审批 758 项,占审批项目总数的 66%;行政审批网络基本形成,建立了市政务服务中心、区(市)县政务服务中心、街道(乡、镇)便民服务中心、村(社区)代办点的四级服务网络;审批时间缩短,平均缩短

50%以上，政务中心内各审批事项按时办结率达100%，当场办结率达75%；审批行为进一步规范，建立了审批事项与结果两公开、部门内审批与部门外监督两分离、审批行为与责任追究两挂钩等工作制度，审批部门工作作风明显改进。

但是由于行政审批涉及部门多，在部分行政审批事项中依然存在审批流程复杂、手续烦琐、审批时限长、重审批轻服务等问题。这些问题使成都的行政审批制度改革走到了一个新的拐点。

一、深化行政审批制度改革的动因

深化行政审批改革的动因包括以下三个方面：

（一）改善投资环境需要深化行政审批制度改革

上文我们谈到行政审批"一站式"办理。这种审批方式将原来分散办理的审批事项集中在一个大厅内办理，有效方便了群众办事。但是"一站式"审批只是实现了行政审批在物理空间上的集中，缩短了申请人跑路的时间，是审批方式的量变。环节多，如办事者要辗转几个窗口才能办完所有手续。时间长、效率低的问题仍没有解决；而行政效率低则直接影响投资软环境。为改善投资软环境，需进一步深化行政审批制度改革。

（二）省市领导推动

2007年4月，省委书记杜青林、省长蒋巨峰和成都市委书记、市长等先后就行政审批制度改革工作做出重要批示，要求要制定有力措施，抓好行政审批制度改革的深化完善工作，争取尽快有新突破。省市领导的批示表明了

服务政府
Service-oriented Government

省委、省政府和市委、市政府对加快行政审批制度改革的决心。省领导的决心对行政审批改革起到了极大的推动作用。

（三）成立综合配套改革试验区提供契机

2007年6月，国务院批准设立成都市为全国统筹城乡综合配套改革试验区，要求成都要全面推进各个领域的体制改革，并在重点领域和关键环节率先突破、大胆创新，为推动全国深化改革发挥示范作用。试验区改革工作先行先试。这为加快成都市行政审批制度改革提供了契机。

上述三个动因又互为因果：行政效率、投资软环境促使领导下决心加大行政审批改革力度，而成都作为全国统筹城乡综合配套改革试验区的设立为深化行政审批改革平添了新的、强劲的动力。

二、"一窗式"并联审批制度的设计思路

上述前两个因素促使成都市成立了由常务副市长任组长的加快行政审批制度改革暨推进并联审批工作小组。后一个因素促进了小组的工作进程。小组通过调查寻找工作突破口，对原有行政审批流程进行梳理、再造，拟定工作思路，对其他城市的相关改革模式进行评估，吸取经验教训，确定并联审批的实现方式。

（一）调查研究选定工作突破口

确定作为突破口的条件。工作小组经过近两个月的调查研究，采用多种方法，如案例分析方法、系统研究方法、相对观察法、对比研究方法等方法，从审批流程的典型案例入手，分析问题，查找症结；将审批流程作为一个系

统进行梳理，查找其中的矛盾；从审批部门和行政相对人双向视角看审批流程，寻找改革的突破口；与全国现行的主要审批模式进行比较，完善改革思路，对新审批模式的改革效果进行量化评估，确立对新模式的信心，并选定作为突破口的三个条件即代表性、社会关注度和可推广性。最终，选定企业市场准入作为工作的切入点，认为企业市场准入具有"较强的代表性、较广的社会关注度和可推广性"这三个条件。

企业市场准入审批在行政审批中具有较强代表性。行政审批分设 5 类。其中有限资源利用赋权及特定资质资格确定的事权多数在国家或省级有关部门，市级主要是预核，审批很少；特定物检验检测工作标准及程序均为法定，审批一般由一个部门负责，流程单一。因此上述三类审批均不宜作为改革突破口。而市场主体资格确立和特定活动审批是市级审批中较多的两个事项。其中特定审批活动在实际工作中往往是确定市场主体资格的前置条件。这两类审批均可包含在企业市场准入审批流程之中。所以说，企业市场准入具有较强代表性。

企业市场准入审批是社会关注的重点。企业市场准入审批是投资者尤其是国外、省外和市外投资者进入成都的第一道门槛，直接关系到外来投资者对成都投资环境的第一印象，企业市场准入审批工作如得到改进，将有效增强广大投资者在成都投资发展的信心。

企业市场准入具有可推广性。在企业市场准入审批中，繁简不一。其中娱乐企业市场准入审批涉及的审批部门及前置审批环节繁多，审批流程相当复杂，具有代表性。如果在这项审批中能够取得突破，形成有效的工作模式和工作机制，其他审批事项的改革都可以借鉴、推行。

总之，小组经过认真分析研究认为，企业市场准入审批比较符合作为突破口的三个条件，在企业市场准入审批中，娱乐企业的市场准入又最宜作为案例项目。

（二）梳理原审批流程并发现问题

梳理原审批流程是小组做的第二项工作。经对娱乐企业准入审批流程进行梳理，发现该项审批在整个流程中涉及了文化、卫生、环保、公安消防、工商、质监、公安、国税、地税等9个部门。申请人的申办步骤也分为9步：工商部门办理名称预先核准（当场办理）——环保部门办理环境影响报告/登记表审批（10个工作日）——卫生部门办理卫生许可（10个工作日）——公安消防部门办理消防安全检查（5个工作日）——文化部门办理娱乐场所经营许可（20个工作日）——工商部门办理企业注册登记（5个工作日）——公安部门办理刻章审批（当场办理）——质监部门办理组织机构代码（当场办理）——国税、地税部门办理申请税务登记（当场办理）。这9个部门市场准入法定时限为160个工作日，"一站式"承诺办理时限为54个工作日。

在梳理过程中发现以下4个问题：整个审批工作缺乏系统性。各部门环节之间相互脱节分离，信息互相不通，各自办自己的事。

审批流程复杂。在审批流程中法定的市场准入前置审批就有环保、卫生、文化、公安和消防4项，在实际操作中又形成了审批环节互为前置情况，比如文化部门的审批以公安消防部门的消防安全审查为前置条件，而通过消防安全审查又需要先获得文化部门对娱乐场所的定点核准。

手续烦琐。按照该流程，申请人需要向9个部门分别提交申请，很多申请材料是重复提交，如在整个流程中法定代表人身份证明需提交7次，场所证明需提交4次，企业章程需提交3次。

时间过长。在现行流程中，部分部门审批时限较长，比如仅文化部门一项审批就需20个工作日，再加之各个审批环节之间相互串联，造成整个审批过程长达54个工作日。

针对上述问题工作小组拟出并联审批的工作思路。

（三）并联审批的工作思路

工作小组将审批流程的各个环节作为一个有机系统研究，拟定的思路为"许可预告、服务前移、一窗受理、内部运转、并行审批、限时办结、监控测评"。具体内容如下：

许可预告。由市政服务中心在其门户网站、政务大厅发布企业开办指南，详细说明审批流程各审批环节的法定条件、所需申请材料、承诺办理时限、收费标准及收费依据等有关详细信息，并将所有信息统一、完整、一次性预告，通过印制办事指南、在网上公告、在办公大厅公布等方式发布给社会公众，使申请人通过便捷方式获取信息，做好相关准备工作。

服务前移。具体内容是各部门主动为申请人提供服务，内容包括审批中定点选址、现场勘察、企业名称预先审核等服务提前开展；对专业性强、审批要件较为复杂的审批事项，审批部门主动为申请人提供咨询服务；服务方式多种多样：信函、电报、电话、传真、电子数据交换、电子邮件或约定等方式进行事前服务，指导申请人做好准备；对需上报上级部门审批的事项，各审批部门要做好转报服务工作。这是市政服务中心与申请人信息互动的一个环节，也是各部门互相协调、配合的一个环节。在这一阶段，申请人可在网上下载，抑或在政务大厅综合窗口获取开办企业的指南和各项表格。

一窗受理。设立并联审批综合窗口，对并联审批流程内的各审批环节统一受理申请，统一发放证照，实施一窗对外服务，并联审批流程内的各审批部门原则上不再自行受理申请。

内部运转。综合窗口受理申请后，将申请资料的分送、流转，直接由综合窗口及各审批部门负责，申请人不再逐一到各审批部门办理手续。

服务政府
Service-oriented Government

并行审批。各审批部门收到从综合窗口转来的申请资料信息后，同步启动审核工作，提出具体审批意见。

限时办结。各审批部门自收到申请资料信息（或收到流程内前置审批意见）之日起，在承诺时限内完成审批工作。已经批准的事项，及时将批准文件或证书交综合窗口，由综合窗口送交申请人；对申请事项不具备条件或需要调整的，将书面说明交综合窗口，由综合窗口送交申请人。

监控测评。各审批部门工作由综合管理部门进行实时监控，通过内部运作监督、限时结办监督、公众投诉等监督方式，及时统计分析审批部门工作情况，予以测评考核。

（四）并联审批流程再造

确立流程再造原则。流程再造是实施并联审批的重点。工作小组按照《行政许可法》等相关法律规定，共查对法律、法规、规章及规范性文件131件，核对申请材料314项，梳理申请表格69份，制定出流程再造的原则。具体为：对各审批环节存在法定因果关系的，实行串联；对各审批环节无法定因果关系的实行并联，即明确了各审批环节在流程中的相互关系和作用。将包括无前置审批、中外合资、合作、独资、危险化学物品和食品生产企业市场准入在内的20类企业列入并联审批。不同企业的并联审批流程大同小异，有通用模式，不同的企业也有自己的特殊流程。以娱乐企业市场准入的为例，其再造的流程为：文化、卫生、环保、公安消防4部门审批之间没有法定因果关系，实行并联；上述4部门审批是工商注册登记的法定前置条件，与工商注册实行串联；工商注册登记是公安、质监、国税、地税4部门工作的法定依据，与这4部门实行串联；公安、质监、国税、地税4部门彼此之间没有法定因果关系，实行并联。据此，再造后的娱乐企业市场准入审批流程如下：

向综合窗口递交申请。申请人在各审批部门指导下,按要求备齐各项审批的申请材料,向综合窗口提出申请,综合窗口经审核并受理后,同步将申请信息传递至工商、文化等9个部门。

没有法定因果关系的4部门:文化部门审批(3个工作日)、卫生部门审批(5个工作日)、环保部门审批(5个工作日)、消防部门审批(5个工作日)同步启动审批程序。各部门按照规定期限完成审查,将核发的批准文件或证书交综合窗口,将审批信息传递给工商部门(1个工作日)。

工商部门核发营业执照。工商部门收到上述4部门的信息在指定工作日内完成审查,并将核发的营业执照交综合窗口,将营业执照的信息传递给公安、质监、国税、地税部门(这4个部门均为1个工作日)。

公安等上述4部门同步审批。这4部门在规定期限内完成各自的登记或审批,将核发的证书交给综合窗口。

申请人领取证照。申请人凭公章和法定代表人印章领取各项证照和批准文件。

按照再造的流程,以娱乐企业市场准入为例,审批从正式受理申请到完成审批,承诺办理时限为7个工作日,比"一站式"规定的54个工作日减少了47个工作日,缩减率为87%。

(五) 网络系统是并联审批的实现方式

搭建网络系统平台。并联审批能否实现,取决于申请资料信息及流程中的审批信息能否同步传递到相关审批部门。如果审批流程按并联再造,而工作方式依然停留在人工传递纸制材料的方式和管理水平,实际的工作流程还是会回归到逐一传递材料的串联审批。那么,"一站式"及其原来审批中的弊端依旧不可避免。为此,工作小组制定了"成都市并联审批网络系统建设方案",搭建起并联审批网络系统平台。

网络系统的设计原则及其架构。并联审批网络系统的设计按照"整体规划、统一标准、自动高效、易于扩展"的原则，在已有的软件系统基础上，再设立政府门户网站、并联审批业务办理子系统、监控评估子系统、后台管理子系统、行政审批数据库等系统。

并联审批网络系统的功能。网络系统功能包括4项：与申请人双向互动功能，既可以给申请人提供许可预告申请表格下载等服务，也可接收申请人反馈的信息，提供网上咨询、网上申报等服务；与审批部门的数据传递功能，即对内通过数据交换平台实现与各审批部门业务系统对接，既可将申请信息由综合窗口随时传递给各审批部门，也可在各审批部门之间实现信息互通、数据共享；申请人在线查询功能，即与政府门户网站及政务服务中心查询系统对接，申请人可以凭申办流水号在政府门户网站或政务大厅查询终端，了解所申请事项的办理进程；综合管理部门实时监控功能，即在并联审批网络系统中建立监控评估子系统，对进入并联审批流程的事项全程跟踪，进行用时统计、结果统计，并分析各项工作指标，作为工作考评的依据。

三、"一窗式"并联审批的效益

"一窗式"并联审批取得了巨大的社会效益和经济效益，包括以下四个方面：

（一）提高了行政效率

"一窗式"并联审批将原来审批中相互分离的各个环节纳入一个有机的系统中，变"接力棒"式的审批为同步审批，有效提高了行政效率。"一窗式"并联审批于2007年7月2日在成都市政务中心启动试运营，9月3日转入正式运营。截至 11 月 20 日,"一窗式"并联系统共办理审批事项 624 件,并创下了五部门办理无前置审批企业市场准入最短用时 1 小时 8 分的记录。经对 20 个审批事项统计,实施"一窗式"并联审批后,审批事项承诺办理时间比法定办理时间平均缩短了 89 个工作日,缩减率为 94%。以无前置审批企业市场准入为例,法定办理时限为 58 个工作日(合 464 小时),"一站式"审批承诺办理时限为 9 个工作日,"一窗式"并联审批承诺时限为 2 个工作日(合 16 小时),而实际办理时间平均为 3 小时 22 分,大大提高了行政效率。

(二) 降低了社会成本

行政效率的提高使行政审批的社会成本大大降低。以无前置审批的企业市场准入为例测算,包括人力成本、交通费和资料复印费三项费用,在实行"一窗式"并联审批后,每户新办企业的办事成本比"一站式"审批降低约 1336 元。2006 年成都全市新办企业 25816 户,四川全省新办企业 246316 户,如均作为无前置审批企业测算,实施"一窗式"并联审批后,全市可降低社会成本约 3400 万元,全省可降低社会成本约 3.3 亿元。

(三) 方便了申请人办事

"一窗式"并联审批变审批部门坐等审批为主动服务,变申请人跑路为审批部门内部运转。申请人只需在一个窗口、一次递交申请就可以坐等拿证。通过对申请表格和材料的有机整合,过去重复提交的申请材料现在只需提交一次。以办理无前置审批的企业市场准入为例,申请人过去需填写各项表格 14 页,提交申请材料 35 项,实施"一窗式"并联审批后,填写的表格减少到 4 页,提交的申请材料减少到 14 项。这样有效简化了申请手续,减少了许多没有必要的麻烦,方便了群众办事。

（四）实现了政府规范服务的目标

通过实施"许可预告"、"服务前移"、"一窗受理"等措施，并联审批的各项法规要素均向社会公示，接受社会监督；审批流程在行政部门内部流转、并行审批、限时结办、监控测评等，堵塞了政府官员的权力寻租的渠道，实现了政府规范服务的目标。另外，政府审批部门内部的企业相关信息共享也杜绝了一些企业只注册、不报税等不规范市场行为的发生，间接规范了经济市场。

四、"一窗式"并联审批的创新点

"一窗式"并联审批的主要创新点表现为以下三个方面：

（一）创新服务方式

"一站式"审批将原来分散办理的审批事项集中在一个大厅内办理，有效方便了群众办事。但是"一站式"审批的服务方式没有实质性变化，还是坐等审批，而且是重审批、轻服务。而"一窗式"并联审批则是将服务前移，包括三个方面：审批部门主动以多种方式为申请人提供事前咨询服务；将审批中的定点选址、现场勘察工作，作为审批部门的服务提前开展；各审批部门对需上报上级部门审批的事项，在审批前做好转报服务工作。这一系列的服务概括起来就是变审批部门坐等审批为主动服务，变申请人跑路为审批各部门内部运转、并行审批、限时结办。总之，服务方式发生了根本变化。这种服务方式的变化体现了将行政审批向政务服务转变的新思路。这种服务方式创新的最直接效果就是在实现由政府本位、官本位、权力本位体制向社会本位、民本位、权利本位体制的转变。从这个意义上可以说，"一窗式"并联审批是行政审批制度改革中质的变革。

(二) 创新审批流程

"一站式"及其以前的行政审批各部门之间信息互不相通，各办各的事，各审批环节相互分离、彼此脱节，整个审批工作缺乏系统性。"一窗式"并联审批运用系统论方法，依照《行政许可法》等相关法律法规，对多个法律法规在同一平台、多部门交叉执法的全过程进行系统研究，以法定因果关系界定各审批环节之间的相互作用、关系，"对各审批环节之间存在法定因果关系的，实行串联；对各审批环节之间无法定因果关系的，实行并联"，既保证了并联审批工作依法合规，又使整个审批工作成为一个有机的体系。创新审批流程是在现行体制下采取只动程序、不动职能的情况下对审批流程依法优化，将复杂的问题简单化。申请人只需在一个窗口、一次递交申请就可坐等拿证。在流程再造中，通过对申请材料和申请表格进行整合，简化了申请手续。

(三) 创新审批的技术保障体系

创新审批的技术保障体系是"一窗式"并联审批得以实现不可或缺的环节。从上述网络系统设计的原则、架构和功能看，网络系统平台既是申请人与政府联系的纽带与桥梁，也是审批得以高效运行的技术保障，保证各审批环节信息同步，还能对整个审批流程进行评估、监控。审批的技术保障体系是信息化时代的产物，也是建设现代公共政府体制的技术基础。网络技术保障体系不仅可以使老百姓能够得到更广泛、更及时、更便捷的信息和服务，而且可以大大降低行政成本，提高政府服务效率，进一步规范政府行为方式，改变政府与申请人之间的信息不对称，做到透明化、公共化，从而减少滋生腐败现象产生的温床。

古人云："形而上者谓之道，形而下者谓之器。"并联审批的网络系统是一种技术手段上的创新，具有形而下"治器"的意义。成都"一窗式"并联行政审批"治道"之改革已经走出了坚实的步伐，其前两项创新具有"治道"即制度、体制创新的意义。在目前条件下，行政审批改革既需要"治道"即体制制度上的创新，也需要"治器"即技术手段上的不断创新，只有将"治道"与"治器"更密切结合起来，才能在行政审批制度改革上更有深刻的突破。这也昭示我们：信息时代，先进、进步的体制、制度需要与其同时代的技术支撑。

五、"一窗式"并联审批的特点

近年来，全国各地在行政审批制度改革方面进行了积极探索，形成了各具特色的做法。如有一站制即一站式、联合会审制、告知承诺制、一表制、全程代办制五种工作模式。这五种模式基本上代表了全国行政审批制度改革的潮流。这五种模式在不同审批事项中实现了简化环节、缩短时间、提高效率。但是都存在一定局限性。如一站制审批仅实现了行政审批在物理空间上的集中办理；联合会审制主要适用于多个审批部门共同讨论形成审批意见的审批环节；一表制仅对申请环节的申请表格进行整合；全程代办制需由政府成立专门机构代办审批，增加了行政成本；而告知承诺制的适用范围更有限。比较上述五种模式，成都的"一窗式"并联审批既汲取了各地改革的成功经验，又有效克服了这些模式的不足。其特点表现为以下三个方面：

（一）刚柔相济，服务与审批并重

并联审批改革将柔性的行政服务指导与刚性的行政审批相结合，寓刚性审批、政府的责任和依法监管于柔性的指导、服务之中。这不仅展示出现代政府服务与管理的合法性基础,也表明了这种政府的责任性与法治性,还体现了"以人为本"的服务理念。这符合由管制型政府向服务型政府转变的国际潮流。

(二)化繁为简,依法科学实用

并联审批以法定因果关系界定各审批环节之间的作用、关系,实行有机的"并联、串联",化繁为简,设计出科学的并联审批路径,实用性强。从目前我国政府的行政审批看,尽管从国家层面上已减少了1992项,各省市也有相应的减少。但是由于痼疾较深,总体看,审批还是流程复杂、手续烦琐、效率低下,不适应市场经济发展的要求。比如有的地方项目审批要经过"7个部门8个关口",审批一个项目需要两年时间,有的项目甚至需要169人签字、盖58个公章等。由此审批程序的烦琐可见一斑。而"一窗式"并联审批将复杂的审批简单化,将企业科学管理理念和思维方式运用于行政管理,设计出科学实用的审批路径,具有普适性。

(三)阳光透明,使寻租成为不可能

并联审批通过各种渠道公开审批条件,网上运行并联审批流程,增强了行政审批的透明度,使寻租成为不可能。上世纪80年代,吴敬琏教授就从经济学的角度提出"行政权力对经济活动的广泛干预,即寻租环境的存在是腐败产生的重要根源"的观点。他认为政府也是无可规避的理性经济人,市场化交易模式使权力主体迅速意识到了权限的稀缺性。于是,"审批经济"对掌握审批权的有关部门和行贿者来说是典型的"帕累托改进",而对社会则是一种公共利益的边际递减——权力寻租恶化了社会成本与市场环境。据《经济参考报》报道,深圳市建市以来因腐败而被绳之以法的干部90%以上都涉及

行政审批。并联审批在行政审批程序上公开透明、审批部门的使命公开、常用法规公开以及办事结果公开等,审批部门与申请人双向互动、数据传递,申请人在线查询、综合管理部门实时监控,使审批部门难于有神秘感和神圣感。这些机制和制度设计使整个审批过程具有阳光透明的特点。没有了滋生腐败的制度环境,使寻租成为不可能。

六、"一窗式"并联审批的作用、意义和影响

温家宝总理在第十一届全国人民代表大会第一次会议上的政府工作报告中说,行政管理体制改革是深化改革的重要内容,也是完善社会主义市场经济的必然要求。还说,加快转变政府职能是深化行政管理体制改革的核心。[1] 而行政审批制度改革是深化行政体制改革、理顺行政管理体制、推动政府职能转变的突破口。由此可以看出"一窗式"并联审批的作用和意义。"一窗式"并联审批一产生就在全国媒体、政界及相关理论研究领域产生了热烈的反响。

(一)并联审批的作用

并联审批是我国行政审批制度改革的一次深化、质变,其作用表现为以下三个方面:

推进政府职能转变。有媒体把"一窗式"并联审批称之为"第二次革命"。这里的关键词是"革命"。在计划经济体制下,管制型政府模式的初衷是为人民服务,其工作来源于我们党理想上、理论上为民服务的设计。但是

---

[1] 温家宝:《政府工作报告——2008年3月5日在第十一届全国人民代表大会第一次会议上》,北京:人民出版社2008年版,第51、52页。

由于经济上有计划的制约，思想上有封建意识的影响，政治上有对党领导机构的机械理解以及社会发展阶段的限制，没有一套有效的刚性制度来把"服务"落到实处。国家行政权力实际上已逐渐演变为一种居于社会之上、控制社会的权力。政府，在许多情况下，也由形式上、理论上服务于民众的公仆演化为实质上的社会主人。而改革开放以来，由于社会主义市场经济的发展，上述体制、观念受到不同程度的冲击。但是没有从根本上发生变化。比如行政审批，政府各部门已经形成思维定式，习惯用行政审批方式来管理经济社会事务，好像取消了行政审批，就再也找不到其他的管理办法，从而过分强调行政审批的管理作用，把关注点放在对市场准入的管理上，期望通过对市场主体一方的资格准入管理来保护另一方的利益。还有一些政府部门，对综合管理部门推行的新制度不够了解，局限于本部门行政审批的管理作用。作为政府调控社会经济重要杠杆的行政审批权，由于长期保持着计划经济体制下形成的运转状态，在社会主义市场经济下表现出严重的弊端：政府机构职能错位，办事效率低下，吃拿卡要屡禁不止。传统行政体制下的审批权已经成为许多政府职能部门的权力寻租的"法宝"，造成国家权力部门化、部门权力个人化。

而"一窗式"并联审批恰恰打破了这个思维定式和管理模式，将服务与审批并重，强化服务，以方便申请人为目标，变申请人跑路为政府跑路，变坐等审批为主动服务，推动行政审批向政务服务转变。这实质上是实现由以政府为中心的管理向以公众为中心的服务转变。从这个意义上说是"革命"。这种转变既是一种政府职能重心的转变，也是一种治理模式的转变。

促进行政理念与工作方式的转变。"一窗式"并联审批在推进政府职能转变的同时，也促进政府的行政理念和工作方式的转变。"一窗式"并联审批将企业的科学管理理念和思维方式运用于政府行政管理。将效率+效益作为政府的工作目标，通过审批思路的制定，审批流程的有机再造，各审批部门共同工作平台的搭建，从而使"一站式"及其以前的"部门本位"、"权力本

服务政府
Service-oriented Government

位"的行政管理理念必须转变，使重被动审批、轻主动服务、"以批代管"的工作方式成为不可能。

上述这些政府职能、观念和工作方式的转变对管理体制改革和国家行政审批法的健全以及对我们党的理想和思想政治教育社会化的制度保障都具有现实意义。

（二）并联审批的意义

流程再造使管理体制改革成为必然。"一站式"及其以前的行政审批在管理体制方面存在一些问题：一方面同一事项由多个部门实行条条分割的管理，部门之间职能交叉、权限不清；另一方面部门内设机构职能比较单一或者存在一定的重叠，一个或几个行政审批项目往往就是某一内设机构存在的理由。并联审批则推进部门审批权集中，能集中到一个处室的就集中到一个处室，能进政务中心的就集中到窗口办理，并对所有进到窗口的项目进行依法梳理，取消法律依据不充分的前置审批，进行流程再造，进行有机的并联、串联。这对部门内设机构会产生一定影响，以至取消相应内设机构，甚至裁减人员。通过机制再造使改革原来的管理体制成为必然趋势。

依法梳理整个审批流程为国家相关法律法规调整提供一个新的视角。我们国家法律法规的调整一直落后于行政审批制度改革的实践，[1] 同时由于行政审批的法规多由部门起草，带有浓厚的部门利益色彩，法律规范相互之间存在规定不一致甚至彼此矛盾的情况。并联审批站在全局角度、从宏观层面看待整个审批流程，依法梳理各个审批环节，进行并联、串联，将审批的整个过程视为一个有机的体系，设计出科学、易操作的简便路径，从而为国家相关法律法规调整提供一个全局、宏观的视角。

---

1. 这是法律与社会实践发展的一般规律，在社会转型时期更是如此。

并联审批的整个程序、机制、制度设计为我们党的理想和理论提供制度保障。从理想上和理论上我们党是"代表中国最广大人民的根本利益"（十七大新修党章语）的。从建党至今，在实践上也是如此。这更多是作为一种道义保障。在社会主义的历史文献中，马克思恩格斯在《共产党宣言》中，最先提出了为绝大多数人谋利益的思想。后来马克思总结了巴黎公社的经验，提出了五条避免公仆变主人的要求。这些是我们党全心全意为人民服务思想的最直接来源。我们党从建党起，特别执政后，几代国家领导人始终把为人民服务作为党的思想和行动的宗旨。在这种思想的教育、引导和党内优秀分子的激励促进下，即党的意识形态输出作用下，为人民服务的思想在广大党员和公众中得到积极的回应，即输入。这是现代政党的一个功能，即意识形态输出、政治教育社会化。我们党很好地发挥了这个功能。这次抗震救灾也为我们提供了一个个鲜活的案例。我们可以把这个功能概括为理想、信念和政治教育社会化功能。这是最高层面的道义保障。但是真正承担起这种功能的是少数人，即真正自觉的先进分子。

在社会主义市场经济条件下，一个工人阶级执政党仅有这个功能还显单薄，还需要具备另一种功能、另一种保障，这就是法律、制度建设。服务型政府是一种旨在摒弃官僚制模式基础上提出来的新型治理模式，它是发达国家政府行政改革的产物。与马克思主义的为人民服务思想有相通之处。比如它摒弃官僚模式的主旨，它的几个关于公民、社会本位的主张等。但是服务型政府所主张的公民本位、社会本位、权利本位是通过法律和制度建设，形成有效制度安排来实现的。如果没有法律、制度保证，"服务"就会成为一句空话。这种情况，在当下，即政府工作没有完全转型的情况下并不鲜见。所以要通过制度设计，加快形成服务型政府运行机制，严格依法行政，依法规范和约束行政行为。这是对所有公务者提出的。我们认为，在中国特色的社会主义制度下，只有将这两个功能即理想、理论、政治社会化功能和法律制度功能有机结合起来，才能从根本上彻底解决全心全意为人民服务问题。"一

窗式"并联审批的整个程序、机制和制度为我们党的理想和理论提供了制度保障。其制度设计的主旨是为自觉服务者提供了广阔的平台:你自觉去做,那更好,你应该做;为不太自觉者设定了刚性的框框:你不自觉,有程序、机制和制度约束你,使你必须去做。

(三)"一窗式"并联审批的影响

"一窗式"并联审批实施以来受到了媒体、专业研究机构、专家学者及上级领导的广泛关注。

媒体广泛深入报道。"一窗式"并联审批于 2007 年 7 月 2 日上午 9 时试运营。人民网于第一时间,即 7 月 3 日上午 8:40 以《启动行政事项审批"第二次革命"成都在全国率先试行并联审批》为题,报道了"一窗式"并联审批。此后,中央电视台、中央人民广播电台、新华网、《经济日报》、《中国经济时报》、《四川日报》、《成都商报》等多家媒体纷纷广泛、深入报道。

专业科研机构、专家学者认可。2007 年 7 月 19 日,"一窗式"并联审批得到中华人民共和国科学技术部西南信息中心查新中心[1]的肯定:国内虽已见加快行政审批制度改革以及并联审批研究的文献报道,但"一窗式"并联审批所述行政审批制度改革的具体程序、思路及并联审批网络系统的技术特点,达到国内先进水平,形成成都模式,为全国各省市推进行政审批制度改革提供了新的理念;2007 年 8 月 31 日,"一窗式"并联审批获成都市科学技术局科学技术研究成果登记证;同日,获四川省科学技术厅软科学成果评审证书。2007 年 9 月 21 日,"一窗式"并联审批获中国城市论坛组委会颁发的"2007 年中国城市管理进步奖";2008 年 1 月 20 日,获"中国地方政府改革与创新"组委会颁发的优胜奖。

---

1. 国家一级科技查新咨询单位。

世界银行集团国际金融公司中国项目开发中心王丽虹先生说，世界银行对全球投资环境数据分析发现，快捷简易的开办过程鼓励更多新企业的萌生和更多非正规企业的正规化、规模化，进而直接促进地方经济收入的增长和劳动力就业。这对西部地区尤其重要。成都在简化审批流程方面进行大胆有益尝试。在中国现有法律框架下，成都的做法达到最大限度的行政资源整合，不仅节省了投资人的人力物力，更重要的是引进了新的政府服务理念，从客观上推动政府职能的转变。

"一窗式"并联审批自身辐射度及推广情况。截至 2007 年 11 月 21 日，已有来自全国 23 个省、直辖市 68 个单位的 756 人和韩国友好城市公务员代表团来成都政务中心考察"一窗式"并联审批。2007 年 8 月 15 日，时任四川省委书记杜青林批示：要注意总结成都的经验，并予以宣传推广，努力推进全省行政审批制度改革工作向深度和广度拓展。同年 8 月 27 日，四川省人民政府服务中心下发通知，要求各市、州人民政府政务中心推行并联审批。9 月 6 日，成都市人民政府办公厅下发文件，要求各区、市、县政府有关部门加快推进并联审批工作，提出凡是有利于提高工作效率、方便群众办事的制度，都要在审批工作中大胆实践，先行先试，全面推进审批方式改革，切实转变职能，为社会提供方便快捷的行政服务。

结语："一窗式"并联审批存在的问题

与任何新生事物一样，"一窗式"并联审批也存在需要进一步改进和完善的地方。有以下三个方面：

机制、制度建设有待进一步完善。这项工作要在两个环节着手：在服务前移环节进一步明确和规范政府的行政指导、行政服务职责；整个流程的监督测评机制需完善，以加强"一窗式"并联审批的刚性保障。

并联审批的范围有待进一步拓展。"一窗式"并联审批选择的还是一些市

服务政府
Service-oriented Government

场准入项目的审批。真正的难点还在于工业投资项目、建设项目以及一些非行政类审批，比如环评、楼层限高等。而这些非行政类审批虽然不是行政审批，但却是很多企业必经的环节，而现状是很多这类审批缺乏统一规范，收费、时限等都没有一个统一的管理。就是说要拓展并联审批范围。并联审批虽然方便了群众，但这并不是改革的终点。最终的方向还是应该减少行政审批，而赋予市场以更多的筛选功能。

并联审批的网络系统平台需完善，为推行网上审批做好相关技术准备。

（原载俞可平主编：《中国地方政府创新案例研究报告（2007—2008）》，北京：北京大学出版社2009年版）

基层公共服务模式的构建
——北京西城区街道公共服务大厅案例研究

龙宁丽
（中央编译局比较政治与经济研究中心）

在各级政府中，基层政府是数量最多、网络最密集、渠道最直接的公共服务提供主体，街道作为基层政府的派出机构，在数量、网络和渠道上具有更大优势。鉴于此，西城区政府有针对性地选取街道作为服务型政府建设的先导，2005年在辖区内德胜街道和月坛街道分别展开街道公共服务大厅试点工作，经过几年来不断的探索与总结，目前已经在全区构建起了统一的街道公共服务大厅模式。这一做法极大便利了辖区内居民和驻区单位，提高了办事效率，同时塑造了良好的政府形象。鉴于在推进基层公共服务优化方面的贡献，西城区政府于2007年荣获第四届中国地方政府创新奖中唯一的"最具责任感地方政府"奖。此外，西城区公共服务大厅模式的示范基地——德胜街道公共服务大厅，由于工作出色荣获2008年全国"工人先锋号"集体，成为首批荣获该称号的先进集体中唯一的政府部门。

为了探究西城区在街道公共服务大厅建设上的具体做法，同时对它的成功经验进行总结并在更大范围内加以推广，课题组于2008年6月23日和7月

15 日对西城区街道公共服务大厅进行了调研。第一次调研采取了召开项目发起人和执行人座谈会的方式,主要围绕下述问题展开:西城区街道公共服务大厅建设的具体做法是什么,进行这项改革的动机为何,改革取得了哪些成效,改革的创新之处主要表现在哪些方面,改革所面临的阻力或困难有哪些,在荣获"最具责任感地方政府"奖项后街道公共服务大厅建设又有什么新举措?第二次调研主要是通过实地考查街道公共服务大厅对第一次调研情况进行验证,同时解答第一次调研所遗留的问题。

一、背景及动因

建设服务型政府是我国当前政府改革的重要目标与价值取向。党的十七大报告(2007年)明确指出,要加快行政管理体制改革,建设服务型政府。从历史的角度看,政府发展历经了不同价值主导的范式,与传统的统治型政府和管理型政府相比,服务型政府重新厘定了政府和社会的关系,突出强调公民权和公共利益,并在思维方式和行为模式上表现出从官本位到民本位、从全能政府到有效政府、从人治到法治转变等特征。但是,建设服务型政府并不存在统一的模式,正如温家宝总理早在 2004 年所指出的,"不同层级政府,在建立服务型政府的内容、方式和方法上也有各自特点"。随后,在十届全国人大三次会议《政府工作报告》(2005 年)中,温家宝再次强调"努力建设服务型政府……更好地为基层、企业和社会公众服务"。就城市的基层政府而言,在有限的资源空间尤其是政治资源空间内建设服务型政府,找准合适的突破口至关重要,而街道恰恰为此提供了一个切入点。

街道是我国城市结构的基本单元之一,街道办事处是城市管理的重要主体。我国城市管理体制可以概括为"两级政府,三级管理",即市、区两级政府作为城市管理的行政主体,街道办事处依据《街道办事处组织条例》(以下简称《条例》)与市、区两级政府共同行使管理职能。这种制度安排其实是在强化街道办事处的管理职能的前提下，减轻市、区两级政府的任务及负担。功能的增强一般基于事物某方面的特质。从级别上看，尽管街道办事处作为政府的派出机关位于市、区政府之下，但在数量上却是"老大"。根据《中国民政统计年鉴》，1979年我国市、市辖区和街道办事处的数量分别为216个、520个和4444个，到2002年分别上升为660个、830个和5576个。这种数量与网络上的特质，甚至包括作为政府派出机关而深入基层的地位优势，直接奠定了街道办事处在城市管理中的基础性主体地位。

然而，随着环境的变迁，街道办事处逐渐演变成城市的一级"准政府"。首先，行政事务的复杂和多变客观导致政府机构的增加，基层政府、地方政府和中央政府以及同级政府之间的竞相效仿导致政府机构数量呈几何级数增长，机构设置的"上下对口"原则最终又造成街道办事处职责和规模的膨胀。其次，20世纪80年代开始的机构改革与国企改制将大量下岗分流人员从"单位人"还原为"社会人"，同时，这一时期城市化进程的加速直接带来城市居住人口的激增[1]，再加上人员正常退休重新回归到街道或社区，在这种情况下，以街道为单元进行管理的天然优势凸现了出来，街道办事处日益演化成承接市、区政府向下移转的各项职能的接收器。再次，《条例》的若干规定默许甚至是纵容了街道办事处职责的扩大。《条例》颁布于1954年，最初规定街道办事处的工作任务主要有三项：办理市、市辖区的人民委员会有关居民工作的交办事项，指导居民委员会的工作，反映居民的意见和要求。事实上，街道办事处目前负责的城市管理、社会治安、社会保障、人口计生等事项无一不与居民生活息息相关，《条例》关于"办理市、市辖区的人民委员会有关居民工作的交办事项"等规定的模糊性恰恰为街道办事处职能的膨胀提供了空间。

---

1. 陈雪莲：《从街居制到社区制：城市基层治理模式的转变——"北京市鲁谷街道社区管理体制改革"案例分析》，俞可平主编：《中国地方政府创新案例研究报告（2005—2006）》，北京：北京大学出版社2007年版，第121页。

在上述多种因素的作用下，街道办事处的职能日渐涵盖城市管理、经济发展、社会治安、社会保障、人口计生、民主党建等众多领域，其机构设置、人员编制和经费预算等增长早已超过《条例》规定。这在我国的大中型城市尤为明显。以北京市城八区为例，街道办事处属下的部门一般设置在16个左右，按人数规模又可分为三大类，一类、二类和三类的人员编制依次在70—80、60—70以及50—60人的档次[1]，早已突破《条例》中"街道办事处的专职工作人员人数为3至7人"的规定。一方面，街道办事处的扩张印证了城市管理重心下移过程中基层组织管理地位的重要性，但另一方面，这种变化又使街道办事处陷入了诸多困境。

首先，"准政府"的思维方式和运作模式突出的是街道办事处的行政化特征，而街道办事处并不是一级行政机关，不具有法定的行政权。由于其权力主要来自政府的授权，而街道办事处又要履行不断被强化的责任和承担各种风险，这就造成权力结构的失衡，表现为职权不对等、行政负担过重。例如，市、市辖区的人民委员会的各工作部门通过相应人民委员会的批准甚至不经批准将大量工作分派给街道办事处，造成"上面千条线，下面一根针"的现象。其次，街道办事处的大部分工作直接面对居民，所处理的事务具有小、多、杂等特点，快捷、高效、便民应当是其基本工作原则，但是，政府专业部门条块分割的现状以及官僚体制的固有缺陷又使"行政化"的街道办事处表现出"官僚病"症状，如效率低下、职责不清、人浮于事等。此外，街道办事处与作为自治组织的社区居委会之间的关系复杂，管理缺位、错位、越位的情况时有发生。总体来看，尽管历史形成的街道管理体制符合当前城市管理重心下移的趋势，但它严重制约了街道办事处正常功能的实现，改革势在必行。

---

[1]. 该分类比较早，目前有的街道部门设置已经超过20个，人数也达到160余人。

二、做法及成效

1999年北京市政府颁布《北京市街道办事处工作规定》，明确街道办事处的政府派出机构性质，并对组织机构、工作职责、工作职权、工作制度和经费作出具体规定，赋予街道办事处组织领导权、综合协调权和检查监督权。但这仅仅是街道办事处工作的一般性地方规定，并不涉及街道管理体制的深层调整与改革，其中对街道办事处工作职责的规定仍限于城市管理、社会管理、社区服务、居民工作四个方面。2004年9月，北京市第五次城市管理工作会议要求，进一步深化街道管理体制改革，全面提升社会管理和公共服务水平，建立和完善与地区经济社会发展要求相适应的街道管理体制。同时，会议明确街道办事处的工作职责为"统筹辖区发展、监督专业管理、组织公共服务、指导社区建设"。

紧扣这一改革契机，2005年西城区选取月坛和德胜两个街道进行公共服务大厅的试点建设。之所以选取月坛和德胜，其中一个重要原因是二者集中体现了西城区的区位优势。月坛街道地处西城区西南部，是国家重大活动和外宾出入国宾馆的必经之地，国事、外事活动众多，政治氛围浓厚，区内各级各类单位500多个，其中中央国家机关22个，市区单位200多个。德胜街道地处西城区最北端，与东城、朝阳、海淀三区交界，该街道位于"中关村德胜科技园区"，是中关村继海淀园、亦庄园之后第三个地税收入超过十亿元的科技园区。二者刚好浓缩了西城区的优势——政治功能强大，这是其一。西城区是党政军首脑机关及其大部分职能机构所在地，政治文化以及外事活动频繁，集中体现了北京作为全国政治文化中心的性质。其二，经济发达。西城区区域经济表现为典型的总部经济、结算经济和开放经济，目前该区人均GDP约为25000美金，是北京人均GDP的2.5倍至3倍。

必须指出，早在公共服务大厅之前西城区已经就街道管理体制改革进行

服务政府
Service-oriented Government

过探索。2004年10月,西城区政府对行政区划进行大规模调整[1],调整方向是使街道与功能街区的发展相承接,重点突出什刹海、德胜和金融街的功能,经过调整,街道数量由原有的10个减少为7个,减幅达30%。但是,这次改革只注重了行政资源的重新排列组合,并未深入体制或机制层面,这为后来德胜街道等依托公共服务大厅进行街道管理体制改革埋下伏笔。

概括起来,西城区街道公共服务大厅的做法有:(1)重组公共服务大厅,明确其职能和定位。根据市、区第五次城管会议精神,2005年德胜街道决定在行政区划调整的基础上,在逐步剥离街道目前承担专业管理事项的前提下,实现街道"大科制"试点工作,提升街道"统筹地区的能力,强化公共安全的能力,优化城市管理的能力,提高社会事务管理的能力,培育社会公共服务组织发展的能力,延伸党群工作的能力"[2]。所谓"大科制"改革,就是把行政系统中职能相近、管辖领域雷同的部门进行归并重组。"大科制"打破原有的"诸侯格局",将街道原有的21个部门职能整合为"七部二室一厅",即,党群工作部、组织人事部、统筹发展工作部、城市管理工作部、公共安全工作部、社区事务工作部、社会保障工作部、街道办公室、纪检监察工作办公室和公共服务大厅;实行部长(主任)负责制,在合并后的"七部二室一厅"中产生新的部长(主任),全面负责部、室(厅)的各项工作。

公共服务大厅是街道内部组织机构调整的产物。在"七部二室一厅"的组织架构下,公共服务大厅承担街道的公共服务职能,代表政府为民办事,是"七部二室一厅"格局的常设独立部门。公共服务大厅被定位为辖区政务

---

1. 2004年10月,西城区行政区划调整方案正式出台:西长安街街道、月坛街道保持原界线不变;德外街道更名为德胜街道,保持原界线不变;二龙路街道办事处与丰盛街道办事处合并命名为金融街街道办事处;阜外街道办事处并入到展览路街道办事处;新街口、厂桥、福绥境3个街道办事处进行撤并和辖区范围调整,以新街口北大街为界,将以东的新街口街道办事处辖区与厂桥街道办事处合并命名什刹海街道办事处;以新街口北大街为界,将以西的新街口街道办事处辖区与福绥境街道办事处合并,新设街道办事处仍保留"新街口"名称。2005年,西城区下辖7个街道:金融街街道、西长安街街道、月坛街道、德胜街道、展览路街道、什刹海街道、新街口街道。
2. 德胜街道:《关于贯彻落实西城区第五次城市管理工作会议精神,深化街道管理体制改革的实施意见》。

办理中心、民愿接待受理中心和城管指挥协调中心，在这个平台上，通过技术受理民愿诉求、反馈城管信息、加快政务办理等手段落实为民办实事的机制，将公共服务大厅打造成社情民意的沟通桥梁、街道为民服务的先导和社区居民共享地区建设成果的重要平台。

（2）梳理服务项目，优化政务流程。公共服务大厅发挥作用的关键在于政务流程再造。政务流程再造是指，借鉴企业中流程再造的思想，对政府组织流程的基本问题进行反思，并对它进行彻底的变革。德胜街道在区政府办、信息办以及相关职能部门的领导与支持下，以便民利民为原则，对街道各部室的对外服务项目进行全面细致梳理，将原有700余项事项中直接面对居民及驻区单位的73项服务事项从各个科室剥离出来，明确承办部门、办理程序、受理条件、办理时限等，做到办事程序简化，办理流程规范。陈蓓副区长介绍，德胜街道光梳理这73项服务事项就历时半年，由此可见这项任务的繁杂和艰巨。

（3）制定各项制度，规范业务办理。公共服务大厅有序的运转离不开制度保障。从调研情况来看，西城区其他街道公共服务大厅的制度构建基本上类似于德胜的做法。第一，运作机制上，德胜对大厅基本服务事项进行分类，将大厅业务分为即办、代办和民愿事项三大类，分别制定办理程序，并规定八项办理制度，包括首问负责制、全程办理制、承诺办理制、特事特办制、错件追究制、办事保密制、二次办结制、政务公开制。此外，注重完善公共服务大厅自身的文化建设，包括制定大厅工作职责、服务管理规定、服务文明用语等规章，为大厅实现良好的内部管理提供依据。第二，协调机制上，较好地解决了机构内部协调和两章制问题。按照分工协作、集中管理原则，在大科室内部实行日常工作、专项工作分工协作和重点工作、突发事件整体联动的工作机制，这样，公共服务大厅在日常工作中承担自己相对固定的工作职责，在承担重点工作、综合性工作和处理突发事件时又与其他部门相互配合、密切协作、共同承担。至于两章制问题，一般服务类事项只需盖街道公共服务大厅的证明专用章,另一些则需要街道相关职能部门盖章,街道决定将其公章全部拿到大厅进行登记使用,遇到大厅无法办理的事项,及时与有关职能部门进行沟通处理。第三,监督机制上,除了通过上述提到的规章制度进行监督以外,还重视办事过程的量化管理和实时监督,在网上通过信息提醒工具,提醒工作人员对待办事项、通知、新到公文及时处理;在网上设计"效能监察"和"领导督办"两个功能,便于街道领导和纪检监察部门进行监控;成立民主管理和监督委员会,组织人大代表和政协委员等定期召开会议对街道工作提意见和要求;此外,前来办事居民亦能通过办事对大厅服务进行即时评价等。第四,具体的业务操作上,德胜公共服务大厅分为政务服务、科技企业代办和社会保障事务3个功能区,共设立20个接待窗口,窗口全部打破科室界限按照事项进行设计,居民只需与窗口进行一次接触,实现"一窗式办理、多窗口服务",即办事项即时办结,代办事项全程代理。

(4)重视民愿接待受理。由于街道所处理的大部分矛盾与居民生活密切相关、琐碎复杂,应当并且能够在街道层面予以解决,因此,在公共服务大厅内设立专门民愿接待室及洽谈室,不仅为居民提供了表达意愿和建议的渠道,同时也有利于将矛盾及时化解在基层。德胜街道将民愿接待受理中心作为公共服务大厅的重要定位,大厅工作人员对民愿诉求热情接待、详细记录、迅速转交、认真督办、及时反馈,做到件件有回音、事事有着落,为居民解决了诸如塔院小区天然气开通、社区路椅设置不合理、城中村改造速度缓慢、"亿春联"网吧扰民等问题,为建设和谐街道起了重要作用。

(5)建立网上公共服务大厅。网上服务大厅是对实体大厅功能的拓展和延伸。网上服务大厅主要体现为三个特点,一是实现网上政务公开,将各项服务事项的承办受理等通过网络公开,既方便查询又有利于监督。二是网上事项的审批备案,联通社区居委会和区各委办局的网络,例如,原来需要居民到居委会开具证明的办理事项,现在只要通过网络确认即可。三是网上受理,将办理事项按党群事务、城市管理、残疾帮扶等八大类予以公开,逐项说明流程并附下载表格，一些项目还实现了网上受理、登记和审批。目前，西城区下辖的西长安街道、什刹海街道、新街口街道、金融街街道、月坛街道、展览路街道和德胜街道均已开通网上服务大厅。

（6）结合各街道实际情况，推出特色服务事项。地处"中关村德胜科技园区"的德胜街道在公共服务大厅内专门设置"科技企业咨询代办"功能区，突出服务科技园区的特色，实现区经济服务大厅企业办事窗口的前移。据统计，除咨询之外，截至2007年4月实现科技企业全程代办事项15件，创造了良好的创业环境，受到企业的好评。此外，还主动"走出去、请进来"，针对一年不同时段企业的不同需求，在年初协调企业调整好劳资关系，在年底召集重点纳税企业代表开会，共同谋划地区经济社会发展大计。月坛街道在试点过程中，还针对辖区老年人多的现状，将街道服务向社区延伸，设立了居民事物办理站，重点解决了老年人的医保报销服务。

德胜和月坛的街道公共服务大厅自试点以来，立即受到社会的密切关注，国内媒体进行过多次报道，前来指导考察和学习借鉴的机构络绎不绝。截至2007年4月德胜公共服务大厅共接待中央、外省市和北京市领导及兄弟单位参观指导100余次。月坛开展预约服务和延时服务，改变机关"朝九晚五"的常规办公模式，该做法一经推出，《北京日报》、《法制晚报》、《北京青年报》等多家媒体就进行了报道。鉴于德胜和月坛的良好示范效应，2007年试点项目正式在全区其余5个街道进行推广，至此，西城区7个街道构建起了统一的实体和网络公共服务大厅模式，街道之间全部联网，使地区居民和单位在任意街道均可获得效率和质量一致的公共服务。此外，先行试点的德胜和月坛并没有止步于此，而是不断优化自身功能，深化改革，比如，德胜街道目前正探索将街道网络向下延伸，争取街道服务大厅与152个社区服务站及其17946个楼门院工作的衔接。总体来看，西城街道公共服务大厅的成效有：

首先，提高了办事效率，为驻区单位和居民提供了极大方便。这是街道

公共服务大厅运行以来居民最直观的感受。德胜街道公共服务大厅为辖区近3000家企业及11万多居民和流动人口直接提供73项服务，在采访中居民普遍反映"过去办事在部门间跑来跑去，现在不用了，把材料交给大厅工作人员坐椅子上等着就行"。公共服务大厅通过工作流程再造简化办事程序，规范办事流程，减少办事环节40余个，大大缩减了办理时间；通过"一窗式"受理改变了"一站式"受理下服务对象在部门之间来回跑动的状况，方便了服务对象；利用网上服务大厅突破服务的时空限制，解决了部分"人户分离"群众的实际办理困难等。此外，将服务项目从科室剥离进入大厅，能进一步疏解街道科室职能，加强其统筹及综合管理服务能力，使街道能够更好地发挥基层提供公共服务的组织优势。

其次，优化人力资源配置，节约成本。公共服务大厅的工作人员全部从街道相关科室调剂，从总量上看，街道工作人员的人员并没有减少，但是，人力资源的配置状况却大大改善。过去各个科室在大厅都设有专席轮流值岗，现在大厅工作人员全部是固定的，而且必须掌握72项事务的办理。比如，德胜公共服务大厅9名办事人员的工作是原来40名人员点对点的事务性事项办理，工作总量和人均工作量同步增加，有效解决了工作量不等、忙闲不均的状况。再如，目前的地区综合投诉中心替代了以往的纪检、监察、民政、残联等科室分散的信访接待工作，减少了多个部门的日常接待量，大大降低了成本。

再次，树立良好的机关形象。公共服务大厅中的低位敞开式服务窗口、电子滚动屏、打印机、书写台、饮水机、休息椅、残疾人轮椅、咨询问事台、文件自由索取、群众信访接待室，以及统一着装、经过专门培训的工作人员等，共同打造了机关透明、公开、便民、高质等全新形象。大厅领导围绕干部转、干部围绕大厅转、大厅围绕地区单位和居民群众转的"三转"理念，直接改变了居民对街道办事处的评价，折射出政府服务理念和服务方式的根本转变。在采访中，前来德胜街道公共服务大厅办事的居民普遍反映，"工作人员的服务更热情，解释更耐心，确实感觉到上面越来越重视普通老百姓了"。德胜街道公共服务大厅主管主任杨永秀说："不是我们自己夸自己，大厅建设后，老百姓确实评价很高。我们2007年进行过一次问卷调查，居民对公共服务大厅服务的满意率高达100%。"

三、创新及成因

西城区街道服务大厅所折射的创新特征可以从横向和纵向两个方面考察。横向上看，公共服务大厅并不是一个偶然和孤立的现象。据不完全统计，全国各地名称不一的服务中心如便民服务中心、一站式服务中心等多达3000余家。[1] 置身其中，西城区的做法有何不同之处？纵向上看，在2005年之前街道就已经有过服务大厅，那么，2005年重组后的公共服务大厅与原有大厅相比，其创新又表现在哪些方面？从这两个向度思考，西城区街道公共服务大厅的创新性可以概括为如下几点：

第一，公共服务大厅以街道为落脚点，推动街道"大科制"改革。街道在我国是政府的派出机构而不是一级政府，不具有法定行政权，这就决定街道工作的性质是服务而非行政。西城街道公共服务大厅不直接涉及行政权的归并与调整，这与我国当前行政类服务中心的情况形成鲜明对比。当前的行政类服务中心众多，如北京怀柔综合行政服务中心、大连政府行政服务中心等，尤其在行政许可法颁布后各地涉及行政审批权改革的服务中心遍地开花，其共同特点就是涉及行政权力。可见，西城区选择街道作为服务型政府建设试验田的做法具有一定的"原创性"。

西城区街道公共服务大厅并不是在街道进行机构增减的单纯行为，而是"大科制"改革背景下将原有21个部门职能整合改设为"七部二室一厅"的

---

1. 段龙飞：《我国行政服务中心建设》，武汉：武汉大学出版社2007年版，第8页。

产物。官方文件首次正式提出类似的大部制改革是党的十七大报告（2007）。十七大报告指出，加大机构整合力度，探索实行职能有机统一的大部门体制，健全部门间协调配合机制。西城区在毫无借鉴的情况下，结合基层实际探索着进行了街道的"大科制"改革，解决了旧有街道管理体制下内部机构分工过细、部门交叉管理、工作各自为政等问题，是一项突破。这种做法为当前我国各个层级政府即将推进的以大部制为突破口的行政管理体制改革提供了一定的经验。

第二，服务理念和方式的根本转变。西城街道公共服务大厅折射出以民为本的服务理念，这是对传统政府模式（包括统治型和管理型）的超越。传统政府模式在一开始就没有给予公民应有的尊重和重视，官本位思想的盛行致使政府流程设计充分表现出封闭、机械和僵化的特征，公民在政府面前始终是被动的。作为一种新理念，服务型政府并不是要废除官僚制，而是在承认官僚制本身对于效率是必不可少的前提下，重新确认公民身份，促成政府实现从官本位到民本位的转变。街道公共服务大厅作为西城区在基层建设服务型政府的重要措施，从理念到实践充分体现了这点。陈蓓副区长反复强调，公共服务大厅最首要也是最具主导性的转变是理念上的，过去办事是"自己（机构）怎么便利怎么来"，如今是"百姓怎么便利怎么来"，过去是"向上看"，现在是"向下看"。街道在梳理工作流程过程中，遵循便民、高效的原则，大大简化办事环节和程序，此外，街道公共服务大厅不仅为居民和驻区单位送服务上门，主动研究统计数据从中分析公众需求以便及时调整自己的工作，还对工作人员的举止礼仪进行规范等。可以说，如果不是始终抱有以民为本的服务精神，这项改革是无法完成的。

第三，妥善解决了公共服务大厅的定位问题。目前全国服务中心主要有两种，一是物理集中，将原来的职能部门集中到一个办公场所，这种做法正在逐渐减少；二是职能集中，将原来职能部门的部分职能进行剥离组建成新的服务中心。但是，职能集中导致了机构的定位问题以及由此带来的管理和监督难题。囿于机构合法性、部门利益等因素的考虑，大部分服务中心尤其是行政审批类服务中心都不是作为一个常设独立机构而存在，这势必造成服务中心与原有部门之间关系的混乱、对行政审批公章的争夺、服务中心的工作人员受原来部门和服务中心的双重管理和双重监督等问题。从特征上判断，西城区的做法属于职能的集中，但是西城区街道公共服务大厅并没有出现部门利益制约下的双重管理和双重监督困境，究其原因，除了街道不具有法定行政权力之外，另一个重要因素是将公共服务大厅定位于一个常设独立机构：各街道办由主要负责人或指定一名副主任主管公共服务大厅，由一名助理调研员或正科级干部负责日常事务组织管理，工作人员从相关科室调剂，公共服务大厅为独立考核单位，年终评优与其他科室类同。相比于当前服务中心的"派出机构、临时机构、直属机构、事业单位"[1]等定位，西城区对公共服务大厅的组织定位问题解决得更加妥善。

第四，健全了一系列制度。制度的意义在于规范行为、提高效益。过去街道工作缺乏规范和统一，任意因素多。与之相比，目前西城街道公共服务大厅普遍建立和健全了办理机制、协作机制和监督机制等，这不仅提高了工作的标准化和规范化程度，同时也有利于监督。在德胜提供的材料中，我们看到办理事项分类、八项办理制度、大厅受理事项及流程、大厅工作目标分解、大厅工作职责、服务管理规定和服务文明用语等详尽规定。

创新的过程是一个不断克服阻力和困难的过程，经验观察表明，许多创新活动的失败是由于无法克服推行过程中的各种阻力和挫折。西城区在创新过程中同样遭遇了许多困难，比如旧观念的难以扭转和固有体制的挑战等，但改革最终取得成功，原因有很多。实际上，上述提到的"大科制"改革、服务理念和方式的根本转变以及健全一系列机制等做法，都是获得成功必不可少的因素，在此不予赘述。但仍需提醒的是，政治上的高度重视不容忽视。

---

1. 段龙飞：《我国行政服务中心建设》，武汉：武汉大学出版社2007年版，第183页。

服务政府
Service-oriented Government

我国当前改革成功的一个公因数就是必须取得上级的政治支持,否则,改革难以为继。西城区公共服务大厅建设,自始至终都由副区长陈蓓挂帅,区政府办副主任李巍、区信息办副主任向功英等协同抓,从财政资源、信息技术和人力上提供保障。此外,北科公司也从技术上给予了鼎力支持,这样,公共服务大厅才能够按照期望目标运转。可以想见,如果没有上级的大力支持,旧有的官本位思想无法克服,西城区的改革可能早就丧失于某个改革环节中。

四、困境与前景

当前的服务大厅普遍存在发展的问题。发展事实上包括两层含义,首先是组织要不要存在下去,其次是如果组织继续存在,它的困境和前途又如何?任何事物都必须服从生长消亡的自然规律,服务大厅尽管是一个新鲜事物,但命运却别无二致。事实上,有没有大厅并不是公民认为最重要的,关键是办事的高效方便。在办理事项不集中于大厅也能为民提供快捷高效服务的情况下,公共服务大厅完全可以实现从物理实体向虚拟载体的转变。另外,理论上也可以找到相关的支撑论据:电子政务的发展以及行政权力的规范。前者必然通过技术的发展及其对社会的渗透,解放人力并促成政府服务方式的转变,后者必然导致行政审批的减少进而表现出政府的"收缩",二者最终导致服务中心尤其是行政类服务中心的减少。此外,公共服务的外包——将各类服务中心目前承担的工作转移给社会完成,能够减少纳入政府体系内服务中心的数量。

但是,技术发展、观念转变以及权力规范等都是一个漫长的过程,不少学者坚持"相对于长期以来电子政务难以提高的现实,服务中心的建设提供了一种独特思路"[1]。从所发挥的成效及作用来看,西城街道公共服务大厅等

---

1. 李靖华:《电子政府一站式服务:浙江实证》,北京:光明日报出版社2006年版,第43页。

服务中心将在相当长一段时间内继续存在。在这个前提下,当前西城街道公共服务大厅发展的主要制约因素有:

首先,合法性的困境。合法性包括政治学意义的合法性和法学意义的合法性。由于在"某些方面具有一种特性,这种特性不是来自正式的法律或法规,而是来自由有关规范所判定的,'下属'据以(或多或少)给与积极支持的社会认可和'适当性'"[1],换言之,若判断一个事物缺乏合法性,事实上是相应法律法规的相对缺失,而不构成该事物本身合法性的绝对缺失。西城街道公共服务大厅受到了社会的好评与认可,具备政治学意义上的合法性。但是,从法学角度来探讨,除《地方各级人民代表大会和地方各级人民政府组织法》规定的"地方各级人民政府根据工作需要和精干的原则,设立必要的工作部门"以及《行政许可法》中"经国务院批准,省、自治区、直辖市人民政府经统一、效能的原则,可以决定一个行政机关行使有关行政机关的行政许可权"和"由地方人民政府两个以上部门分别实施的行政许可申请,可以组织有关部门联合办理、集中办理"等条文之外,目前尚没有专门的规章制度对行政中心的合法性进行界定和规范,从这个角度看,西城街道公共服务大厅的合法性仍然有待进一步明确。

其次,体制内部上下协调的困境。当代行政管理体制传承了韦伯的专业化思想,确保了行政效率,但同时又造成"条专"与"块统"的矛盾。西城区尽管在街道层级已经实现了"大科制",但是以公共服务大厅为前导的街道管理体制改革并没有从根本上动摇条块分割的行政管理体制,其中一个明显的表现就是"大科室"没有对应的上级职能部门。由于上级职能部门出于专业性以及部门利益的考虑,往往并不认可"大科室",因此,大厅在实际运作中不得不倚靠上级政府的大力支持,存在"下动上不动"的缺陷。目前西城区采取的方式是由区政府办公室负责职能部门与街道的协调工作。换言之,

---

[1] 邓正来:《布莱克维尔政治百科全书》,北京:中国政法大学出版社1992年版,第410页。

当前公共服务大厅的建设,主要是通过地方政府首长的行政命令和干预,具有较强的人治色彩。但是,这不是长久之计,制度保障毕竟是其他任何因素都无法替代的。或许即将开展的自上而下的"大部制"改革能为这个问题给出对策。

此外,即使制约自身发展的上述因素得到完全解决,西城街道公共服务大厅的发展还涉及这项改革在更大范围内的推广问题。如前所述,西城街道公共服务大厅的做法得到了社会的广泛认可,不少前来学习考察的单位表示回去后也要推广这种做法,但是,各地经济社会发展水平不均衡、观念转变困难、上级是否重视与支持等大量客观现实,仍将制约该项目在其他地区的推广与普及。当然,提供公共服务不能因行政资源的匮乏等理由而否定政府的这项职责,提供公共服务也没有统一范式,各地完全可以根据实际情况进行探索。在很大程度上,西城区街道公共服务大厅仍然具有相当的价值。

(原载俞可平主编:《中国地方政府创新案例研究报告(2007—2008)》,北京:北京大学出版社2009年版)

公共管理创新与基层服务型政府建设
——以山东青岛莱西"为民服务代理制"为例

包瑾钧
（重庆市环保局办公室）

一、引　言

公共管理作为一种理论与实践，在中国与西方都有着非常久远的历史。然而，作为一种对它加以研究的学科，公共管理学在中国却又十分年轻。应该说，我国学术界是在最近十多年来才重视对它的研究。公共管理，是涉及保障公民权利、协调社会利益、实施社会政策、管理社会组织、维护社会秩序以及处理社会冲突、化解社会危机的大事。简而言之，就是对公共事务加以有效管理，从而实现民主与高效的目标。要实现这一目标，就不得不对政府原有的管理方式加以变革与创新，从管理走向治理。政府原有的管理方式，无论在中西方有什么大的不同，从它承担的大量经济社会事务来看，有一点是共同的，即它患上了官僚病，由于层级多，部门结构关系复杂，常常导致办事效率不高，而且有压制民主之嫌。一般说来，人们在这一研究中形成了一种共识，即，要充分发挥多元组织的合作，其中

服务政府
Service-oriented Government

政府与民间组织,或者说与公民社会的合作。由此人们开始重视公民社会,并积极培育公民社会。同时,人们依然保持着对政府作用的清醒认识,在公共管理中,要实现善治的目标,政府的作用仍然是关键的。这在当代中国特别重要。

时至今日,建设服务型政府已经是人心所向、大势所趋。虽然人们对"服务型政府"的内涵理解、对构建服务型政府的路径等各有见解,但可以说人们也都认识到了,要实现这一目标,就要转变政府职能,改革政府或再造政府,即政府创新。在一定意义上说,服务型政府建设就是公共管理创新的中间目标,最终都是为了服务于民众。

在人们对公共管理创新与服务型政府建设研究中,由于各种各样的原因,重视纯理论研究,与实践脱节,成为研究中的一个普遍缺陷。而要揭示公共管理创新的规律或普遍价值,寻求服务型政府建设的有效途径,指明需要改进的问题与方式,就离不开对现实个案的分析与总结。我国近些年现实生活中已经涌现出大量创新事物,亟待我们去研究。山东省青岛莱西市所创新的"为民服务代理制"就在探索服务型政府建设中走出了一条新途径。

二、公共管理创新与服务型政府

(一) 公共管理创新的现实与理论背景

谈到当前我国大量兴起的公共管理创新,就离不开对西方新公共管理运动的认识。而新管理运动则是针对传统官僚制政府的弊端而行的。我们知道,伴随着工业革命,西方新兴资产阶级取得新政权,普遍建立了自由政体,虽然立法、行政与司法三大系统在各国关系特色不一,但是作为政府——指狭义的行政系统,由于其自身性质决定,也是现实生活的要求,它承担了大量日常管理事务。特别是在"二战"后,由于政府职能的转向,政府奉行积极干预现实政治经济生活的政策取向，更是大大加重了政府的责任。这一方面，有利于政府为民众提供公共产品，但另一方面也使政府背上沉重财政压力，并且人员与权力不断膨胀。同时，由于官僚机构特有的官僚主义，慢慢地，政府在提供公共服务与公共产品时质量有所下降，不能灵敏地对公众需求作出反应。而政府的大量支出本身也是来源于民众税收，在财政赤字过高的情况下可能导致经济衰退及一系列其他问题，如失业、社会稳定等。在这种情况下民众产生了改革政府的呼声。如何建立灵活、高效、透明的政府成为人们讨论的中心。现实中，伴随着全球化以及现代电子科学技术，特别是互联网技术的出现，则为人们建立灵活高效透明政府提供了媒介。在学术研究中，由于公共选择学派的兴起，以布坎南等为代表的一批学者把理性人的经济学假设应用于政治学研究，从而打破了政府官员一心为公的神话，为种种官僚弊病提供了信服的解释，同时也为改良政府提出了一些可以借鉴的制度设计。大体说来，其主要思路就是用市场机制来改组政府，在这种情况下企业家政府的理念出炉了，它强调政府要以市场为导向、以顾客为导向。

现实中，西方国家也确实按这些理念经历着一系列的公共管理变革。它首先起源于英美等国，并影响了全世界。"新公共管理并不是由英国单方面发展起来的，而是70年代中期以后公共管理领域中出现的一种显著的国际性趋势。可以说政府改革浪潮席卷西方乃至全世界。"现在人们熟知的英国撒切尔夫人执政时对公共企业的大规模私人化，美国总统克林顿执政时重塑政府，堪称新公共管理运动的代表事例。确实，经过这些改革，西方国家政府的公共服务水平有很大改善，赢得了民众的有力支持。在这个过程中有两点，对这一改革能取得实效至关重要：一是西方市场经济较为成熟，二是西方的民主法治精神较为浓厚。前者为政府引用市场手段提供了可行空间，而后者则从文化与制度方面提供了保证。为民众提供良好的服务，离不开有效的宏观民主体制背景。

（二）当代中国的公共管理创新

西方新出现的新公共管理理论引起我国学术界的灵敏关注，大量的相关文献被引入和介绍，政府部门也都组织官员采取各种形式向西方学习这一先进的实践。如国务院发展研究中心与清华大学合作来培训相关官员，许多地方政府还派出优秀的官员到西方学习考察。这在客观上推动了我国公共管理创新。当然，中国公共管理创新也存在自发的土壤。很多地方政府机构或是响应国家号召，如推进行政审批改革，或是自行摸索，创新工作机制，从而涌现大量创新个案。2000年以来，中央编译局比较政治经济研究中心、北京大学中国政府创新研究中心、中央党校世界政党研究中心联合发起了中国地方政府创新奖励与研究计划，每两年进行一次选拔与研究，在全国范围内就收集了近千个创新案例。它虽然是以地方政府创新为名，但都可概括在公共管理创新范畴之内。当然，公共管理创新应该比政府创新有更宽广的范围，但是在当代中国，政府创新又是公共管理创新的中心。由于中国特殊国情，特别是大量的事业单位、重要的社团组织如妇联，实际上等同于一个政府机构，而政党在中国是实际上的决策中心，并对公共事务发挥着决定性影响，因而党的地方机构及事业单位、社团也被纳入政府创新的主体之中。从这一奖励与研究课题进展来看，我国大量的创新出现在行政改革与公共服务之中，政治改革类相对较少，这是由我国宏观政治环境决定的。在某种程度上说，这正契合了现代政府的服务取向。然而，与西方有所不同的是，我国大量出现的服务取向的公共管理创新，面临着三个难题：一是市场经济发展尚不成熟，因而运用市场化的手段尚显不足；二是官僚制发展尚不充分，理性化、世俗化尚不足，其表现就是机构间关系与职能尚未理顺；三是民主发展尚不充分，为民服务的创新之成效更多取决于领导的重视程度，而非民众意愿。我们将在莱西市为民服务代理制的个案中看到这些问题。

（三）服务型政府的提出

有学者指出我国目前提倡建设服务型政府的一般背景，分四个方面：一是加入世界贸易组织对政府角色定位的要求；二是"三个代表"思想对政府与民众关系的定位；三是2003年"非典"事件对政府职能的冲击；四是西方公共管理理论的影响。这些都指向服务。人们对服务型政府的理解方面，从主体、客体、目标来看，也并无太大分歧，主体自然是政府，客体就是人民群众，目标是实现公共利益，尽管公共利益听起来很抽象。人们的分歧主要在于服务的内涵理解。人们多从三个方面即价值理念、职能与工作方式来理解服务。事实上，这三个方面并不矛盾，也只有整合在一起，政府才能真正做到服务型政府。

服务型政府意味着一种新的政府形态，它试图超越现实中业已形成的传统的政府形态。这传统的政府形态不是指封建政府形态，而是指我国自新中国成立以来形成的一种政府工作机制、政府与民众的关系。从价值层面上说，新中国成立以来我国就建立了人民自己的政府，但是在现实中政府更多体现了管治色彩。其基本形态是政府包揽一切，事无巨细，悉听命于政，民众只能服从于政府。从1978年改革开放以后，我国政府职能重心从统治或管治开始向监督调控转移，重视经济调节、市场监管。这中间由于社会力量的发育与壮大，社会事务更加复杂，出现政府管理不了也管治不好的领域，产生许多新的问题，例如，社会治安，流动人口，失业与就业。与此同时，在社会变迁中，民众自主意识上升，个体利益观念得到强化。他们中绝大多数，在传统文化的影响下，在长期的马克思主义为人民服务的政府理念宣传的影响下，对政府的依赖或信任并未有根本的动摇，产生了政府对个人利益负责的要求。面对着民众及社会强烈的要求，一方面是政府特有的官僚主义，导致其自身转型滞后，机构间关系复杂，人员庞杂，支出巨大，效率低下，执法

服务政府
Service-oriented Government

违法;一方面政府又面临着新的任务与挑战,它需要顺应国际民主潮流,理顺民众与政府关系,维护稳定,促进经济增长,加强社会建设;在这种情况下,建设一种新型的政府形态,政府通过职能转变、工作机制与方式的创新、政府与社会关系的重塑,有效实现为民服务的宗旨,切实地帮助民众实现其利益,就成为政府自身建设的唯一途径。

那么现实中政府究竟应该如何构建服务型政府呢?众多学者反映出了现存的诸多问题,也指明了行动中的重点。张星炜认为,建设公共服务型政府首先要科学合理界定经济调节、市场监管、社会管理与公共服务职能,划清中央政府与地方政府责任,理顺权力授受关系,加强人大监督功能;吴天凤等人强调从调整财政支出结构、改革预算体制、引用竞争机制来构建制度框架;薄贵利则补充了加强思想认识、修改相关组织法规、制定全国或地方性标准、完善政府绩效评估体系、扩大公共服务覆盖面等建议。的确,建设公共服务型政府涉及领域很多,我国中央政府与地方政府都有很多举措,各个部门与层级都可以结合自身职能特点加以设计创新。如中央政府以宏观指导或重大事项为突破口,最近一些年推行的行政审批制度改革中,国家明令要求各级政府部门重新清理核实审批事项、下放审批权限、整合审批流程就是一种服务的改进。而中央政府的立法、行政、司法等特别是前二者更能直观体现出服务色彩。全国人大通过的《行政许可法》为推进行政审批制度改革就具有重要意义。而一些省级政府根据本地方实际提出的改革课题,如浙江省根据其县域民营经济发展迅猛的特点,提出扩县强权的决策,也是建设服务型政府的重大举措。总之,各级政府及各部门都能找到具体的服务机制与方式。

(四) 乡镇基层政府职能的转变

乡镇基层政府是我国政府系统的末梢,也是党与政府在农村工作的基石。这一层级政府工作有其自身的特点,在政治构架上,由于其没有像中央与省级或计划单列市等享有的立法权,因而主要是以执行中央与上级政府政令、政策为主。在减免农业税以后,除部分传统事项如计划生育等内容之外,其主要职能就是三大块:服务、发展与稳定。抓稳定,即是要保证地方无重大群体性事件或利益冲突现象;抓发展,就是通过各种方式促进本地经济、文化、社会事业的发展,这中间有一系列项目或工程可以实施;抓服务,即是立足于日常生活中民众所需求,其内容较为丰富。事实上,大部分服务内容是例行性的,以审批服务为主,如婚姻登记、宅地审批、新生人口登记、合作医疗等。而这些在上级即县级政府都有相应政府部门受理。应该说,这一块内容构成了乡镇政府服务的主体。当然,乡镇服务型政府也不仅仅在这一领域,一些重大发展事项,如果是群众需要,政府顺势而为,也体现了为民服务的色彩,例如重庆市麻柳乡的八步工作法通过问政于民、决政于共、行政于和、监政于公,就体现了服务型政府的基本要素。当然,这三块职能不是孤立的,发展也体现了服务,服务民众有助于促进稳定。但是所有的服务不是空头支票,而是应建立于可行的机制或制度之上。

(五) 制度创新的重要性

通常人们谈到公共管理创新或政府创新时,从内容上看,可以分解为理念创新、制度创新、技术创新三大类。理念创新多由理论界或学术界提出。而制度或机制创新正是政府创新的核心与本质,政府从事的公共事务,必须建立于一定的制度或机制之上,才能得到长久与有效的保证。技术创新通常是为配合制度与机制创新提出的,当前在现实中最为常见的是电子政务的引入,不少地方开发了电子应急反应机制、网上办公或行政审批系统,如广西南宁、天津南开、广西玉林等地。

三、莱西"为民服务代理制"的由来

（一）莱西经济社会发展概况

山东省莱西市位于胶东半岛中部，隶属于青岛市，位于青岛、烟台、威海三大沿海开放城市之间，居于山东省正在建设的半岛城市群和半岛制造业基地的中心，素有"青岛后花园"之称，是国务院确定的沿海地区对外开放县市。全市总面积1522平方公里，辖11个镇、5个街道办事处和1个省级经济开发区，总人口72.8万人。2006年，全市生产总值完成236.9亿元，农民人均纯收入和城镇居民人均可支配收入分别达到6329元和12657元。2004年跨入全国百强县（市）行列，2005年由第100位上升到第64位。2003年以来，莱西市荣获全国村民自治模范市和全国民政工作先进市称号，获全国环保模范城市、国家生态示范区、全国食品工业强县（市）、全国农产品标准化生产综合示范区，荣获首批全国村务公开民主管理示范市、首批山东省文明城市等称号。

莱西市最近推出的"为民服务代理制"，就是在市、镇、村三级设立代理服务机构，群众提出办事申请并提供相关材料后，各代理服务机构在规定时限内，通过内部的有机运转，依法为群众提供无偿全程代理服务。其主要特点是"一口受理、全程代办、有机运作、按时反馈、依法公正、透明高效"。

（二）制度创新的需求背景

可以说，莱西推出的"为民服务代理制"是当前中国宏观体制改革背景下的必然产物，特别是行政审批制度改革结合服务型政府的目标后又向前迈出的一大步。而且，莱西本身就是一片充满创新的热土。早在上个世纪80年代刚刚试行村民自治时,有关村民自治的"民主选举、民主管理、民主决策、民主监督"四个方面就是以莱西的试验为基础总结出来的。后来莱西在村级自治中更是发展出"民主日"活动,集中听取民众意见。现在的"为民服务代理制"在为民服务的同时也充分体现了民主的本意。在这里,我着重想强调三个方面:

第一,推行为民服务代理制是实行大部门体制的有益探索。党的十七大报告指出,要加大机构整合力度,探索实行职能有机统一的大部门体制,健全部门间协调配合机制。这是我党在改革发展的关键时期对行政体制改革提出的新要求。莱西市在2001年就建立了行政服务中心,对市级16个部门的行政审批事项实行集中办理,2003年就在镇村二级开展为民服务代理制,将分散在镇政府各部门的服务资源整合起来,实行一个窗口对外,建起了基层服务项目平台。2007年市政府更是投资2000多万元新建立行政服务中心,将全市行政许可与行政事业性收费集中在一个大厅里办理,为建设服务型政府提供了有效的载体。服务中心这个大部门建立以来,有利于减少部门间权限冲突,简化处理公务的手续和环节,使行政效率大幅提升。

第二,推行为民服务代理制是转变政府职能的现实选择。在农村税费改革以后,镇村干部摆脱了"催提留、收公粮、罚超生"的矛盾后,又面临着如何转变职能、转变角色、今后怎样干、如何干的新课题。而为民服务代理制正好适应了这一变化需求,通过各级代理服务机构为群众提供无偿服务,促使政府工作由"抓事务、抓管理"向"抓经济、持稳定、抓服务"上转移,实现了基层政权由原来的管理型向服务型的转变,从而有利于开创政府和群众保持良好关系的新局面。这也同时体现了政府角色的重新地位,即把决策制定和决策执行分离,把公共服务的生产和提供交由市场和社会力量来承担,政府主要集中于掌舵,为实现公共利益的崇高目标服务。

第三,推行为民服务代理制是建立服务群众长效机制的客观要求。长期以来,办事难、服务不到位,一直是基层反应强烈并直接影响干群关系的突出问题。在农业税减免以后，这一问题显得更加突出。一方面是干部职数减少以后而造成了群众服务的缺腿与断层问题，另一方面是在社会主义新农村建设扎实推进的情况下，群众对经济文化生活多方面的需求呈现多元化、便捷化、优质化特色。如何能搭建为民服务的绿色通道，有效解决民众在生产生活中遇到的实际困难，使为民众提供的服务能长期化、规范化，就成为各级领导经常思考的问题。建设为民服务中心，不仅精简了机构，服务了群众，而且成本低廉，不增加一个编制，不多花一分钱。

（三）创新项目的综合建设

莱西"为民服务代理制"这一项目主要是抓了以下几个方面的工作：

第一，健全组织机构。市级设立市为民服务中心，与市行政服务中心合署办公，现有16个部门进驻。2007年启用新的行政服务中心，面积8000平方米，全市行政许可部门、许可事项和行政事业性收费项目进驻，建设全市行政服务的综合平台。而各镇则对政府服务功能进行整合，单独设立了为民服务中心，作为镇级正式工作机构，由镇长兼任主任，一名正股级干部担任专职副主任，配备了代理服务专车，设置了专线服务电话，直接办理镇级权限事项，全程代理市级权限事项。全市862个村庄全部设立了为民服务代理点，由村经管员兼任为民服务代理员，无偿为群众提供咨询和代理服务，全市建起了1200多人的为民服务队伍。

第二，创新运行机制。建立便民、利民的服务流程，实行市镇村三级联动服务。一是村级咨询代跑。群众办事只需提供相关材料，村代理员出具村级手续后，5天内到镇为民服务中心帮其申办，手续办完后，再将办事结果送到群众手中。二是镇级全程代办。镇为民服务中心设立民政、计生、村建、项目手续代办、农村合作医疗、农村劳动力培训转移等服务窗口，属镇级办理事项在规定时限内办结，属市级办理事项，安排专人到市全程代办。三是市级快速办理。中心大厅建立企业设立和项目开工建设两个一条龙服务体系，构建招商服务绿色通道，实行登门服务、预约服务、陪同服务等，打造项目建设的"莱西速度"，青岛市委办公厅三次转发中心为招商引资服务经验。

第三，加强规范化建设。为使为民服务代理制长期化、长效化，市为民服务工作领导小组制定了《关于加强镇村为民服务代理制规范化建设的意见》，在镇级提出功能建设、政务公开、窗口服务、业务办理、管理考核"五个规范化"建设标准，村级提出功能建设、工作宣传、服务延伸、监督考核"四个规范化"建设标准，通过检查验收、现场督查等方式促进工作落实。在硬件建设上，各镇办公面积均在120平方米以上，最大的500平方米，工作人员均在12人以上，最多的26人。在服务规范上，市行政服务中心将服务理念、服务用语、服务办件等8项内容统一编印成册，发放给市镇村为民服务工作人员，按照标准定期明察暗访，各镇为民服务工作人员均做到了统一着装、佩证上岗，多数镇还根据群众特点，每天早晨提前半小时上班，受到群众好评。村级统一规定了集中办公时间，部分经济基础较好的村庄实行每天坐班办公。对群众申办的简易事项，如户口迁移、计生手续等，村代理员随收随跑；对农民建房、合作医疗等一般在3天内上报，办事效率明显提高。

第四，抓好宣传发动。推行为民服务代理制之初，前来办事者并不多，主要原因是群众对这项工作不熟悉，对为民服务中心是不是真办事、能不能办成事心存顾虑。基于此，由行政服务中心牵头，每年组织一次大规模的集中宣传活动。2006年，他们统一编印了《为民服务手册》，发放到全市每个农户，广大群众对办事的申报材料、办理时限、收费标准、服务投诉电话等事项一清二楚。各镇通过组织宣传车、开展赶集日宣传、包村干部进村宣讲等形式扩大宣传范围、强化宣传效果。村级利用大广播每天播放两次，促进为民服务代理制进村入户、家喻户晓。同时，行政服务中心统一编印了镇村为民服务代理制工作典型事例100多个，通过莱西市情、电视台、中心网站等进行宣传，取得了良好效果。通过服务宣传和政务公开，不仅使干部行为完全公开透明，更重要的是赢得了广大群众的支持和信赖，"有事找为民服务中心"已经成为群众的共识，为民服务代理制真正成为群众办事问政的"绿色通道"。

第五，强化监督考核。在市级，行政服务中心建立24项工作制度，每两月对服务窗口考核通报一次，将考核结果与窗口工作人员考核奖发放直接挂钩。在镇级，市委将为民服务代理制列为镇办重点工作，行政服务中心每季度督查考核一次。各镇将村代理点建设纳入村级考核，从其工资中拿出500元进行专项奖惩，村代理员每人每月30—50元交通补贴，根据代办事项比例考核发放。市纪委、监察局每季度组织一次工作暗访，市委督查室、市政府督查室将为民服务代理制作为重点工作进行督查，有效促进了工作落实。

第六，抓好四个延伸。即由最初侧重为群众提供生活方面服务，不断延伸拓展到生产领域、科技领域、流通领域及社区服务，真正实现了"群众有需求，干部有服务"。向生产领域延伸主要指政府定期发布国家产业政策、产品调整方向、登记办证手续和市场供销信息，为企业生产经营提供政策信息服务；积极为城乡创业者提供政策咨询、项目论证、就业培训等服务，引导他们务工经商、兴办企业、发展民营经济等。向科技领域延伸是指进一步整合市镇科技服务力量，健全科技服务体系，采取引进推广新技术、新品种、举办农业科技知识培训班、发放科技知识明白纸等形式送科技下乡，或者充分利用党校、干部科技示范基地进行多元化教育培训，为群众调整农业结构、增加收入搞好示范服务，或者建立市科技信息服务平台，发挥农村干部现代远程教育网络和农村经济信息网等作用，为群众提供农业科技信息。向流通领域延伸，是指由于交通、通信等制约因素，农村群众在有效信息收集、反映、反馈方面不畅通，对此，莱西政府突出建立农副产品供求及价格信息发布平台，将信息网点延伸到各镇为民服务中心，健全信息服务网络，及时向社会发布产品需求和价格信息,为农民调整产销提供依据。向社区服务延伸,是指在加强以社区为民服务中心为主要内容的社区服务组织网络建设时,重点面向全体社区居民,以老年人、儿童、残疾人、城镇贫困户等弱势群体和优抚对象为工作重点,健全服务网络,构筑信息平台,开展以行政事务服务、信息查询服务、社会福利服务为重点的便民利民服务。

(四) 项目特点与效益

实践证明,推行为民服务代理制,从解决群众最关心的问题入手,不断拓宽服务领域,提高服务质量,对密切党群干群关系,凝聚群众意志,促进农村经济社会发展,维护农村稳定,进而推进社会主义新农村建设,都具有重要意义。2005 年,我市各级为民服务机构共为群众办事 6 万余件,涉及经贸服务、社会事业、计划生育、镇村建设、农业服务、财税服务、法律服务、科技培训、信息咨询等群众生产生活各个方面,按期办结率达到 100%,群众满意率达到 99.8%,从根本上解决了群众办事难问题。该项目集中体现了以下几个特色:

第一,提升了政府权威与合法性。它变以前办事由群众跑为干部跑,密切了党群干群关系。多年来,群众办事难、怕办事一直是导致干群关系紧张的死结,主要原因是很多群众不明白办事程序,"东跑西跑来回跑,你批我批多头批",办一件事往往要跑不少冤枉路,于是认为干部在卡他。推行为民服务代理制,建立起方便群众办事的"绿色通道",改变了过去申请人围着经办人转的现象,由"群众跑变为干部跑",真正"把方便让给群众、把麻烦留给干部",从根本上解决了群众反映最集中的办事难问题,进一步密切了党群干群关系,从而使政府赢得了民众的有力支持。

第二,提升了政府效率。该项目变"多次办"为"一次办",大大提高了行政办事效率。过去群众到镇(街道)、部门办事往往需要来回反复多次,既费时又费力。推行为民服务代理制后，实现了变"多头跑"为"一门办"、变"多次办"为"一次办"。群众所需要办理事项如果不涉及实地勘查或需要调查核实的项目，只要准备好完整的材料，认准受理室一个门，具体如何操办就不必再管，真正实现了群众办事"小事不出村、大事不出镇"。

第三，有利于透明行政。通过建立为民服务代理制，实施阳光运作，把各项办事程序、收费标准公布于众，把各项事务的办理置于群众的监督之下，杜绝了暗箱操作，增强了干部依法行政、勤政为民、廉洁自律意识，"吃拿卡要报"、与民争利现象得到有效遏制，基层工作呈现出新气象。2005年，全市各级为民服务工作人员进村入户，开展了"民心工程"调查问卷活动，对群众反映的2000多个具体问题，逐项解决落实，目前已办结1973项，办结率96.2%。群众对基层党员干部的满意率也由以前的87%上升到96%，反映干部服务问题的来信来访为零。

第四，有利于社会的发展。该项目变抓管理为抓服务，有力促进了经济社会发展。为民服务代理制的深入推行，不仅为构建服务群众长效机制提供了一个有效载体，更重要的是促进了政府职能由"管理型"向"服务型"的转变，为建设社会主义新农村、实现经济社会快速、科学、和谐发展创造了良好的环境。2005年，全市地区生产总值达到180亿元，比上年增长20.2%；地方财政收入达到62566万元，增长51.3%；全社会固定资产投资122亿元，增长56%；农民人均纯收入达到5570元，增长14.8%，并首次跨入全国百强县（市）行列。

特别需要提出的是，2004年12月和2006年1月，全市为民服务代理制工作经验分别被中宣部和中央先进性教育活动办公室作为加强党的执政能力建设和先进性建设重大典型，《人民日报》、新华社、中央电视台等中央主要新闻媒体两次集中报道；青岛市在全市召开了为民服务代理制工作现场会，使得这一经验在青岛市和全省推广。因而，可以说，这个项目不仅具有较强的原创性，也具有较强的推广性。

四、源于莱西的反思与推进基层服务型建设的对策

莱西为民服务代理制是我国基层公共管理创新中较为成功的一大实践。总结其成功经验,思考其所存在的不足,对于促进它进一步完善,加深我们对公共管理创新的理论认识,都是极有益处的。

(一)项目成功的原因

在笔者看来,这一项目之所以能够取得成功,除了信息化带来的电脑普及和随之而来的网络化办公、社会公众提出了相应的需求等现实可行条件外,主要在于它从主观上强调了以下四个方面:一是关注民生。政府切实地把改善民生作为职能转变的一大方向。在现阶段,关注民众生计,切实为民服务,已经无可避免地成为衡量政府成败的有力标准。关心民众生计,并做出实效,不仅直接地改善人民生活水平,解决许多生活难题,并进而促进本地经济社会发展,而且体现了民主。民主的本意就是人民当家做主,政府为民服务,这不仅体现在许多大的决策事项上,而且更应该从生活中的琐事做起,尤其是在基层。二是合理的制度安排。这一服务代理项目之所以能取得实效离不开合理的制度安排。据了解,莱西市为此制定的相关制度达十项,包括行为规范、服务用语、信息沟通制度、学习制度、督查制度、通报制度、廉政建设制度、村级代理办法、目标考核细则、收退件管理办法等。由于制度设计从宏观到微观都有规可循,因而整个工作有条不紊,效率也得到了保证。三是领导的重视。这是当代中国公共管理创新的一个非常重要的方面。它特别是体现在各种职能部门进驻为民服务中心这一环节上。由于它不可避免地涉及利益的调整,一些职能部门存在本能的抵制趋向,因而市委市领导推行这一项目的态度与决心就显得特别重要。四是政府与民间社会的合作。这在村

级代理点的运行中突出表现出来。尽管当代中国的村委会实际上履行着部分行政职能，但它本质上是一个村民自治组织，村级代理服务点是挂靠于村委会的，许多代理服务员并不拿国家工资。如果这一项工作得不到村委会的认同，其工作在村级社区就无法开展。

（二）进一步创新的空间

莱西为民服务代理制取得很大成功，但是人们从中也可以发现如果从以下方面加以改善，它将取得更好的效果。第一，在县（市）与镇这二级进一步协调好中心与进驻中心部门或科室的关系。这一问题在许多行政许可服务中心、行政审批服务中心都存在。第二，如何创造条件让干部在为群众服务的同时，不仅减少群众的困难，而且也能让干部便捷地为民服务。在这一方面，政府相关部门的职能调整是根本，更好地适应市场经济化、国际化、信息化、多元化的要求，按照公民和法人自主决定优先、市场竞争优先、社会自律优先的"三优先"原则，切实解决好政府职能的越位、缺位、错位问题。其次是运用现代科技手段，如网络技术或推行电子政务。同时应当建立相应的绩效管理制度，在设定的公共服务绩效目标的基础上对公共部门提供公共服务的全过程进行跟踪监测并作出系统的绩效评估。主要内容包括服务质量、顾客满意程度、效率和成本收益等。第三是市场化机制的建立。虽然莱西推行无偿代理出于好心，但是从提供服务的角度来看，一些项目适当收取一定费用也是可行的。此外，一些民众的困难本身需要通过市场来提供，政府为民服务也应该顺应市场规律。市场上也存在大量的中介服务组织，如何把些资源整合起来，更有利于体现政府对社会的管理能力。政府并不是公共产品的唯一提供者，特别是在基层，这就赋予基层政府在创新服务型政府建设方面有很大空间。应当把政府的运作当成企业来对待，讲究成本和效益，引入竞争机制，用市场的力量来提高政府的工作效率。在公共物品的供给上采取合同承包制、代理制、拍卖、招标等市场或准市场办法，确立节约成本、提高效益的激励机制，最大限度地约束政府的财务冲动，把纳税人的钱用在最有效益的地方。

（三）理论启示

从公共管理创新与服务型政府的角度思考莱西为民服务代理制，我们会发现，这二者在价值观念、制度规范与操作技术这三个层面都可以加以链接。

从价值观念来看，无论是服务观念、民主观念、效率观念或合法性等来看，二者都有高度的契合性，可以说二者就是统一的。各级政府在服务型政府建设中，应以公共利益为价值取向，围绕公共利益开展活动。这是因为，从本质上讲，公共利益规定了服务型政府的行政方向和职能范围，公共利益是服务型政府最根本的价值诉求。为此，政府应树立公共利益观念，增强服务意识。世界著名管理大师杜拉克指出："当今社会不是一场技术，也不是软件、速度的革命，而是一场观念上的革命。"观念支配行为，行为体现观念；观念是行为的先导，行为是观念的后果。任何管理上的突破，都是以观念的更新为先导的。西方经济学认为，政府及其官员是具有自身利益的"经济人"，因而常常在其私利驱动下发生损害公共利益的行为。要建立服务型政府，首先要树立牢固的公共利益观念，把公共利益观念置于核心地位，使政府行为在公共利益观念的支配下服务于公共利益并使之最大化。其次，要从管理控制观念转变为服务观念，从高人一等的"管理者"、"父母官"转变为人民的"公仆"和"服务员"，使服务意识贯穿行政活动的始终。应当把社会公众视为政府的"顾客"，公共组织应当以"顾客满意"为宗旨，政府的顾客应当有求必应，追究行政的可理解性和可接近程度，探索行政部门对顾客参与决策的公开程度是否存在补救措施，整个服务效率的提高必须依赖于公共部门在提供商品及服务时如何对顾客需求作出反应。

要确保政府的服务性行为的持续性，使之不因人为因素的改变而改变，那么就必须通过深化体制改革，加强制度建设，以完善的服务制度加以保障。从制度规范来看，要实现公共管理创新与建设服务型政府，离不开的一个制度范式就是国家与社会的合作，政府与民间力量的合作，这是由我国官民关系之改善引起的客观要求与必然趋势。（1）建立公共利益表达机制。公共利益源于对共同价值准则的对话协商。政府要从公共利益出发搞好服务，前提是认真了解公众意愿及其真实需求，清楚他们需要什么样的服务，这就需要建立健全公共利益表达机制，搭建利益表达平台，使各种利益经协调整合出公共利益；（2）完善政府回应机制。政府回应，就是政府在公共管理中，对公众的需求和所提出的问题作出积极的反应和回复的过程。政府对公共问题及时有效的回应是政府服务的重要方面；（3）建立完善的信息公开制度。公民不了解政府信息，部分官员便有可能进行暗箱操作；没有信息透明，个别官员便可能营私舞弊，公民便可能受损害。公开政务、公开政情是政府有效履行公共服务职能的重要保障；（4）建立以公共利益为导向的绩效评价体系和严格的行政问责机制。传统的管制型政府实行以 GDP 为导向的绩效评价体系，这使得各级政府以 GDP 指标为中心纷纷展开各种绩效工程，以致偏离公共利益方向甚至损害公共利益的行政行为司空见惯。服务型政府应建立以公共利益为导向的绩效评价体系，将政府职能切实转变到为社会提供基本的公共产品和公共服务上来，强化政府的社会服务功能。与此同时，建立严格的行政问责机制，追究政府行政机关和官员在公共服务职能方面失职的责任。当然，并非所有的创新都需要政府与社会的合作，例如机构的精简与调整可能本身是政府自身就能完成的，但一部分职能势必要求社会组织去承担。而且，服务型政府要求政府顺应民众意愿，也就导致政府必须能够灵敏地接收民众意愿，打造弹性政府。可以说莱西为民服务代理制就在这一方面走出了一条新路径。它不仅能灵敏地反映群众要求，也在拉近民众与政府的距离方面走出新路子，使得政府扁平化。建立新型的政府和社会的关系，大力发展和培育社会力量,增强社会的自治能力,政府由过去的官僚机构真正变成公共服务的管理机构,也是今后继续强化努力的重点方向。

从操作技术讲,公共管理创新本身发动的背景之一是要减轻行政成本,而服务型政府也不是不计成本。从莱西的实践来看,为民服务代理制也没有什么太高的成本,相反还很低廉,至少从目前来看是如此。这就为人们提供了有益的思考,其实只要制度与关系理顺,目标恰当,服务型政府也不是需要太多投入的。从中国发展的实际看,行政审批制度改革促进了服务型政府的建设。2006 年,我国行政审批管理体制改革不断深化并取得一定成效。全国各地方政府从实际出发,出台并组织实施了一系列改革措施,就如何适应市场经济体制、建立科学合理的行政审批管理机制进行了探索。集中清理和削减了审批事项,降低了市场准入门槛,尤其越来越多的地方政府建立了政务服务中心,将清理后的审批项目集中进中心统一管理,规范运行,强化监督,增强了依法行政,减少了审批中的违法行为和不当行为。越来越多的地方政府在行政审批制度改革中创建的行政服务中心,把各部门的行政审批事项集中在一起办理和监督,对于规范行政审批权力运行发挥了很好的作用,有效地整合行政资源。地方政府通过行政审批,控制某些生产和提供特殊产品和社会服务的机构的数量,对社会资源进行合理配置。同时通过监督检查,即把行政审批事项集中在服务中心管理,将其他部门整合为为数不多的几个监督执行机构,大规模地减少了机构设置的总数量,减少了政府部门责权利不清晰的现象。例如按照《中华人民共和国行政许可法》的要求,安徽省各级行政服务中心将项目名称、法律依据、申报条件、申报材料、办理程序、承诺期限、收费标准、办事结果等八项"八公开",确定了审批事项的办理模式、办理流程和办理规范。这不仅方便了申请人办事,还有利于对工作人员的审批行为进行监督,避免暗箱操作,基本堵住了吃、拿、卡、要等不正之风,深受群众欢迎。行政服务中心的蓬勃发展以及审批方式的创新,实现了行政审批从无限期到限时办结,从分散到集中,从串联到并联,从部门及其内部机构分割审批到整体统一行使的转变。而且配套建立了多层次立体监督和政务公开体系，置行政审批行为于政务服务中心、监察机构和社会公众的多重监督之下，在一定程度上制衡了体制弊端和部门利益，实现了透明运作与诚信服务，保障了群众的知情权与监督权，树立了廉洁高效的政府形象。尽管行政审批制度改革取得了较大的成绩，但仍然存在一些问题，比如还存在一些不必要的审批、重复审批以及有些行政审批的程序设计上存在的矛盾，但是其实际效果并不理想，很多重大项目的审批权难以触动。在继续深化行政审批制度改革上，要进一步清理和调整行政审批项目，理顺行政服务中心的管理机制，真正贯彻落实《中华人民共和国行政许可法》。

（四）推进基层服务型建设的对策

莱西为民服务代理制的成功说明，在基层进行公共管理创新，创建服务型政府，并不是一件特别困难的事情。只要我们顺应时代的价值潮流，与时俱进，适应社会公共需求的变化，就是要围绕建立公共服务体制，重构公共服务体系，加强政府在社会管理和公共服务领域的职责，加快公共服务体制建设的步伐，加大政府的社会管理和公共服务职能，设计周密的制度安排与操作，就能够开辟出服务型政府建设一条新的路径。

第一，树立现代政府理念。现代政府是公共服务型政府，也就是以公民为中心的政府。政府是人民的政府，因而政府在为"国家"这条船掌舵的时候，必须听从人民的意见。这就要求政府在从经济发展型向公共服务型转变的过程中，树立以民为本的理念，确立公民取向的公民第一主义。树立主权在民的理念，国家主权属于人民，而不是属于某个个人或利益集团，保障公民权利、促进公民权利的实现是政府的基本职能。树立"顾客"至上的理念。政府要致力于建设一个"企业家政府"，像企业家一样想尽一切办法满足作为消费者的人民的合理期待和正当要求，不断提升为人民服务的标准。树立有限政府的理念。现代政府是一个权力有限的政府,其权力的最大边界是不损害公民合法权益。树立民主开放的理念。现代政治的基本特征是民主,民主政治的基本要求是公开。只有制定出相关政策和制度以保障人民参与政府决策、监督政府行为,才是真正的民主。

第二,改善政府结构,建立服务型体制。首先,要加快政府职能转变,继续推进政企分开、政资分开、政事分开、政府与中介组织分开,进一步规范政府权力,将政府主导型市场经济转向市场主导型经济,处理好政府跟企业的关系。其次,进一步减少行政层次,改善政府结构。要按照精简、统一、效能的原则和执行、监督、协调的要求,改革和完善决策机制,提高决策的科学化、民主化水平。同时,要整合政府机构,"压平"政府层级,构建综合化、扁平化组织结构。深化社会管理体制改革。在我国社会结构和利益格局发生深刻变化的情况下,传统的社会管理体制和管理方式已不适应新形势下社会发展的需要。只有创新社会管理体制,整合社会管理资源,提高社会管理水平,才能使整个社会既充满活力又保持安定有序。比如,加强城乡社区建设;统筹协调各方面利益关系,预防和化解矛盾;完善应急管理体制机制,有效应对各种风险;建立健全社会治安防控体系,依法打击各种犯罪活动等。通过建立政府与各类社会组织分工协作的社会管理机制,建立健全新型的基层社会管理体系,提高社会管理水平,更好地履行政府的社会管理职能。

第三,提供有效公共服务。不断扩大公共服务的覆盖范围,满足不同年龄、不同群体的公共需求,不仅要加强面向城镇的公共服务,更要加强面向广大农村的公共服务,不断增加公共服务项目,以满足人民群众不断增长的各种物质和精神需求。政府不仅要提供企业和民间组织不能或不愿提供的公共服务,还要动员民营企业、民间组织参与提供公共服务,并明确其责任。同时,政府对公共服务的生产和供给要进行有效监督。推进中介组织的改革与发展,为政府的宏观调控提供信息咨询,为政府制定、执行规划、政策提供建议和参考,中介组织还是为市场、为社会提供公共服务的一支生力军。

服务政府
Service-oriented Government

第四,进一步完善公共财政体制和制度。目前我国的财政支出格局还带有比较浓厚的"建设财政"特点,财政支出被大量用于那些本该由市场发挥作用的领域,经济建设支出过高,公共服务支出偏低。因此,要发挥政府在公共服务中的主体作用,必须深化财政体制改革,加快公共财政建设步伐,加大财政支出中用于教育、卫生、就业、社会保障、环境保护、基础设施建设等社会公共服务项目的比重;进一步明确中央和地方的事权,健全财力与事权相匹配的财税体制,建立规范化、法制化的财政转移支付制度。

第五,要坚持依法行政。依法行政是现代政府的一个基本特征,是建立合理的政府与社会、政府与市场、政府与人民关系的前提。近年来,我国在推进依法行政、建设法治政府方面取得明显进展。但也应该看到,一些政府机关和工作人员在依法行政方面还存在很大差距:有法不依、执法不严、违法不究的问题还没有完全解决;有令不行、有禁不止等现象还不同程度存在。这些问题如不尽快解决,就会严重影响政府的执行力和公信力。因此,要进一步加强行政立法,提高行政立法水平;改善行政执法,促进严格执法、公正执法和文明执法;继续坚持各种行之有效的民主监督制度,严格按照法定权限和程序行使职权、履行职责;必须保障人民依法享有各项权利和自由;接受人民的监督;行政违法必须承担责任,确保公共行政权力的有效运行。要深化问责制度。政府部门及其工作人员因不作为、乱作为或不当作为而造成不良后果的,都要给人民一个"说法",都要严肃追究有关人员的责任。推进政府信息公开,使广大群众对行政机关的职责权限、办事程序、办事结果、监督方式等信息能够一目了然,保障了群众的知情权、参与权和监督权。

第六,推行电子政务。推行电子政务是适应信息化时代的必然要求,也是推进政府管理创新的必由之路。电子政务是政府管理方式的革命,它对政府管理的影响表现为具有生产力性质的政府管理工具的创新,政府利用现代信息技术可以大大提高工作效率。同时,电子政务的推行将真正精简机构和人员,降低管理成本。

我们相信，随着服务型政府建设的不断推进，党和政府为人民服务的宗旨会更加职能化、制度化，政府与老百姓会越来越近，干群关系会越来越好，我们的社会也会越来越和谐。

（原载俞可平主编：《中国地方政府创新案例研究报告（2007—2008）》，北京：北京大学出版社 2009 年版）

推进全面质量管理　打造服务型政府
——以陕西杨凌农业高新技术产业示范区"服务承诺制"为例

徐　焕
（中央编译局比较政治与经济研究中心）

　　服务型政府建设起源于20世纪80年代，始于英、美，并迅速在西方各国蔓延开来。20世纪90年代以来，在实践发展和理论研究的推动下，构建服务型政府成为我国公共行政改革和政府机构改革的重要取向。所谓服务型政府就是指政府遵从民意的要求，在政府工作目的、工作内容、工作程序和工作方法上用公开的方式给公民、社会组织和社会提供方便、周到和有效的帮助，为民兴利、促进社会稳定发展。[1]

　　制定政府服务标准、推行全面质量管理是建设服务型政府的一个重要途径。政府部门运用全面质量管理就是将产品生产的全面质量管理的基本观念、工作原则、运筹模式应用于政府机构之中以达到政府机构工作的全面优质、高效。政府部门制定服务计划可促使公务员明确工作目标、程序，向公众提供规范化的服务，并作为绩效评估的依据，并有利于公众明了政府的服务品

---

[1]. 吴玉宗：《服务型政府：缘起和前景》，载《社会科学研究》，2004年第3期。

质的承诺，以便监督和维权。

近年来，在我国部分地区所实行的服务承诺制就体现了上述原则。从全国来讲，服务承诺的提出是比较早的，本文选取杨凌作为个案来研究是因为其推行面之广、涉及单位之多、深化力度之大和可持续性之强，全国尚属首家。杨凌农业高新技术产业示范区管委会所推行的服务承诺制已经得到了社会各界的关注和肯定，于2006年1月荣获了第三届"中国地方政府创新奖"入围奖。2006年2月，杨凌示范区管委会又因此而荣获了由"中国地方政府创新奖组委会"与《中国新闻周刊》共同发起评选的"2005年最具责任感的地方政府奖"。杨凌示范区服务承诺制对于我们建设服务型政府、责任政府都具有很好的推广价值和示范效应。本文以杨凌示范区管委会所实施的服务承诺制为例，探讨了服务承诺制兴起、实施、效益、未来前景等问题。

一、宏观背景：服务承诺制的兴起与发展

服务承诺制是一项保障我国政府服务公开化、程序化和实效化的制度，它是指政府机关将政府承诺服务的依据、承诺服务的对象、承诺服务的基本内容以及政府服务违约责任的追究机制等公之于众，向公众作出信守性承诺，接受公众的监督，以提高服务水平、满足公众需求。[1]

我国服务承诺制兴起于1994年6月，烟台市建委率先在全国推行了服务承诺制，解决了一些群众关心的涉及建委系统的热点、难点问题，得到好评。1995年，烟台市将这一经验推广到邮电、电业、工商等12个部门。承诺制取得的良好效果得到了全国各界的关注。于是国务院纠风办公室在经过认真细致的调查研究后，于1998年5月开始，在北京、天津、上海、广州等12个城

---

[1]. 束顺民：《我国政府服务承诺制初探》，载《南方论刊》，2005年第3期。

服务政府
Service-oriented Government

市进行社会服务承诺制试点。据统计，此后一年中，烟台市及12个试点城市共推出2000多项承诺，分布在公用、城建、邮电等20多个部门和行业。但在实践中发现了一些并不成熟、有待完善的地方，因此一年后，社会服务承诺制试点没有继续扩大，条件不具备的也作了相应的调整，工作重点放在试点单位和部门承诺工作的巩固和提高上。这些服务承诺制出现的问题主要是：

首先，"只诺不践"的违诺现象严重，致使许多承诺制流于形式而失去实际意义，这是实践中服务承诺制真正取得实效的最大障碍。

其次，各部门、各单位工作不协调、不配套。各单位往往只从自身角度出发，严格要求自己，但就一个大城市而言，许多工作无法靠一个部门自身来解决，需要得到其他部门的支持。如供电、供水、公交等行业要抢修工程时，需报请规划局、交通管理部门批准，如果规划、交管部门没有工作时限承诺，压住呈报计划几个月，势必影响一线单位的践诺。

第三，承诺的内容有待进一步规范。一方面，某些承诺单位的软硬件建设相对滞后，致使该承诺的而无法承诺；另一方面，有些单位担心无法实现承诺，而降低了承诺标准或减少承诺内容，使承诺的内容与广大市民的需求形成较大的反差。确定承诺项目和标准，要从实际情况出发，不能生搬硬套，首先做好能够承诺的那些工作，再量力创造条件，逐步提高。

第四，由于承诺的内容、标准是承诺单位自己制定的，市民没有发言权，也缺乏有效的监督，从而形成了自律与他律之间的矛盾。

尽管如此，服务承诺制所带来的影响力是深远的，它是新形势下打造服务型政府的重要途径。建设服务承诺制保证了人民群众的主人翁地位，增强人民群众的政府满意度；促进行政观念变革，提高政府服务效能；它协调了政府与群众之间的关系，成为推动精神文明建设的有效载体。杨凌农业高新技术产业示范区管委会认真总结了以往各地区实施服务承诺制的经验、教训，总结、提高，利用"服务承诺制"来打造服务型政府。

二、微观探析：杨凌服务承诺制的动因及实施

杨凌是中华农耕文明的发祥地。早在 4000 多年前，我国历史上最早的农官——后稷，就在这一带"教民稼穑，树艺五谷"，开创了我国农耕文明的先河。杨凌位于陕西关中平原中部，面积 94 平方公里，下辖县级杨陵区，总人口 14.06 万。1997 年 7 月国务院批准正式成立杨凌农业高新技术产业示范区，纳入国家高新区管理，规划面积 22.12 平方公里。示范区成立时，这里共有 10 家农业科教单位，包括 2 所大学，5 个研究院所，3 所中专学校。在不足 4 平方公里的地方，聚集了农林水等 64 个学科近 5000 名科教人员，被誉为中国"农科城"。

（一）服务承诺制的动因

杨凌农业高新技术产业示范区实行"省部共建"的领导和管理体制，由国家 19 个部委与陕西省共同领导和建设。国家交给杨凌的任务是：通过体制改革和科教创新，把科技优势迅速转化为产业优势，依靠科技示范和产业化带动，推动我国干旱、半干旱地区农业实现可持续发展，带动这一地区农业产业结构的战略性调整和农民增收，并最终为我国农业的产业化、现代化作出贡献，并要在"农业改革发展思路"、"培养、吸引、发挥人才作用"、"农科教结合"、"产学研结合"、"科教体制改革"、"干旱农业研究和开发"、"对外交流与合作"、"省部共建"、"农业产业链延伸"以及"行政管理体制改革"等 10 个方面发挥示范作用。

示范区按照"小政府，大服务"的原则，建立了精干高效的管理机构。管委会只设六局两办，58 名公务员编制。近年来，在内部管理体制和运行机制等多个方面，示范区进行了一系列的改革创新。工作人员录用全部面向社

会公开招聘；干部任用主要依据绩效考核；在全国较早实行了会计代理制，部门经费使用完全透明化，实现了有效监督；所有的工程项目，全部纳入有形市场，公开招标，阳光下操作；大宗公用物品购买，实行政府集中采购制度；中层干部的公务用车和所有工作人员的通讯费用，实行货币化分配，基本体现了公平分配原则，降低了行政开支，同时有效克服了公务用车可能滋生的腐败问题。

但是在示范区刚成立之时，基础设施条件十分落后，只是一个落后的北方小镇，缺乏基本的城市功能，平均每年要流失近百名科教骨干。经过8年的建设，虽然在基础设施建设、软环境治理以及产业发展、科技示范等方面取得了一些成绩，但与东南沿海相比，还存在着很大差距。同时，有些政府部门还存在着言行不一，官僚主义、形式主义严重，服务观念差，行政效率低等问题。为了稳定人才，不断规范全区各级政府的服务行为，推动诚信政府建设，持续优化投资发展软环境，自2003年4月起，示范区各级党政机关、执法部门、窗口服务单位全面推行服务承诺制。承诺单位根据各自职能，分别从服务项目、服务内容、服务标准、收费依据、收费标准、承诺责任人、投诉电话、违诺处理措施8个方面形成服务承诺书，依其履行各项职能。

（二）服务承诺制的实施

杨凌农业高新技术产业示范区所实施的服务承诺制，紧紧抓住承诺——实施——检验——改进4个环节，认真实施，使其环环相扣，形成自身的闭环管理。

1. 承诺环节

首先，层层动员部署，增强提高服务承诺制的自觉性。2003年4月18日，示范区召开全区党政机关、各职能部门、窗口服务单位负责人参加的推行服务承诺动员大会，会议指出，在党政机关、执法窗口等部门推行承诺服务制，是贯彻十六大和省十次党代会精神、改善示范区投资发展软环境的重要举措，全区党政机关、各单位要自加压力，勇于承诺，树立"投资环境是示范区发展的生命线"以及"推行服务承诺制示范区投资环境建设的关键"的理念此后，示范区又以"推行服务承诺制、建设诚信杨凌"为主题，在全区各部门、各单位中广泛开展了"推行服务承诺制，我们怎么办？"的大讨论，增强了广大干部职工推行服务承诺制的自觉性。

其次，拓宽服务范围，各部门认真编制服务承诺书，提供产品式服务。目前，已有101家单位实行服务承诺制，覆盖了示范区各级行政、执法和窗口服务单位，有效地加强了各单位、部门在实施服务承诺制过程中的协调。实行服务承诺制的101家单位结合各自工作职责和要求，把服务项目、服务内容、工作程序、收费标准、办结时限、质量要求、投诉渠道、责任追究等细化、量化，再经上级部门认真核定后编制成各自的服务承诺书。在承诺中，切实做到服务项目、服务内容全面清楚明确，服务程序简化、规范科学，服务效率快捷高效，办事所需资料全面清楚，服务承诺书表述文字精练、明白准确、言简意赅。各单位的服务承诺书汇编成册，免费发放，三年来累计发放8000余册，单行服务承诺书3万余册。各单位还与示范区管委会签订了推行服务承诺的责任书，确定一把手为推行服务承诺制的第一责任人，承担重要领导责任；分管领导具体抓，承担主要领导责任；承办人员具体办理，承担直接责任。从而形成了一级抓一级、层层落实的服务承诺责任体系，切实做到了以诺为鉴、职责明确、高效运转、文明服务。

2．实施环节

加强干部职工思想教育、提高业务水平、畅通投诉渠道、完善投诉处理机制，广泛听取社会各界意见。通过各种形式的教育和培训，使干部职工牢固树立服务意识、法制意识、责任意识和效率意识，使干部职工业务技能熟

服务政府
Service-oriented Government

练,操作规范高效,对待前来办事的群众文明、礼貌、热情。

同时,强化宣传、互动,全面接受社会监督。为进一步落实服务承诺制,使承诺内容人人皆知,实现人人参与监督,示范区管委会采取多种形式对各部门、各单位的服务承诺书进行公开公示。一是各单位的服务承诺书在其服务窗口和醒目位置进行公示。二是通过新闻媒体网络等形式向社会各界公布。三是向示范区大量人大代表、政协委员赠送《服务承诺书汇编》,充分发挥人大代表、政协委员参政议政监督作用。

在全面接受社会监督的同时,还广泛征求市民对于服务承诺制的意见和建议,如在《杨凌时讯》上开辟"群众服务台"专栏;每年不定期地深入科教单位、企业、乡村、社区等开展行风评议千人问卷调查。2005年4月,示范区国税局还组织开展了"进百家企业,访百名人士"活动,针对性地进行宣传,并通过调查问卷的形式征求纳税人对税收执法及服务工作的意见和建议,使其对税收政策、服务承诺、工作流程等有了更加深入的了解,进而实现更好的监督。

3. 检验环节

为了推动服务承诺制深入开展,示范区不定期地对各单位落实服务承诺制情况进行检查,开展服务保障满意度测评,设立奖惩制度,使服务承诺制落到实处。示范区党工委、管委会每年面向以企业为主体的社会各界,对承诺单位进行服务保障满意度测评。将群众的满意率作为对各单位考核的主要依据,向测评对象反馈,并在媒体上公布,双管单位的测评结果还向其上级主管部门反馈。示范区管委会向社会各界公布测评结果,对不满意率超过10%的单位,给予警示;对不满意率超过25%的单位,责成其向社会公开检查。2004年度,中国建设银行杨陵区支行、联通公司杨凌分公司等5家单位不满意率较高,党工委分管领导对其进行了集体谈话诫勉,帮助其查找并分析原因。

4. 改进环节

主要是针对一些热点、难点问题，认真分析，并制定改进措施，不断创新，在改进中提高。同时，有效地运用测评结果，以使服务承诺制落到实处：(1) 示范区党工委、管委会将测评结果作为年度部门考核的重要依据；(2) 示范区文明委已将测评结果作为文明单位评选以及"创佳评差"竞赛活动评比的重要依据；(3) 对双管单位、金融单位的测评结果向其上级部门进行通报；(4) 责成不满意率超过25%的单位公开向社会检查，并提出整改措施。对不满意率超过10%的部门和单位，给予警示。[1] 如，2003年，在区级文明单位创建评比活动中，杨陵区民政局各方面工作都做得比较好，仅是申领结婚证办公室办公地点变更，服务设施落实不到位，检查考核时就直接取消了其创建资格，引起了很大的反响。省级文明单位示范区交警支队、示范区文明单位示范区烟草局在2004年度的满意率不高，与文明单位的荣誉不相符，示范区文明办要求其进行3个月整改。同时示范区还充分发挥舆论的作用，对违诺的单位和相关人员在报刊、电视等新闻媒体上公开曝光。这些措施都推动了服务承诺制的深入开展。

三、服务承诺制的绩效与发展前景

(一) 服务承诺制的绩效

第一，促进了观念的转变及服务型政府理念的树立。

服务型政府要求在重新界定政府角色和定位的基础上，摒弃传统的官僚制式的社会管制型政府理念。树立以人为本的新发展观是建设公共服务型政府的首要。持续快速发展的关键是人的发展，是人的基本素质的提高。80年

---

[1] 中共杨凌示范区工委、杨凌示范区管委会：《关于2004年度服务保障满意度测评结果的通报》，杨字〔2005〕6号。

服务政府
Service-oriented Government

代以来20多年间，我国进行了4次大的改革与转换，但都没有从根本上转变长期以来形成的政府公共行政理念，如公共行政是直接维护政治统治的工具，"行政管理"主体与被管理对象（社会公众）之间的关系不对等。实施服务承诺制，有效地促进了广大政府工作人员克服"官本位"、树立"民本位"的观念。对于我们重新提倡、灌输公仆意识、服务意识，树立以民为本、公众至上的价值观，有着较好的推动作用。

第二，提高了工作效率，增强了政府的公信力。

实施服务承诺制使政府工作部门逐渐由管理型向服务型转变，行为逐步规范，运转过程高效、透明，机关及窗口服务部门的工作作风明显改善。各单位通过公示服务内容、设立群众服务台、强化企业投诉处理等方式，使运行的全过程始终处于透明状态，便于社会进行监督，实现了良性互动。

程序化、简洁化的违诺处理方式也增强了政府的公信力。杨凌农业高新技术产业示范区通过设立企业投诉中心、充实干部队伍、公布投诉电话、设立投诉信箱等，进一步增强了违诺处理的程序化和规范化，简化了投诉程序。所有的投诉示范区都安排专人进行跟踪办理，并对处理过程中的资料设专卷保存，社会各界有据可查。近年来，企业投诉结案率达96%以上。2004年5月4日，示范区邮政局接到群众投诉积压邮件的问题后，局领导高度重视，经实地查看，发现问题属实，于是一方面及时向用户登门致歉并赔偿损失，另一方面查漏补缺，增加投递渠道，并对责任人进行了处罚，群众投诉的问题得到很快的解决。

第三，维护了社会稳定，促进了社会发展，有效地改善社会环境。

首先，进一步优化和改善投资环境，促进经济发展。推行服务承诺制，有效地提高了各部门和单位的依法行政水平，乱罚款、乱收费、乱摊派等损害企业和群众利益的不良行为大大减少，"门难进、脸难看、话难听、事难办"的问题也得到有效治理。从而形成了人人爱护投资环境、处处维护投资环境的良好氛围，使投资环境得到进一步优化和改善。近年来，杨凌农业高新技术产业示范区企业投诉数量逐年明显下降，2004年比2003年下降了160%，共受理企业投诉15件，全部办结，入区企业对企业环境的满意率达到96%。[1] 示范区投资环境的改善引来的大批客商，招商引资项目连年递增。工业园区入区企业由2003年的20家增加到目前的30家，引资额从2003年的6.68亿元增加到目前的10.3亿元。目前入区企业达到804家。2003年杨凌示范区全年完成国内生产总值9.28亿元，比上年增长25.58%；2004年全年完成国内生产总值11.55亿元，比上年增长22.8%。[2] 其次，治安环境得到明显改善。至2004年11月底，共立刑事案件294起，同比下降了31.3%；治安案件334起，同比下降了52.99%。[3] 在全省11个市区的社会治安满意率调查排序中，杨凌以92.57%的治安满意率排在首位。

第四，群众满意度及参与建设诚信政府的积极性大为提高，增强了民主意识。

通过实施服务承诺制，服务型政府的建设步伐大大加快，这使得群众对政府的满意率大大提高，随之，群众参与建设诚信政府的积极性也大为提高，形成了良性互动、持续改进的局面。服务承诺满意度测评结果的公正公开、科学合理，增强了各部门、各单位改进工作的自觉性和认同感。测评活动收到的意见的建议，又为政府部门持续改进工作提供了参考依据，调动了基层单位的工作积极性，为群众参与政府管理搭建了平台，群众参与政府管理的积极性显著提高。2005年7月，杨陵区抽调人员，深入科教单位、企业、乡村、社区等开展行风评议千人问卷调查。统计结果显示，群众对政府总体满意率达96.3%，对政府服务环境、社会治安环境、卫生环境满意率分别为98.5%、94.6%和96.6%，满意率平均提高了约13%。

---

1. 中共杨凌示范区工委、杨凌示范区管委会：《关于二〇〇四年工作总结的报告》，杨字〔2005〕3号。
2. 中共杨凌示范区工委、杨凌示范区管委会：《关于二〇〇三年工作总结的报告》，杨字〔2004〕2号。
3. 杨凌示范区公安局：《关于二〇〇四年工作总结的报告》，杨公字〔2004〕229号。

服务政府
Service-oriented Government

(二) 服务承诺制的发展前景

构建服务型政府是我国公共行政改革和政府机构改革的重要取向。在未来的日子里，服务承诺制作为推进全面质量管理、打造服务型政府的重要途径，必将发挥越来越重要的作用，原因在于：

1. 逐步完善和深化的实施原则为服务承诺制的开展提供了动力

服务承诺制坚持政务公开、透明的原则，坚持便民、利民的原则，坚持企业和群众满意的原则，坚持服务规范和工作高效的原则，坚持方便企业、群众监督的原则，坚持违诺责任追究的原则。这些原则为各单位实施服务承诺制提供了动力支持。杨凌示范区电力局在推行服务承诺制之后，筹资添置抢修抢险车辆3台，巡回城区便民服务，一改过去"不叫不到，叫了迟到"的作风，得到了群众的好评。区招商局推行"一站区办公"、"一条龙服务"，并坚持24小时值班，入区企业办理各种手续时间大大缩短。

2. 领导者的有力推动，为服务承诺制进一步发展拓展了空间

当服务型政府建设成为政府机构改革的主要取向，越来越多的领导者意识到了服务承诺制在构建服务型政府中的重要作用。2003年4月18日，杨凌农业高新技术产业示范区召开全区党政机关、各职能部门、窗口服务单位负责人参加的推行服务承诺动员大会，示范区党工委书记张光强同志亲自做动员讲话，要求全体工作人员都要树立"投资环境是示范区发展的生命线"以及"推行服务承诺制示范区投资环境建设的关键"的理念。会议宣读了示范区党工委、管委会下发的《关于在全区党政机关、执法部门推行服务承诺制的决定》。《决定》指出，在党政机关、执法窗口等部门推行承诺服务制，是贯彻十六大和省十次党代会精神、改善示范区投资发展软环境的重要举措，

因此，全区党政机关、各单位要自加压力，勇于承诺，要规范工作程序，细化服务项目，明确质量要求，把推行承诺同依法行政结合起来。[1] 此次会议，有43家单位首次签订了服务承诺书，为全面推行落实服务承诺制奠定了基础。

3. 完备而有效的制度机制是服务承诺制深入开展的制度保障，它可以弥补由于政府领导人的变动而带来的政策变化

经过近年来的发展，各地的服务承诺制已逐渐摸索出一套行之有效的制度机制，其中杨凌的制度机制已渐趋完备：（1）投诉机制健全。杨凌示范区、杨陵区两级政府分别成立了企业投诉中心，制定了《企业投诉及处理暂行办法》、《杨陵区行政效能监察投诉办法》等相关法规，建立了管委会领导阅批企业投诉件制度和定期征求企业意见制度。通过召开座谈会、发放征求意见表、走访、电话联系等方式，每月定期征求企业意见和建议。对于承诺制执行中群众有举报、社会有反映的问题，采取多种形式进行警示提醒、及时解决并通报处理结果。2005年5月，在入区企业座谈会上，杨凌本香农业产业集团有限公司反映其公司电话及宽带都经常出故障。经投诉中心督办，电信部门高度重视，几天内派专人检修线路，并就近重新架设了一条网络电缆，电话网络很快畅通了。又如杨凌天工实业有限公司投诉自来水公司和宝鸡峡管理局双重收取其污水排污费。（2）监督机制完备。示范区各部门、单位自愿承诺与社会监督实现良性互动，体现了自律与他律相结合的原则。示范区制定了一系列的监督机制，主要包括群众监督、人大依法监督、政协民主监督、示范区监察局考核落实办公室专门监督、各分管领导直接监督、组织人事部门管理监督等。（3）追究制度严格。为真正做到"有诺必践，违诺必

---

[1]. 中共杨凌示范区工委、杨凌示范区管委会：《关于在全区党政机关、执法部门、窗口服务单位推行服务承诺制的决定》，杨发〔2003〕18号。

服务政府
Service-oriented Government

究",示范区制定了一系列制度来解决违诺必究问题。如杨陵区除建立《杨陵区精神文明建设量化考核暂行办法》等考核奖惩制度之外,还先后出台了《行政机关工作人员行政过错责任追究办法》、《破坏投资环境行为责任追究的暂行办法》,明确了违诺行为的处理办法。一方面,对监督检查中发现的行政不作为、执法管理不力、服务承诺不兑现、办事效率低下等问题责令纠错。另一方面,对严重违反承诺制的人和事严肃查处。(4)评估制度科学。任何一项制度的实施都需要有一套科学、有效的评估体系。为了检查服务承诺制的落实情况,充分发挥广大人民群众参与建设诚信政府的积极性,示范区管委会设计了服务保障满意度测评这一个评估制度。服务对象对服务主体的动态监督,不但注重服务对象的平时感受,更要求承诺主体要强化日常管理,从细节、小事做起,时时、事事、处处不能懈怠。除以上4项制度外,服务承诺制还与首问责任制、限时办结制、责任追究制等8项制度一起形成一整套制度体系,体现了政府说话算数、行为规范、反映灵活、执政为民的特点。

4. 公民参与意识的不断提高,使服务承诺制有了现实的群众基础

公正公开、科学合理、"有诺必践,违诺必究"的服务承诺制,增强了各部门、各单位改进工作的自觉性和认同感,为群众参与政府管理搭建了平台。群众参与政府管理的积极性显著提高。如示范区管委会在《杨凌时讯》上开辟的"群众服务台"服专栏,先后收到群众的意见和建议170多条,回复率达到了95%以上,有效落实率达到92%以上。在连续三年的服务承诺制满意度测评活动中,共收到社会各界的意见和建议700多条,促进了政府各部门自身的完善。这些问题经归纳分类后,及时反馈给了相关部门,并迅速得到解决。对由于客观原因不能及时解决的问题,相关部门均提出了工作计划,并向群众作了回复。这些措施极大地调动了群众参与实施服务承诺制、建设诚信政府的积极性。

四、服务承诺制发展中需进一步重视的问题

以杨凌农业高新技术产业示范区为代表的服务承诺制已逐渐解决了以往各地实施服务承诺制过程中所存在问题，提高了各部门的积极性，拓宽了服务承诺制的覆盖面，从而加强了实施过程中各部门的协调和配合；全面加强了社会各界的监督，并充分调动了群众与各部门、单位的互动；建立了投诉、监督、追究、评估等一系列制度，保障了服务承诺制有效、深入、持续的开展。但作为建设服务型政府的一项探索，在以后的发展中还需要重视以下一些问题：

首先，要进一步探讨服务保障满意度测评结果如何与各部门考核合理地结合在一起。由于各部门、单位的职能职责和工作性质不同，满意度测评的结果在年度考核中所占的权重也应该区别对待，不能一刀切。在服务承诺制实施过程中，杨凌示范区管委会逐渐认识到了这个问题，2005 年示范区管委会下发《杨凌示范区党工委管委会工作考核暂行办法》，确定了服务保障满意度测评结果在各部门、单位年度考核中所占的权重，如在管委会办公室、发展计划局、规划建设土地局、财政局、政法委、公安局等单位占 15%，在科教发展局监察室、外事旅游局中占 10%，而在招商局、展览局、创业服务中心、科技信息中心、驻京联络处的年度考核中则不包括服务保障满意度测评这一项。[1] 今后，仍然不能忽视对满意度测评结果如何进一步科学、合理的运用的探索。

其次，要进一步科学地确定服务保障满意度测评人员构成。由于测评人员的年龄、职业、文化背景等存在差异，测评问卷发放的数量和内容也应有

---

1. 中共杨凌示范区工委办公室、杨凌示范区管委会办公室：《关于印发〈杨凌示范区党工委管委会工作考核暂行办法〉的通知》，杨办发〔2005〕36 号。

所区分。尽量避免测评人员非相对的利益相关者,对于所评单位缺乏必要的接触和了解。可喜的是,示范区管委会文明办在测评过程中逐渐认识到了这个问题,努力使测评工作科学化。2004年,共发放测评表651份,并分别设A、B、C、D四种表。其中,向党政机关、执法部门、窗口服务单位发放A表,共201份;向企业发放B表,共242份;向科教人员、人大代表、政协委员、劳模、个体工商户、出租车司机、小区居民发放C、D表,共208份。在以后的发展中,还应该进一步地探索,使测评人员的构成更加科学化、合理化。

第三,在推行服务承诺制过程中,要注意做好各部门、单位之间的协调配合。在服务承诺制的实施中,各部门之间是一个完整的运转体系,许多行为需要多个环节运转完成,任何环节运转不畅,都将会影响服务承诺制的全面兑现。

第四,要处理好小服务和大服务的关系。[1] 小服务是指对个体而言,你为他做好一项工作,落实服务承诺制;大服务是指当一个具体单位或个人产生违法行为时,对它依法实施行政处罚,维护了大多数人的利益,这同样也是在落实服务承诺制,是一种大服务。我们要避免片面强调服务而忽视严格执法。

(原载俞可平主编:《中国地方政府创新案例研究报告(2005—2006)》,北京:北京大学出版社2007年版)

---

[1]. 2005年11月29日,杨凌工商局局长刘勇信在"服务承诺制项目执行者座谈会"上的发言:《落实服务承诺制的体会与思考》。

创新政府履行方式，构建新型居家养老服务体系
——宁波市海曙区的案例研究

吴玉霞
（宁波工程学院人事处）

老龄社会的到来是21世纪中国的重要国情，提供相应的养老服务是解决民生问题和构建和谐社会的迫切需要。改革开放30年来，随着经济和社会的发展，我国的人口结构和家庭养老功能也发生了深刻的变化，成本低廉、不脱离家庭亲情、以社区为依托的居家养老成为破解中国人口老龄化难题的主流养老模式，广受社会各界关注。

自2004年3月以来，宁波市海曙区在所辖社区内推行了政府为高龄、独居的困难老人购买居家养老服务的政策。该政策坚持"政府扶持、非营利组织运作、社会参与"的原则，试图通过社会力量动员和政府与社区及NPO的合作方式，建立一种新型的社会化养老服务体系，具有重要的创新意义。通过约4年的运行，该政策取得了重要的成效。2008年1月，"宁波市海曙区政府购买居家养老服务"获得第四届"中国地方政府创新奖"优胜奖，成为地方政府履行社会管理和公共服务职能创新的典范，其经验不断在全国其他地区推广。

一、背景与动因

海曙区是宁波市的中心城区，老年人5.4万，占人口总数的17%，其中空巢独居老人占老人总数的47.9%。老年人口的快速增长，带来了一系列的社会问题。对此，海曙区政府于2004年3月出台政策，试行为高龄、独居的困难老人购买居家养老服务。2004年9月开始，这一政策在全区65个社区中全面推行。主要内容是，由海曙区政府出资，向非营利组织——星光敬老协会购买居家养老服务，社区落实居家养老服务员，每天上门为辖区内600余名老人服务。服务员的主要来源是社区中的就业困难人员，服务内容包括生活照料、医疗康复、精神慰藉等。创立居家养老义工招募中心，动员社会力量参与为老服务。与此同时，海曙区搭建平台使老年人"走出去"，走出家门获得服务，创办了18家街道、社区"日托中心"，成立了432家以老年人为主体的社区民间组织，使得3.17万老人不用离开社区就能享受到养老服务。

宁波市海曙区政府构建这种新型的居家养老服务服务体系，有着广泛的社会经济背景。

（一）人口老龄化不断加快

老龄问题是公认的世界性的重大社会问题。我国是世界上唯一的老年人口超过1亿人的国家，不仅老年人口规模庞大，发展迅速，高龄人口增长快，而且是典型的"未富先老"[1]。我国现行的养老保障体系、医疗保障体系、养

---

[1] 中国已于1999年进入老龄化社会，是较早进入老龄社会的发展中国家之一。西方国家进入老龄化社会时，人均国民生产总值已达4000美元，而我国却以人均国民生产总值800美元的水平来迎接老龄化社会的到来，故称之为"未富先老"。

老服务体系、社会管理体制尚不能适应人口老龄化的要求,全社会对老龄问题的严重性和紧迫性还没有形成广泛的共识和引起足够的重视。[1]

浙江省的老龄化水平超过全国平均值。2006 年,浙江省老龄委首次以白皮书形式发布《浙江省人口老龄化发展趋势》,敲响警钟:按现行生育政策,到 2044 年,老年人口将达到最高峰 2100 多万,占总人口的 41% 左右,这意味着,每 3 个劳动年龄人口就要负担 2 个老年人。

宁波市人口老龄化程度高于浙江省平均水平。海曙区是宁波的中心城区,空巢老人 2.6 万人,占老人总数的 47.9%。海曙区的老龄化的发展速度非常迅猛,从 2000 年到 2006 年,老年人占总人口的比例上升了 70%。

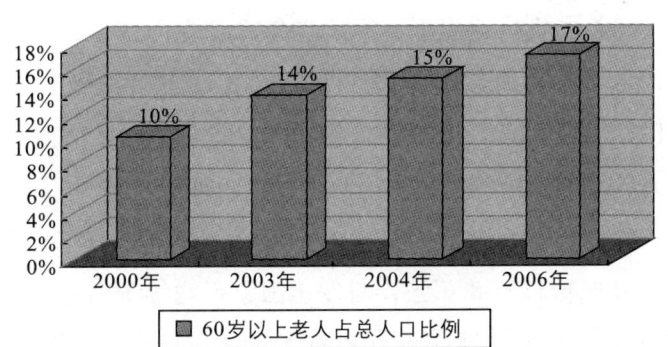

图 1　海曙区人口老龄化发展趋势图

数据来源:宁波市海曙区政府

据预测,到 2010 年,宁波市 65 岁以上户籍老年人口将达到 64.1 万人,80 岁以上的高龄户籍老年人口亦将达到 12.9 万人。社会养老问题将越来越严重,对社会养老设施和服务的需求将迅速上升。

---

1. 全国老龄委:《中国人口老龄化发展趋势预测研究报告》,2006 年。

（二）居家养老成为主流养老模式

在现代化因素的影响下，传统的"家庭养老"正经历一场前所未有的变革，变革之一是家庭养老的内容和形式出现了分离，"在家养老"不一定就是"家庭养老"。变革之二是家庭养老的功能出现弱化，弱化的原因有：子女数的减少；代际居住方式的变化，即从过去的共居转向分居，"空巢"家庭增多；变革之三是养老功能出现转移，即从家庭转向社会。这就是家庭养老的社会化和现代化问题。[1]

为解决一些自理困难老人的生活照料问题，政府过去习惯于将大量老年福利资金投入到养老机构建设上，鼓励老年人到专门养老机构接受服务，这种养老方式称为"机构养老"。养老机构建设往往占用的资金多，服务面小，成本高。机构养老存在诸多局限性，例如养老设施不足、本身结构性矛盾突出，入住老人容易产生精神抑郁、孤寂落寞等心理疾患等。

全国共有各类老年社会福利机构3.8万个，养老床位120.5万张，平均每千名老人占有床位仅有8.6张，与发达国家平均每千名老人占有养老床位数50—70张的水平相差甚远。[2] 浙江省有老年社会福利机构1452所，床位数8.24万张，入住的老年人5.97万，平均每千名老年人已拥有12.9张床位。海曙区仅有养老机构8家，可提供床位仅1000余张。

在微观层面上，多数老人不愿意入住养老机构，多项调查显示，只有2%—3%的老人愿意入住养老机构，实际上，就是这些老人当中，还有人是出于体谅子女的负担。大多数老人一般是在生活不能自理了，而且需要长期医疗帮助的情况下，才会真正下决心住到养老机构中去。[3]

---

1. 穆光宗：《中国传统养老方式的变革和展望》，载《中国人民大学学报》，2000年第5期，第39—44页。
2. 全国老龄委：《中国人口老龄化发展趋势预测研究报告》，2006年。
3. 林娜：《社区化居家养老论略》，载《中共福建省委党校学报》，2004年第10期，第32页。

居家养老是老年人在家中居住，并由社会提供养老服务的一种方式，既区别于机构养老，也有别于传统的家庭养老，它是以家庭为核心，以社区为依托，以老年人生活照料、医疗康复、精神慰藉为主要内容，以上门服务和社区日托为主要形式，是把家庭养老与社会养老结合起来的一种新型的养老模式。

居家养老符合我国"未富先老"的老龄社会特点，满足了老年人长期的生活和心理习惯。绝大多数国家的政府都制订相应的政策和采取相应的措施，鼓励老人居家养老。[1] 随着城市老龄化趋势的加剧，居家养老越来越成为我国主流养老模式。全国老龄委也提倡建立起"以居家养老为基础、以社区服务为依托、以机构养老为补充"的养老体系。

（三）政府购买服务的兴起

从社会福利的角度来看，"政府购买服务"是社会福利体系中帮助弱势人群的服务方式。政府首先向社会公布社会福利服务的预算，并公布政府购买服务的价格、服务的数量和与服务要求相关的各项质量指标。那些从事社会公共服务的非营利组织、社会服务组织，如：儿童活动中心、养老院、儿童福利院、康复中心和社区综合服务机构所属的社会福利服务组织，将通过投标的方式，在中标之后拿到政府购买服务的拨款，并按照政府的要求完成服务。[2]

"政府购买服务"产生于第二次世界大战以前。20世纪70年代末以来，西方国家的福利国家制度受到巨大挑战，政府社会服务方面的开支日益庞大，不堪重负，政府机构从事社会服务效率低下，在这个背景下，"政府购买服务"的方式得到了蓬勃发展。[3]

面临上述变革和挑战，政府必须在社会发展中扮演关键角色，特别是地

---

1. 李元旭：《论我国转轨时期的代际契约与养老模式的变革》，载《学术月刊》，2001年第5期，第37—42页。
2. 田玉荣：《社会福利制度中的"政府购买服务"》，载《社区》，2005年第7期，第1页。
3. 卡佳：《"购买服务"，政府的钱不好花》，载《社区》，2005年第9期，第28页。

方政府必须重点履行社会管理和公共服务职能，承担起为弱势群体提供服务的责任。对于"未富先老"的中国社会，探索一种成本低廉、不脱离家庭亲情、以社区为依托的居家养老方式，是政府职能转变的迫切需要。

随着我国老龄化的加速发展，符合中国国情的居家养老模式逐步成为各地的共识。就城市政府购买居家养老服务而言，当前在我国走在前面的主要有宁波市、杭州市、北京市西城区、上海市、天津市和平区、大连市沙河口区、青岛市、南京市等城市和城区。2004年以来，政府购买居家养老服务的创新举措，已经从少数的几个城市迅速扩大到全国各地。

在政府购买服务的具体运行机制上，如何吸引更多的社会资源参与养老工作，也是改革政府职能履行方式的迫切需要。从职能上讲，政府应该提供养老服务，但政府提供养老服务是需要成本的，存在着一个质量和效率问题。正是提供高效率、高质量养老服务的目标，推动海曙区政府不是大包大揽、直接提供服务，而是寻求与非营利组织和社区之间进行合作。而且，仅靠政府购买服务仍然不能满足多数老人的养老需求，这就推动政府以敬老协会为中介，开展社会动员，发动更多的社会力量参与提供居家养老服务。

二、政策过程与创新点

（一）政策酝酿与出台

海曙区政府面对城市人口老龄化的发展，多年来一直采用机构养老的方式，将大量的老年福利资金投入到修建养老院等养老机构的建设上，但运作了多年，发现这一单一的养老方式难以满足老年人的需求。[1] 往往最需要养老

---

1. 许义平：《积极探索社会化居家养老新路子，提高政府公共服务水平》，载《宁波通讯》，2005年第2期，第22—23页。

服务的高龄、独居老人，却无力（养老机构没有足够的床位、老人没有足够的养老金）到养老机构中去养老。

应对新的形势，探索一条既坚持居家养老又保证老年人生活质量的服务机制已刻不容缓。大力开展和完善社区居家养老服务，无疑是目前破解这个难题的最经济、最可行的途径之一。但如何实施，却是一个全新的课题，可借鉴的现成经验较少。2004年以前，全国也只有上海、大连等少数几个地方开展了社区居家养老服务工作的摸索和试点。

海曙区从2004年3月份起，选取了17个社区开展社会化居家养老服务工作试点。试点仅仅开展几个月，就广受社会尤其是老年人的欢迎。

为研究和探索居家养老这一新型的养老方式，2004年8月至9月，市老龄办对海曙区的17个试点社区进行了一次居家养老困难家庭状况统计和抽样调查[1]，实地调研了其中5个社区。所调查的17个试点社区总人口为10.9万人，其中，60周岁以上老年人口为1.44万人，大部分是老年人口比例超过13%的城中老社区，也是宁波市城区居家养老比较集中的典型社区。

调查结果发现：（1）60%以上的老年人不与子女生活在一起，且独居老人中高龄老人占70%；（2）六分之一的居家老人需要生活照料，独居老人需求比例最高；（3）医疗护理和生活料理是老年人最需要的服务，但精神慰藉也不容忽视；（4）近七成老人有自费购买服务意识；（4）需要照料的老年人家庭中，近三分之一为经济困难户。

2004年5月12日，宁波市海曙区政府办公室颁发了海政办〔2004〕第29号文件：《关于海曙区社会化居家养老工作的指导性意见》，提出按照"政府扶持、非营利组织运作、社会参与"的工作思路，建立新型的社会化居家养老服务体系，为老年人提供全方位的服务，全面提高老年人的生活质量。

---

1. 左建一、周兆骏：《宁波城区居家养老服务的现状及思考》，http://gtog.ningbo.gov.cn/art/2005/06/29/art_11618_232843.html，2005年6月。

其中，在服务方式的第三条提出："对家庭经济困难生活不能自理或半自理，家属又无能力照顾，需要提供生活服务的老年人，由政府通过购买服务的方式解决其生活困难问题"。

（二）政策内容

海曙区居家养老服务体系有区、街道、社区三个层次：首先，海曙区成立社会化居家养老服务中心，建立以分管副区长为组长的居家养老工作领导小组，指导协调全区工作，整合居家养老服务资源，提供经费保障。其次，各街道成立社会化居家养老服务中心分部，建立相应领导小组，协调各社区实施居家养老服务工作。第三，各社区成立居家养老服务小组，摸清社区内老人和就业困难人员的情况，开展助老结对活动。

从2005年3月起，海曙区决定在全区65个社区中全面推行"政府购买服务"，辖区内高龄、独居的困难老人经过审核过才能享受到这一上门服务。目前，已经确定可享受这一服务的老人达600余名。由政府出资，社区落实居家养老服务员，服务员每天上门服务1小时。

"政府购买服务"的政策内容可以概括为以下几点：

（1）谁购买服务：海曙区政府，通过政府年度财政预算，每年花150万元，购买居家养老的服务。政府每个老人每年拨款2000元，从2007年8月开始，海曙区政府增加预算，每人每年的购买预算提高到2400元。

（2）向谁购买服务：非营利组织——海曙区星光敬老协会。

（3）谁提供服务：各社区的下岗、失业、困难人员。这些人员由各社区上报到敬老协会，经敬老协会培训后，方可上门服务。最初服务员每小时的报酬是5.5元，后来根据劳动部门的新规定已上调至每小时5.7元。目前，服务员报酬参考本地区非全日制工作最低工资标准确定，从2007年9月开始提高到7.2元。

（4）谁享受服务：海曙区内，高龄、独居、困难的老人（包括残疾人）。

（5）谁落实服务：由社区落实，各社区根据本社区的老人情况和居家养老服务员的情况，进行结对服务。

（6）谁监督服务：海曙区星光敬老协会、社区居委会、社区义工组织。

（7）服务内容：生活照料（日常护理或者特殊护理）、医疗康复（包括陪同到医院看病、治疗、配药等）、精神慰藉（每天和老人交流，发现老人的需求，排除老人的孤独感）。

（8）服务方式：上门结对服务。

（9）服务时间：政府购买服务的时间是每位老人每天一小时。不够的部分需要发动义工上门服务、企业捐助服务或老人自己购买服务。[1]

除了"购买服务"走进老人的家中服务，海曙区政府还积极搭建平台引导老人走出家门，走到社区去享受服务。从2005年起，海曙区建立起了18家"居家养老服务中心"（也称为"日托中心"）。居家养老服务中心的建设都是由街道投入场地和设施，市、区给予适当补助，一般市政府补助新建的服务中心3万元，再补助每年1万元的日常运作经费。区级政府根据居家养老服务中心运作情况也每年予以适当的补助。

居家养老服务中心的设定建立在符合区域实际需求的基础上，也分区、街道、社区三个层次。社区居家养老服务中心主要建立在那些老年人相对集中的社区，满足社区内老年人一般性的居家养老服务需求，如送餐、娱乐文体、医疗保健等。社区居家养老服务中心一般由社区专职社工管理，也有一些是社区民间组织（如老年协会、老年自管小组等）来管理，一般配备有公益性岗位服务人员1—4名。街道居家养老服务中心用于满足几个紧邻社区老人的需求，防止这些社区单独建立居家养老服务中心可能出现的需求不足和

---

1. 海曙区政府办公室：《关于海曙区社会化居家养老服务工作的指导性意见》，海政办〔2004〕第29号文件，2004年5月12日。

服务政府
Service-oriented Government

资源浪费。街道居家养老服务中心不仅可以提供更加完善的服务，同时还对下辖社区服务进行协调和指导，并根据区域的资源优势开发特色服务。街道居家养老服务中心一般都是挂靠在街道老年协会，属于街道老年协会的分支机构，配备有专职社工管理及公益性岗位服务。区级居家养老服务中心则主要承担特殊困难老人的托养服务，培训服务人员，以及对全区各街道间的供需矛盾进行调剂和指导。

宁波市海曙区星光敬老协会于2003年6月成立，是自愿结成的、从事为老龄人群服务的地方性群众团体，属非营利性社会组织。依照《社会团体登记管理条例》规定，经核准注册登记，具有法人资格。协会设会长1名；副会长1名；秘书长1名；常务理事10人；理事64名（由现任各社区主要负责人组成）；干事169名（由社区推荐的老年骨干组成）；协会共有会员908名。

2004年，海曙区开始社会化居家养老的全新探索，星光敬老协会受区政府委托，开始运作居家养老公益项目，承担起审定服务对象、培训服务人员、确定服务内容、监督服务质量等职能。

作为居家养老服务的运作单位，海曙区星光敬老协会不断扩展居家养老服务的边界、深化服务的内容。为了满足24小时托老护理需求，2006年成立了全天候专业护理机构——居家养老照护院。为了动员社会参与，弥补政府购买1小时服务的不足，2007年还成立了全国首家区级"义工招募服务中心"。

在海曙区社会化居家养老体系中，敬老协会是个中心环节，是连接政府与社会的纽带。协会利用自身的优势，发挥其社会联系的广泛性作用，与社区实现联动，运作政府为全区高龄、独居、困难老人购买服务活动，大胆探索养老服务队伍建设的新路，引导老年人个人购买服务，开辟发展老年产业的有效途径，最大限度整合社会养老资源，达到社会广泛参与的目的。

(三) 政策运作机制

海曙区居家养老服务体系有一套特有的运作机制,即"政府扶持、非营利组织运作、社会参与"。

区政府将购买服务的开支列入年度财政预算;星光敬老协会负责项目运作,承担审定服务对象、确定服务内容、培训服务人员、检查和监督服务质量等工作。"社会参与"指以敬老协会为平台,依托社区,整合和利用社会资源,积极推行个人购买服务、企业认购服务以及社会认养服务等,同时积极开展社会动员,依托居家养老义工招募中心,实施"义工银行"制度,扩大和完善义工队伍。

(1) 政府扶持

在这种新型的社会化居家养老服务体系中,政府是规划者和政策制定者,政府扶持是决定性因素,海曙区委和区政府每年的《政府工作报告》都把居家养老工作作为一项重要工作来部署。

海曙区居家养老工作领导小组作为政府的领导机构,主要职责是完善海曙区、街道、社区三级居家养老服务体系。领导小组组长是分管养老工作的副区长,一位副组长是海曙区民政局局长,另一位副组长是非营利组织——海曙区星光敬老协会的会长。在许多其他城市,这样的政府领导机构,成员只限于政府官员,而在海曙区,非营利组织的领导者也可以参与制定政策。

海曙区政府购买居家养老服务的资金列入了政府财政预算,每年150万元(随着社会经济的发展而增长)。年度财政预算的长效机制保障了这一政策的持久性。

政府的主导作用还表现对星光敬老协会的扶持上,每年财政预算用于支持其运作和开展社会动员工作。另外,政府还投资硬件设施建设,帮助其开展老年的专业照护工作和老年大学的研究工作。

服务政府
Service-oriented Government

政府投资建设区、街道、社区的居家养老服务中心，每年还要补贴一定的运作经费。

（2）非营利组织运作

这里的非营利组织是指海曙区星光敬老协会，它不同于一般的老年协会，是在国内较少的开展养老服务工作的非营利组织。

海曙区将居家养老公益项目委托给海曙区星光敬老协会运作，敬老协会下属分支机构居家养老服务社具体承担了购买服务的运作工作，这些工作包括：

——审定需要提供居家养老服务的对象。海曙区政府制定政策时，确定服务对象应该是"高龄、独居的困难老人"，这三个方面缺一不可。但是在实际操作中发现，有的社区没有上门去实地摸查情况，只是把已有的往年数据提交给敬老协会，这样的信息就不能保证政府的钱花在最需要花的地方。为此，敬老协会经过逐户上门审核、摸查情况，最后确定近600名高龄、独居、困难老人能够获得政府为其购买的服务，为政府的政策增加了公信力。

——确定居家养老的服务内容。服务的内容包括生活照料、医疗康复、精神慰藉，每一个老人的具体服务内容由服务员和老人根据需要来确定。敬老协会将居家养老服务定位为"关爱、真诚、沟通、服务"。其中，"关爱老人"是出发点，实施"优质服务"是落脚点，"真诚、沟通"是关联点也是核心。

——对居家养老的服务质量进行检查和监督。居家养老服务社每天都有2名工作人员深入各社区，到老人家中对服务员的服务质量进行追踪，听取老人的意见，以保证服务质量。服务员每天要将服务的内容记录到"服务手册"中，老人还要认可评定。

——培训居家养老服务员和结对上门服务的志愿者。服务员是依托社区确定的，是一些下岗、失业的困难人员。人员均须经过培训，取得上岗证后才能上岗。敬老协会专门组织培训5天，培训内容包括：思想道德教育、基础知识（老年人生理、心理特点等）、基本技能（老年常见病的发现、护理等)、宁波地方习俗及方言、家政服务等方面内容。敬老协会特别强调服务员要掌握老人的心理规律，建立起亲情服务理念。

政府购买居家养老服务的经费，在政府预算拨给敬老协会之后，敬老协会依托于社区来组织运作，敬老协会每两个月一次，提前把居家养老服务员的工资划拨到社区，在服务员给老人服务后，每月到社区领取工资。敬老协会每天深入社区检查、监督服务情况，如果发现服务没有到位，下一次再拨经费的时候，敬老协会从经费中扣除相应的部分。

对于老人反映好的服务员，敬老协会组织评选出"十佳居家养老服务员"，给予精神上和物质上的奖励。[1]

海曙区星光敬老协会崔德海会长在作者访谈时说："这种运作机制，就解决了钱和服务双重的监督问题，这样老人高兴、社区高兴、政府也高兴，何乐而不为？"

(3) 社会参与

社会参与主要指围绕居家养老工作，有效地整合各种社会资源。充分挖掘、整合和利用社区现有资源，不仅可大大节省政府的支出，而且可以提高社区资源的利用率。

发动社会参与，包括利用老年人资源，建立起居家养老义工服务模式。联合国的一项调查指出："老龄社会最大的潜力（人力资源）就寓于老年人本身。"敬老协会的志愿者、义工和老年问题的研究员基本上是老年人，他们一方面在帮助别人养老，另一方面，他们通过帮助别人实现自我养老，这是一个理念问题。[2] 2005 年 3 月 7 日，海曙区的义工开始上门为老人服务。通过敬老协会这个平台，社区中的低龄老人先报名登记、由星光敬老协会进行培训，培训合格者发给"居家养老义工服务卡"，持卡者方可上岗从事为老服务。

---

1. 宁波市海曙区星光敬老协会：《关于表彰九月至十月居家养老优质服务员的通报》，2004 年 10 月 22 日。
2. 崔德海：《关于对推进社会化居家养老问题的思考》，2004 年。

2007年6月,全国首家区级"居家养老义工招募服务中心"在海曙区成立,义工招募中心作为区敬老协会的分支机构,在协会指导下独立开展工作。义工招募中心是为广大公民提供参与为老服务的载体,它的成立提高了海曙区居家养老的社会化程度。中心向全社会招募义工后进行培训,实行的是区、街道、社区三级网络的互动运作。

截至2008年元月,海曙区有1085名义工获得"居家养老义工服务卡",共为800余位独居、困难老人服务,基本上解决了海曙区全区的所有高龄老人的护理问题,从而也带动了"义工银行"的兴起。从作者的实地调研来看,海曙区各社区实际存在的为老服务义工远远不止1085名,以白云庄社区为例,社区义工组织——"张亚萍阿姨义工队"有成员70余名,其中只有3位在敬老协会登记。

"义工银行"制度是按"服务今天、享受明天"的思路来制定的,敬老协会将义工的服务时间、服务质量存档,当该义工本人有需求时,可提出申请,由协会统一调度其他义工为其提供相应的服务。实行"自愿参加,自由退出"、"通过培训,持卡上岗"、"服务今天,享受明天"的原则。区敬老协会会同社区居委会,在听取服务对象及有关方面意见的基础上,按A、B、C、D四个档次评定其服务质量,逐一记录义工服务时间和服务质量,统一入档。若干年后,当义工本人需要服务时,可提出申请,由协会统一调度其他义工为其提供相应的养老服务。

"义工银行"在我国才刚刚起步,人们的认识还不足或者存在偏差,奉献的意愿还没有得到充分的激发。作为倡导者,敬老协会又提出了"服务今天,享受今天"的口号,通过为义工办集体生日、开展星级义工评选、组织义工集体活动等,尝试通过物质和精神奖励相结合的方式,进一步加强义工队伍建设,推动良性发展。

自2006年8月2日起,敬老协会为义工购买保险,这些义工持卡入户,为独居、困难老人义务服务。险种是"务工人员人身意外伤害综合保险",购买保险的资金由区政府提供。海曙区"义工银行"的经验已推广到全国其他地区。[1]

星光敬老协会在发动义工的基础上,还积极动员企业和个人为老人购买服务。在敬老协会的宣传带动之下,宁波宇达交通集团和东方制衣有限公司两家企业率先分别认购了5万元"居家养老服务券",另有企业和个人紧跟其后,直接与高龄老人结对"认养",即认养一位老人,每月提供给老人200元生活补助金,直到老人去世。敬老协会把企业捐赠的钱直接印成同等金额的"居家养老服务券",进行阳光操作,详细记录每一笔资金的进出,之后将资金的使用情况反馈给赞助的企业。[2]

在这个新型的居家养老服务体系中,社区的各种资源得到了很好的整合:

——整合了社区人力资源。居家养老服务促进了社区老年组织的兴起,低龄老人积极加入到为老服务的行列,用自己的专业特长和爱心为老人提供各种灵活多样的服务。芝红社区居家养老义工队伍成立于2004年10月,现在由11位阿姨组成。以"十佳义工"赵美婷阿姨为例,她退休前是一个医务工作者,近年来,她义务为居家老人提供约10000次的上门测量血压服务,而同一个社区义工服务队的谷玉琴阿姨为社区的老人提供了累计8000次的理发服务。[3] 这样的例子不胜枚举。

——整合了社区公共卫生资源。海曙区是全国首批社区卫生服务示范区,现有24个社区卫生服务站。主要为辖区群众提供融医疗、预防、保健、健康教育、计划生育技术指导"六位一体"的社区卫生服务,为解决部分群众的看病贵的问题,区政府决定在全区推行以低价医疗为内容的社区基本医疗服务,服务的对象包括70岁以上的、有海曙区户籍、没有城镇职工基本医疗服务的老人。优惠的内容包括药品费用按照采购价格收取;医疗服务费用减免

---

1. 海曙区星光敬老协会:《社会经济效益分析报告》,载《星光动态》第27期,2006年3月。
2. 宁波市海曙区星光敬老协会:《居家养老服务社会化探索》,2005年10月。
3. 数据来自星光敬老协会"十佳义工和十佳服务员座谈会",2008年1月29日。

收取，某些医疗服务费用按 60% 的价格收取。[1] 目前，海曙区已经建立起了"10 分钟卫生服务圈"，老人看病到社区卫生服务站，只需要不到 10 分钟的路程，由于老人的疾病多是慢性病，需要长期服药治疗。在家门口看病，大大方便了老人治疗疾病和健康保健，这一便利的社会资源，解决了在居家养老模式下老人的看病难问题。

——整合了社区信息资源。海曙区政府把居家养老和"81890"社区信息服务平台联系起来，针对老年人居家养老可能发生的意外，借助"81890"求助热线，通过"一键通"电话机，保证其一旦发生意外，第一时间会得到应急救助。2005 年，海曙区区委、区政府与电信部门联系，专门为老人开通了 24 小时亲情服务热线，老年人遇到情况后只需要拨通"81890"，服务终端的电脑屏幕上就会出现该老人的姓名、住址、年龄、身体健康状况病史以及子女情况等资料，以便接线员根据实际情况作出反应。2005 年，海曙区政府又定做了一批"一键通"电话机，免费安装到独居、高龄的老人家里。这种电话机的好处除了"一键直达"之外，在特殊情况下，老人即使不说话，只要拿起话筒 8 秒钟，接线员就可以知道老人家发生了紧急情况，从而采取措施。[2]

海曙区政府购买居家养老服务的运作机制可以用下页图来表示：

(4) "两走"的服务方式

海曙区的社会化居家养老服务方式，海曙区政府形象地把它概括为"走进去"和"走出来"的"两走"居家养老模式。[3]

所谓的"走进去"就是对一些高龄、独居的困难老人对象，通过政府购买服务，由专门的服务人员走进老人的住所，提供上门服务。"走进去"服务的各类主体包括：

---

1. 海曙区卫生局：《海曙区社区基本医疗服务手册》，2006 年 2 月。
2. 海曙区民政局：《"81890"为独居、困难老人开通紧急救助热线》，http://www.hsmz.gov.cn/homepage/zhxx_view.php?id=1129183293&category=19：2005 年 3 月。
3. 朱志莹：《海曙"两走"居家养老模式成全国示范》，载《宁波晚报》，2005 年 11 月 4 日，第 1 版。

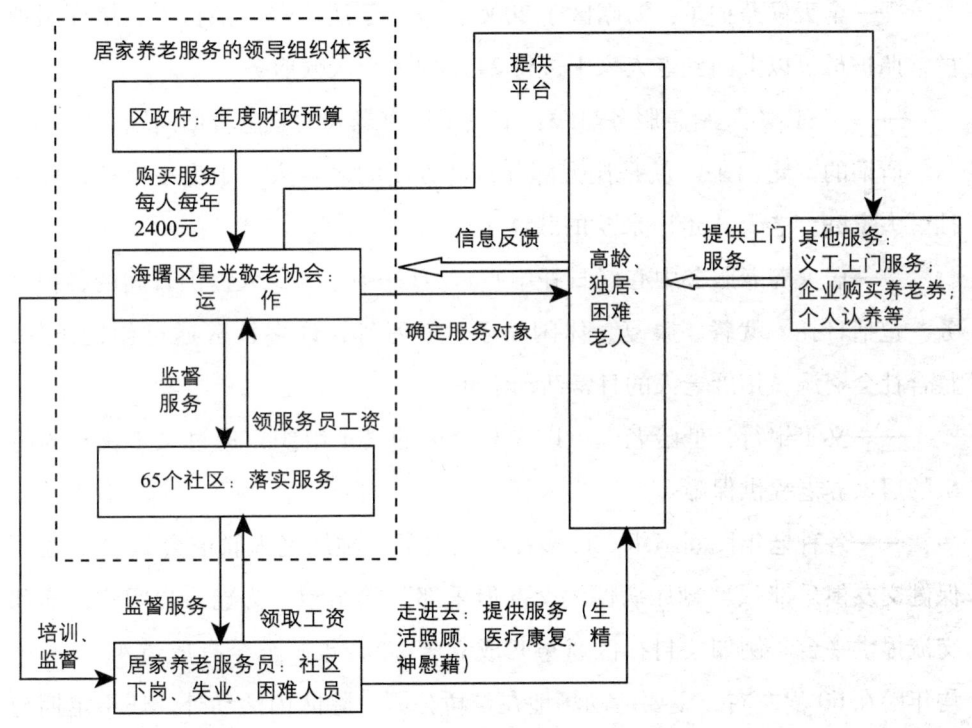

图 2　宁波市海曙区政府购买居家养老服务的组织体系和运行图

资料来源：作者根据收集资料编写

——政府购买居家养老服务：社区居家养老服务员每天一小时的上门服务。

——社区义工上门服务：通过低龄义工走进高龄独居困难老人的家中服务，基本上解决了海曙区全区的所有高龄老人的护理问题。

——老人个人购买服务：从 2005 年 10 月起，海曙区在继政府购买养老服务之后，又在全区范围内推出自费购买养老服务，为广大老年人提供低偿、优质的养老服务。

——企业购买服务和社会认养服务：通过企业购买居家养老服务来弥补政府的资金的不足。

——全天候照护员：海曙区于2006年成立了居家养老照护院，培训照护员，照护员可以上门到老人家中进行24小时的全天候服务。

——"81890"紧急服务热线：解决了居家老人的紧急救助问题。

所谓的"走出来"就是让大部分行动方便的老年人，走出小家庭，融入社区大家庭。老人"走出来"的载体包括：

——居家养老服务中心（日托中心）。日托中心为老人提供日间的各种服务，包括日托、就餐、康复、休闲娱乐、学习等，许多社区通过创造条件，整合社会资源，拓展老人的日常活动空间。

——义工银行：低龄老人可以参与社区的义工组织，通过义工银行为将来的居家养老提供保障。

——各种老年民间组织。许多社区成立了"独居老人联谊会"、"高血压保健交友俱乐部"、"糖尿病保健交友俱乐部"等组织，为老人之间的沟通和交流提供平台。例如天封社区风筝队成立于2005年，至今有成员41名，平均年龄在60岁左右，主要活动场地在琴桥公园。除队内活动外，还不定期与其他风筝队进行交流活动。在2007年4月举行的浙江省"梁祝杯"风筝比赛中，团队共有8名成员参与比赛，一举夺得3枚铜牌。

——社区卫生服务站也提供测量血压等免费的老年医疗服务。

（四）创新点

首先，政府职能履行方式的创新。地方政府必须重点履行社会管理和公共服务职能。对于"未富先老"的中国社会，探索一种成本低廉、不脱离家庭亲情、以社区为依托的居家养老方式，是政府职能转变的迫切需要。海曙区政府并没有大包大揽，而是寻求与公民社会的合作，政府主要扮演居家养老服务的规划者和购买者角色，区政府每年只需支出一二百万元，就能履行传统机构养老需要支出三四千万元才能履行的职能，从而实现了如《南方周末》主题报道所说的那样"用最少的钱做最多的事"[1]。

第二,运作机制的创新。政府应该提供养老服务,但养老服务是需要成本的,在具体运行机制上,仅靠政府购买服务仍然不能满足多数老人的养老需求,迫切需要吸引更多的社会资源参与养老服务。这就推动政府以敬老协会为中介,寻求与非营利组织和社区之间的合作,开展社会动员,发动更多的社会力量参与提供居家养老服务,从中扶持了非营利组织和社区老年民间组织的发展。通过这种机制增加了公共服务的供给渠道,形成了多方位的公共服务参与格局,因而也是一种公共服务体制创新。目前我国已有多个城市推行政府购买居家养老服务,海曙区政府2004年较早地提出依托非营利组织实施管理和服务,并且大胆尝试,取得了成功经验,这既是有别于其他城市的独特之处,也是项目得以健康、持续实施的保证。

第三,整合资源、动员社会方式的创新。依托社区可以整合社区的公共卫生资源,通过"10分钟卫生服务圈"和低价医疗制度为居家老人提供便捷的医疗服务;通过整合"81890"社区信息资源,为老人提供紧急救助服务,社区的服务能力也得到了很大提高。通过创办居家养老义工服务招募中心,实施"义工银行"、义工星级评定、购买义工保险等激励机制,既吸引了广大公民特别是低龄老人的参与,又不断扩大了老人的受益面,提高了服务的质量。

第四,"走进去、走出来"的服务模式创新。通过"走进去、走出来",使"居家养老"中的"家"由传统的小家扩展到社区大家庭,形成了一个政府、中介组织、社区和家庭联动的新型社会化养老服务体系,有望成为破解中国"未富先老"难题的选择之一。

---

1. 徐钟:《用最少的钱做最多的事》,载《南方周末》,2007年7月19日。

三、成效与限度

海曙区新型居家养老服务体系收到了良好的社会效应，我们试图从下面几个方面来探讨政策的积极影响：

（一）减轻财政压力，增加福利总量

从成本效益分析，政府购买居家养老服务的政策减轻了政府的财政压力，提高了服务效率，增加了社会的福利总量，是符合我国国情的现实选择。

根据民政部门的测算，建设一个具有基本养老保障功能的养老机构，其初期的固定投入最小为 5 万元/张；而具有医疗保障设施的中高档养老机构，初期的固定投入最少为 10 万元/张。其日常运作如考虑土地成本、固定资产回收、运作成本及收费情况，每月每张床位政府还需补贴保障 250—350 元，中高档型每张床位需补贴 400—500 元。而政府通过购买居家养老服务，为一些高龄、独居的困难老人提供养老福利，每人每月仅需支付成本 165 元，[1] 建设一个服务中心的花费也只有 10 万元左右。

政府购买居家养老服务，受益的是广大的不能进入养老机构的高龄、独居、困难的老人，政府花的钱远远小于机构养老，换句话说，政府花同样多的钱，就可以使得更多的老人享受到居家养老的社会福利，增加了社会福利的总量。

海曙区新型居家养老服务体系的建立，满足了老人多方面的养老需求：

——政府购买服务满足了高龄、独居的困难老人的需求；

——义工上门服务满足了大量独居、困难老人的需求和高龄、独居的困

---

[1] 许义平：《积极探索社会化居家养老新路子，提高政府公共服务水平》，载《宁波通讯》，2005 年第 2 期，第 22—23 页。

难老人 1 小时服务时间不够的问题；

——企业和个人认购服务解决了上述老人服务时间不够的问题；

——个人购买服务满足了有购买能力的老人的需求；

——日托中心和老年民间组织满足了大部分行动方便老人的需求；

——"81890"求助热线和"一键通"电话机解决了独居老人的紧急救助问题；

——居家养老照护院解决了少数老人临时全天候护理的问题。

政府购买居家养老服务解决了一些社区内下岗、失业和困难人员的就业问题，使这些弱势群体通过自己的劳动得到了政府的帮助。从福利最大化的标准来分析，一个弱势群体在为另一个弱势群体服务的同时，除了增加服务对象的福利，也增加了自身的福利。

（二）体现中国国情，彰显人文关怀

中国是受儒家思想影响、具有悠久文化传统的国家，家庭观念较重。儒家思想主张孝敬亲长、尊重老人。自古以来，家庭是中国社会中的重要的结构，是影响社会发展的重要因素，中国传统的儒家学说更是把"修身"、"齐家"作为"治国、平天下"的基础，追求"老有所用，幼有所长，鳏寡孤独废疾者皆有所养"的社会理想。在这种文化背景下，中国老人更愿意采用在家庭的养老方式，老人希望晚年和子女生活在一起，共享天伦之乐。

居家养老政策具有浓厚的人文色彩，可以使老人在得到必要的照顾的同时，还可以享受到家庭的温暖和社区的关爱。新典社区 82 岁的残疾老人郎伯熙，有腿残疾，颈椎病严重，经过敬老协会培训，该社区的服务员徐惠珍上岗为他提供居家养老服务。老人怕冷，想买一顶毛线的帽子，徐惠珍就买来毛线，学习自己织帽子。她借来别人的帽子作参考，花了 3 个晚上，为老人织了一顶帽子。老人非常高兴，又拿出一件衣领坏掉的高领的毛衣，请徐惠珍帮他织好。徐惠珍见老人失眠严重,就千方百计帮他寻找偏方,使老人的失眠明显好转。这样的例子还有很多,这里不能一一讲述。

政府购买居家养老的政策首先表达了政府、社区、敬老协会对老人、社区困难人员的人文关怀;同时,社区困难人员为老人服务,也表达了他们对老人的人文关怀,特别是那些高龄独居的老人,他们有的没有子女,有的子女已经过世,他们把居家养老服务员当做自己的子女,居家养老服务员每天探望老人,和老人交流,服务的亲情化倾向非常明显。[1]这一点是企业提供服务和福利院提供服务所不可替代的。

在项目的实施过程中,服务员的亲情化服务带来了四个转变:一是部分老人由开始时的观望勉强接收服务,转变到对服务求之不得,感谢党和政府;二是一些老年人开始把服务员当成家政服务公司的劳动工,什么活都叫服务员干,甚至把家中所有衣服都拿出交给服务员去洗,转变到舍不得让服务员多干活,以至于把需要洗的衣服也藏起来,完全把服务员作为亲人;三是部分服务员由开始时上门服务的缩手缩脚,只有老人叫做的事才去做,叫干的活才去干,其他的事一律不管,转变到上门服务眼中有活,有做不完的事,干不完的活;四是一些服务员开始时从完成任务拿钱出发,对老人缺乏感情的交流和沟通,转变到带着感情服务,把老年人当做自己的亲人,情愿多奉献多帮老人做事。服务员把老人当成自己的亲人般对待,不但在生活上给予周全照顾,更在精神上无微不至地关怀。许多老人自己家的钥匙不肯交给儿女,却放心地交给了服务员。

居家养老式的服务不仅提供的是物质形式的服务,更重要的是精神上的服务和感情上的沟通。海曙区的老人真正实现了老有所养、老有所乐、老有所医、老有所学、老有所为,老年人的生活品质极大提高,幸福感普遍增强,

---

1. 海曙区居家养老服务社:《爱心化春雨 亲情事桑榆——记我区的一支新型居家养老服务队伍》,http://www.hsmz.gov.cn/homepage/zhxx_view.php?id=1129183077&category=19,2004年12月。

特别是那些最难发出声音、可能为人们所忽视的高龄、独居、困难的老年人得到了实惠，其意义超过了养老本身，从社会发展的角度看，这是社会和谐的重要组成部分。

（三）转变政府职能，创新履职方式

改革开放 30 年来，我国的经济体制和社会结构都发生了深刻的变化。以科学发展观与构建和谐社会的提出为标志，我国经济社会发展进入了一个新时期。推动科学发展，促进社会和谐，日益成为我国经济社会发展的主题，它前所未有地突出了政府的责任。在社会主义市场经济条件下，我国各级政府要全面履行经济调节、市场监管、社会管理和公共服务的职能，但更应强化社会管理与公共服务职能，建设服务型政府。

服务型政府的建设与转变政府职能是相辅相成的两件事情，只有转变政府的职能，才能促进服务型政府的建设。当前，政府职能中还存在与经济社会发展不相适应的方面。学术界认为，政府职能转变的过程是一个从无所不包的全能政府向职能有限的政府转变的过程，从集权向分权转变的过程，从政企不分、政社不分向政府、企业、社会各自具有合理边界转变的过程。

与此同时，政府职能的履行方式也要创新，即管理的手段和方法也要相应转变，从过去的依靠行政手段为主到依靠经济手段和法律手段为主，政府的施政方向也相应从以往的管理导向向服务导向转变。

改革开放 30 年来，我国各级政府都不断有各种改革措施出台，政府职能转变的举措也层出不穷，在这样的一步步的改革中，我们的政府正悄然发生着变化。作为沿海发达地区的地方政府，海曙区政府也在这个改革的浪潮之中，政府购买居家养老服务的政策正在这个背景下产生的。

养老服务是应该由政府为主体提供的公共产品，特别是那些高龄、独居和困难的老人，尤其需要政府的帮助。

服务政府
Service-oriented Government

海曙区新型居家养老服务体系的建构过程中,居家养老作为一种公共服务,不是由政府部门直接提供,而是由65个社区的居家养老服务员和义工同时供给,由非营利机构和社区组织监督管理,政府只是推行政策、提供资金和履行监督职责,非营利组织和社区组织等社会力量成为政府职能转移的载体。海曙区政府并没有对公共服务大包大揽,而是放权给非营利组织,依托星光敬老协会来实施管理和服务,政府扮演公共服务的购买者和监督者的角色,是职能有限的政府。

同时,海曙区政府是行为有效的政府,非营利组织和社区提供的服务不仅更加灵活,能更好地满足老人的多样化要求,而且购买的服务也比政府自己提供的服务效率更高,体现了政府的成本效益观念。海曙区政府是民主参与的政府,在政府购买居家养老服务的过程中,社区参与提供公共服务,非营利组织参与制定政策并对公共服务的提供进行管理和监督,这样的公共服务成为以公民需求为中心的高质量和高效率的服务。

虽然涉及的财政资金不多,从理念上来讲,海曙区政府购买居家养老服务是向建设服务型政府前进了一大步。

(四)重构政社关系,推进社会建设

中国当前面临着两个转型:从农业社会向工业社会甚至是后工业社会的转型和由计划经济体制向市场经济体制的转型。在这两个转型期间,社会的公共事务大量涌现,政府的社会管理职能面临着巨大的压力和挑战。

忽视市场的政府是自大的,而忽视社会的政府是乏力的。社会管理是我国稳定社会秩序、推动经济增长、促进社会公平和正义的重要手段。经济的全球化和加入世界贸易组织要求中国政府要尽量少地介入社会管理活动,一方面,社会民主化进一步增强,公民社会得到不断发展,必然要求改变政府包办一切社会事务的局面;另一方面,经济的发展使得新的社会事务不断出现，社会组织结构发生了变化，社会组织不断壮大和成熟。社会管理的构成主体从传统的国家和政府扩展到所有的公共部门和公民，社会管理成为一种包括政府管理在内的全社会的"多中心主体"的开放式公共治理。

随着我国经济社会的持续发展和人们生活水平的不断提高，公民对社会公共服务的需求越来越多，并趋向于多样化和个性化。为了满足这样的需求，必须重新构建政府与社会的关系，创新我国的社会管理体制，提高我国的政府社会管理水平。在现代社会中，政府的社会管理职能必须得到加强并不意味着要加强政府对社会的管制。在传统的社会管理模式下，政府更多地扮演了监督者、控制者的角色，而忽视了为社会和民众的服务功能。但是，随着民主政治的发展、公民素质的提高以及国际竞争的加剧，政府社会管理职能的履行，更需要依托良好的政府服务来实现。因此，定位于社会服务者的角色，塑造一个具有公共服务精神的政府，使政府由控制者变为服务者，便成为政府强化社会管理职能的重要取向。

相对于政治发展而言，中国的公民社会在提供公共物品和公共服务等方面可以发挥更重要的作用，带来了经济和社会领域的巨大变化。[1] 民间组织通过参与地方公共事务的治理而获得更大的独立性，"参与"成为获得"独立"的一个特别重要的途径。[2] 在这种新型的治理结构中，政府和社会的博弈关系得到了新的发展。

党的十六届四中全会和六中全会分别从提高党的执政能力和构建社会主义和谐社会的高度，向各级党和政府明确提出了"深入研究社会管理规律，完善社会管理体系和政策法规，整合社会管理资源，建立健全党委领导、政府负责、社会协同、公众参与的社会管理格局"的要求。党的十七大再次明确了这种格局，提出要"加快推进以改善民生为重点的社会建设"。

---

[1]. Susan H. Whiting, "The politics of NGO development in China", *Voluntas: International Journal of Voluntary and Nonprofit Organizations 2*, No. 2, 1991, pp. 19 - 22.
[2]. 郁建兴、周俊：《公共事务治理中的公民社会》，载《二十一世纪》，2008年4月号，第105页。

服务政府
Service-oriented Government

在海曙区构建社会化居家养老服务体系的过程中,党委和政府发挥了积极的主导作用,"党委领导"和"政府负责"毋庸置疑。我们更加关注的是,海曙区政府通过施行政策,发挥了非营利组织和社区组织的积极作用,并以非营利组织和社区组织为平台,引导公众参与社会事务。海曙区政府扶持和培育了星光敬老协会和社区组织这样的社会管理的合作力量,努力构建了"社会协调、公民参与"的社会管理新格局,是健全基层社会管理体制的积极探索。

海曙区构建社会化居家养老服务体系的过程是一个政府主导干预、非营利组织为中介、社区自治为基础、公众广泛参与的互动过程。政府积极与社会合作,使得社会组织和公民也成为公共服务的参与者。政府通过购买服务,吸纳了非营利组织——海曙区星光敬老协会的参与,进而以敬老协会为平台,建立起了社会参与机制,吸引了社区老年组织、义工和其他社会力量的参与。政府和社会形成了一种具有积极意义的合作伙伴关系,不仅转变了政府的职能,也提高了社会自治和自我服务的能力。

随着海曙区社会化居家养老工作的不断推进,敬老协会也得到了长足发展,由原来仅有的"居家养老服务社"发展到有三家分支机构:"居家养老服务社"、"居家养老照护院"和"义工招募服务中心",敬老协会的社会公信度也日益提升。照护院创办仅一年时间就收到了近10面锦旗。敬老协会与政府合作提供公共服务的突出表现获得了各方的高度肯定,2004年和2006年协会获得市民政局评选的"先进民间组织称号",其中2006年位于全市"先进民间组织"之首。崔德海会长于2004年获得国家民政部的全国"星光计划"先进个人称号。

社区内各种老年民间组织显著地发挥了作用。通过供给居家养老服务,使社区服务的功能得到了改善,困难群体就业得到了改善。社区也因此有了一个强化服务能力的平台,服务的空间更大、能力更强了。社区中的就业困难群体通过门槛较低的劳动提高了自身的福利。

义工招募中心的运作和"义工银行"制度的建立，使公民的参与热情得到了激发，社会敬老、爱老的传统美德得到了弘扬，互助互爱、关心他人、乐于奉献的社会风尚得到了传播。

（五）存在问题及成因

作为一种新生事物，海曙区在构建新型居家养老服务体系的过程中也不可避免地会存在一些困难和问题：

——社会组织薄弱，需要政府进一步扶持。随着宁波市社会经济的发展，宁波市的非营利组织虽然已经得到了较快的发展，但是提供公共服务的社会组织仍然比较薄弱，随着政府职能的进一步转变，薄弱的社会组织将导致政府转变职能缺少可以委托的对象，影响政府职能转变的进程。虽然海曙区为其他地区树立了一个政府与社会合作的典范，但是这种合作关系还需要进一步的制度化，通过制度来规范各自的职责和责任，用长效机制来保障政策的长期施行。社区和社区内的老年组织在服务的提供中发挥了重要的作用，如何进一步培育这些组织，成为扩大服务受益面和提高服务质量的重要内容。

——服务的受益面需要进一步扩大。海曙区的社会化居家养老服务体系使得广大老人不出家门就可以享受到养老服务，但是其中政府购买居家养老服务的受惠人只有600余名老人，约占海曙区老人总数的1%，受益面积仍然较小，社会的福利总量有待于进一步扩大。我们在社区访谈时发现，许多有服务需求的高龄、困难老人，由于不符合"独居"的要求，被排斥在服务的受惠对象之外。

——服务质量缺乏统一评价，规范化需要进一步加强。由于没有统一的服务标准，导致不同服务员的服务质量差异性较大。如果不能统一评价和衡量他们的服务质量，就会导致敬老协会和社区无法对居家养老服务进行规范化管理，最后势必会造成服务质量的普遍下降，使得老人不能从政府购买服务中得到实际的好处。这个问题的另一面是会降低政府资金的使用效率。政府购买的居家养老服务是有价格的，我们认为居家养老的服务质量应该和相应的价格相匹配。

——服务机构单一，缺乏服务竞争。目前，可以运作服务的非营利组织在海曙区只有星光敬老协会一家，可能会导致竞争因素的缺乏，从而产生某种程度的垄断。当然，在项目的发展初期，政府把资源集中在一个机构上，使得政策能够得到较好的启动和推行，产出较好的社会效益，也是一个必然的过程。但是长此以往，非营利组织也容易失去改进工作的外部动力而导致效率低下。

——服务队伍不稳，缺乏专业水准。居家养老服务工作的承担者是社区的下岗、失业和困难人员，从某种程度上说，这些人员的敬业精神和服务的专业化水平将决定了本政策是否能够长期执行。人力资源枯竭或者质量下降，都会使政策变形和走样。提供合理的报酬仍然是保持服务队伍稳定的有利保障，合理的报酬也可以使得提高服务专业水准成为合理的要求。

四、推广与发展

本项目得到了国务院副总理回良玉、浙江省委书记赵洪祝、副省长陈加元、宁波市长毛光烈等领导批示，得到了民政部、全国老龄办、中国社会工作协会、中国老龄事业发展基金会、英国大使馆文化教育处、英国文化协会等国内外机构的关注和推介。本项目在社会创新国际会议、地方政府创新与公民社会发展国际研讨会等多个国内外学术会议上进行交流，获得了学术界的关注和好评。

《人民日报》、中央人民广播电台、中国国际广播电台、《经济日报》、《南方周末》、《中国社会报》、《中国财经报》、《中国老年报》、《中国老龄导刊》、《齐鲁晚报》、《浙江日报》、《浙江老年报》、《宁波日报》等新闻媒体对本项目给予较大关注，多次进行专题报道。

海曙区政府购买居家养老服务的模式对地方财政和社会条件的要求都不高，是一种低成本、广参与和可持续的养老方式，已经在宁波全市推广。对于其他地区，因其简单易行，对地方财政要求不高，容易在全国范围内复制和推介。购买服务的方式还可以延展到其他公共服务领域。在2005年11月3日在北京召开的两岸四地社区服务交流大会上，海曙区荣获唯一的"全国社区养老服务示范区"称号。[1] 海曙区多次在全国居家养老服务经验交流会上发言。已有香港、青岛、无锡、克拉玛依等多个城市前来考察学习。其中，克拉玛依市多次考察海曙的经验，星光敬老协会于2007年8月派人到新疆专程指导工作。

2008年1月，海曙区政府获得第四届"地方政府创新奖"，不仅继续扩大了海曙区在全国的影响，也使得居家养老工作得到了各界更多的关注和重视。中组部、中国社科院、北京市、上海市、深圳市、天津市、重庆市、山东、贵州、辽宁、四川、江苏、湖北等地纷纷前来参观考察。

获奖之后，海曙区政府加大了对居家养老工作的探索力度。2008年5月，海曙区政府出台了《关于印发〈海曙区政府购买居家养老服务拓面方案〉的通知》[2]，方案从两个方面拓展了政府购买居家养老服务的受益面：一是扩大了享受服务的对象范围，将享受政府购买居家养老服务的对象范围扩大至75周岁以上（含75周岁）困难、独居（空巢）老人。同时根据实际情况，逐步将因病致贫、生活不能自理或完全不能自理的困难老人纳入服务对象范围之内；二是提高了居家养老服务的报酬，文件规定要根据本地区的非全日制最低小时工资标准及时调整政府购买服务的服务人员报酬，将购买居家养老服务的价格调整为每人每年2628元。

运作单位也发挥自身优势，不断深化服务内容。星光敬老协会根据老人

---

1. 中国社会工作协会社区服务工作委员会是全国唯一从事社区服务的全国性社团组织，会员覆盖全国22个省市自治区。这个奖项表明，海曙模式在全国也有示范意义。
2. 海政办〔2008〕50号：《关于印发〈海曙区政府购买居家养老服务拓面方案〉的通知》，2008年5月。

的需求，破解精神养老难题，继续深化居家养老的精神生活服务。精神慰藉虽然一直是居家养老服务的重要内容，但是实施难度比较大，服务难以深化。针对空巢老人中普遍存在的心理失衡和心理空虚现象，敬老协会提出：对于居家老人"不仅要加大生活照料和医疗康复服务的力度，也要加大精神慰藉服务的力度，这是构建和谐社会在新的历史条件下，对深入推进社会化居家养老提出的新课题和新要求"[1]。敬老协会为此成立了居家老人精神生活服务专门委员会和老年人精神生活服务中心，试图通过创新机制来吸引企业、社会组织、社区老人的参与，积极构建服务网络，整合各种社会资源，实现不同服务载体之间的有机互动。[2]

2008年1月28日，敬老协会成立了"银龄俱乐部"，目的是扩大单身老人的社交范围，帮助单身老人结交志同道合的朋友。该俱乐部由4名义工运作，定期举办互动性交友联谊活动，目前已有170多位会员。在运作过程中也逐渐出现了义工为老人提供心理咨询的功能。截至2008年6月，敬老协会已经在全区33个社区开展了深化精神服务的试点工作。

综上所述，在全球社会福利和公共管理改革的浪潮中，宁波市海曙区创新政府履行职能的方式，构建新型的居家养老服务体系，是一种社会管理体制上的创新。海曙区政府在实践中已经积累了一定的经验，当然也存在不足，只有进一步转变政府职能，建设服务型政府，重构政府与社会的关系，培育新的社会管理力量，创新社会管理体制，才能使居家养老服务更好地满足广大老人的需求。

（原载俞可平主编：《中国地方政府创新案例研究报告（2007—2008）》，北京：北京大学出版社2009年版）

---

1. 崔德海：《关于加强对居家老人精神生活服务的思考》，2008年4月。
2. 这些互动包括：社区与义工互动，社区各类社会组织互动，社会组织、社会成员与家庭成员互动。

基于合同的公共服务供给
——以上海浦东新区预防和减少犯罪工作为例

龙宁丽
(中央编译局比较政治与经济研究中心)

一、问题的提出

  某种服务被认定为公共服务,并不意味着一定要由政府来生产。政府可以选择由自己提供还是由其他组织提供。当政府将公共服务的生产转移给市场或社会组织来承担时,就出现了服务提供和服务生产之间的区别,由此我们可以确定公共服务的不同制度安排。在萨瓦斯总结的10种公共服务的制度安排中,合同外包是其中最常见的一种形式,受到各国的广泛重视。在美国,据粗略估算,至少有200种公共服务是由承包商通过合同向政府提供的。[1] 英国、德国等西方国家在20世纪70年代开始的福利制度改革中,大量采用合同外包推动社会福利社会化,实现"福利国家"向"社会投资国家"的转变。[2] 中国的北

---

1. [美] E. S. 萨瓦斯:《民营化与公司部门的伙伴关系》,北京:中国人民大学出版社2002年版,第74—75页。
2. 许芸:《从政府包办到政府购买——中国社会福利服务供给的新路径》,载《南京社会科学》,2009年第7期,第101—105页。

京、上海、无锡、深圳等地也在积极地实践这种"替代性的服务提供方式"。

合同外包之所以备受青睐,是因为它能节约成本[1]、削减政府开支和控制政府规模、提升服务效率和效能、增强服务的专业性等。尽管大多数公共服务仍然毫无必要地以政府垄断的形式组织和运营,但在改善服务绩效尤其是在提供低成本高质量的服务方面,有意义的竞争往往优于垄断[2]。既然公共服务供给主体的公私身份并不重要,问题的关键在于垄断还是竞争,那么,在从政府永久垄断(直接生产)到市场持续竞争(自由市场安排)的连续谱线上,合同作为一种"具有阶段性竞争特点的临时性垄断"[3]方式或者"市场竞争模型和内部权威模型这两个端点间的一个妥协"[4](图3),对许多公共服务而言是一种极佳选择。

| 威廉姆森 | 内部权威模型 | 合同 | 市场竞争模型 |
| 萨瓦斯 | 政府永久垄断 | 合同 | 市场持续竞争 |

图3 有关合同的模型(根据威廉姆森和萨瓦斯的观点制作)

本文以荣获第五届"中国地方政府创新奖"入围奖的上海浦东新区预防和减少犯罪机制创新为例,在对其合同外包的具体实践、创新及成效分析的基础上,回答了合同外包为什么对预防和减少犯罪这项公共服务是一种极佳选择。本文是一项个案研究,笔者作为"中国地方政府创新奖"课题组成员

---

1. Janet Rothenbert Pack, "Privatization and Cost Reduction", *Policy Sciences*, Vol. 22, No. 1, 1989, pp. 1-25; John Hilke, *Competition in Government - Financed Services*, Westport, CT: Greenwood Press, 1992.
2. Hohn D. Donahue, *The Privatization Decision: Public Ends, Private Means*, New York: Basic Books, 1989, p. 78.
3. E. S. Savas, "An Empirical Study of Competition in Municipal Service Delivery", *Public Administration Review*, Vol. 37. No. 6, 1977, pp. 717-724.
4. O. Williamson, *The Economic Institutions of Capitalism: Firms, Market, Relational Contracting*, New York: Free Press, 1985. As cited in Ruth Hoogland DeHoog, "Competition, Negotiation, or Cooperation: Three Models for Service Contracting", *Administration & Society*, Vol. 22, No. 3, 1990, pp. 317-340.

赴浦东新区进行了实地考察，通过查阅相关工作文献、召开利益相关方座谈会、走访上海中致社区服务社等方式收集了大量第一手资料，在此基础上结合文献研究方法，对此问题进行了具体分析。受个案研究的限制，本文分析结论的普遍性仍有待检验，但这不会影响该问题在理论和实践上的研究价值。

二、合同外包的具体实践及其创新

近年来，在经济迅速发展、城市化步伐不断加快的同时，上海市的犯罪问题日益突出，且犯罪呈现低龄化、智能化、团伙化特点，成为影响社会稳定、和谐的重要因素。上海市委政法委在对过去各类犯罪现象分析后发现，需要对四类特殊人群进行有效监控和帮教，即：吸戒毒人员[1]、社区服刑和刑释解教对象、社区闲散青少年。

按照现行《中华人民共和国刑法》和《刑事诉讼法》的规定，前三种工作为公安的执法职能，后一种为政策文件规定的司法行政、团委的业务拓展项目。但事实上，由于种种原因，这几类特殊人群在社区中常常处于脱管漏管和缺失关爱的状态，导致违法犯罪和重新违法犯罪持续上升。针对这种状况，上海市委政法委为了加强社会管理，维护社会稳定，确保实现新世纪发展目标，从提高社会管理水平、转变政府职能和维护社会稳定的需要出发，提出构建预防和减少犯罪工作体系。

2003年8月，上海成立了三个专业社会组织：上海市自强社会服务总社、上海市新航社区服务总站、上海市阳光青少年事务中心，为吸戒毒人员、社

---

[1]. 2008年6月1日起实施的《中华人民共和国禁毒法》第三十四条明确规定，城市街道办事处、乡镇人民政府负责社区戒毒工作。城市街道办事处、乡镇人民政府可以指定有关基层组织，根据戒毒人员本人和家庭情况，与戒毒人员签订社区戒毒协议，落实有针对性的社区戒毒措施。这条规定事实上确认了社会组织在不具备禁毒执法权的情况下，可以参与社区禁毒工作。实际上，无论在该法颁布之前还是之后，上海浦东新区中致社的禁毒工作都主要是围绕社区戒毒和社区康复展开的。

区服刑和刑释解教对象、社区闲散青少年提供社会化帮教服务。浦东新区作为全市开展预防和减少犯罪工作体系建设的四个试点区之一，在区级层面对应市级层面三个社会组织成立工作站，承接禁毒、社区矫正和刑释解教对象安置帮教、社区闲散青少年帮教服务工作。但由于浦东区域面积大，居住人口多，特殊人群的体量大，区三个工作站彼此隶属市三个总站，单兵作战，资源分散，管理不善，互不相干，出现许多问题。社会组织应有的地位不够，支持社会组织发展的政策较少，社会组织与政府间的关系不明确，社团管理有行政化趋势，社工队伍不稳定，流失较大等。

2007年7月，浦东新区成立了全市首家区域民办非营利性企业——上海中致社区服务社（以下简称"中致社"），170多名社工承接政府出资购买专业服务，帮教特殊人群归正。浦东新区社会治安综合治理委员会办公室（以下简称"新区综治办"），代表相关业务部门与中致社签订《社会工作服务合同》，中致社得以承接新区相关职能部门专业帮教服务事项，和政府间形成了"定向委托、合同管理、评估兑现"的新型关系。政府通过合同外包的形式，支持社会组织按照政府的委托和授权从事预防和减少犯罪工作。

合同明确了专业社工服务项目内容、项目经费及双方的权利义务。具体而言，作为合同发包方的政府主要负责：（1）科学定标，明确合同任务及任务价值标的。浦东新区综治办与高校专家、法律专业人士、业务职能部门等制定《经费预算项目报告》和《社会工作服务合同》，明确任务要求，确保经费列入年度财政预算。（2）制定政策杠杆，明确社会组织和社工的准入标准。新区综治办制定了《浦东新区关于政府购买禁毒、社区矫正和安置帮教、社区青少年事务社会服务的社会组织培育与准入机制》等规范性文件，明确社会组织的执业标准，鼓励和培育浦东新区的社会组织。（3）制定评估办法，组织绩效评估。按照《社会工作服务合同》的任务要求，新区综治办制定了《浦东新区关于政府购买禁毒、社区矫正和安置帮教、社区青少年事务社会服务的考评办法》，初步理顺了新区综治办、业务指导部门、各街镇与中致社之间的关系，明确各自职责与工作界面。(4)监管政府资金合理有效运行。中致社董事会、监事会分别发挥职能，在不同层面监管中致社经费预算和经费使用，确保资金的有效运作。(5)建立招投标机制，规范管理。新区综治办制定了《浦东新区关于政府购买禁毒、社区矫正和安置帮教、社区青少年事务社会服务的招投标制度》，在社会组织市场成熟后向社会公开招投标，鼓励社会组织参与竞争，以实现工作目标的最优化和社会效果的最大化。

作为合同承包方，中致社签约后按照合同要求履行任务，依合同规定取得政府购买服务的相关费用，并对内部人、财、物享有独立支配权。在整合各种社会资源、切实为服务对象帮困解难的同时，中致社还大力完善内部治理结构并成立党团组织，探索管理岗位竞聘和职业晋阶薪酬改革，以及完善规范考评机制等，加强自身的组织建设。[1]

尽管将社会治安领域公共安全的部分服务外包给社会组织承担是一项具有开拓性的工作，但在浦东地区，合同外包的运作模式却已经相对成熟。上海市每年涉及的合同外包资金从几百万到数亿元不等，据不完全统计，市、区政法系统通过合同购买社区犯罪矫治、问题青少年引导、吸毒人员管理等服务的资金达6779万元；浦东新区2004到2006年通过合同购买服务的资金分别达到2228.2万、2197.3万、5955万元；2006年，市有关部门在公益文化项目合同外包的资金高达1.5亿元。作为国家综合配套改革试点区域的浦东新区在转变政府职能、推动政社合作互动的改革中，已经通过公共服务合同外包建立起了"政府承担、定向委托、合同管理、评估兑现"的规范模式。[2]

---

1. 相关资料来源于浦东新区综治办申报第五届"中国地方政府创新奖"的材料。
2. 曾永和：《城市政府购买服务与新型政社关系的构建——以上海政府购买民间组织服务的实践与探索为例》，载《上海城市管理职业技术学院学报》，2008年第1期，第13页。

与一般的公共服务合同外包相比，该案例的最大亮点在于将社会治安领域公共安全的部分服务外包给社会组织承担，是观念、制度和实践上的巨大突破。目前国内经济发达地区的公共服务合同外包主要集中在医疗卫生、养老、教育培训、扶贫、环保等领域，例如北京市 20 世纪 90 年代开始在公共医疗、环卫和特殊人群家政服务等领域进行公共服务市场化改革[1]；无锡市 2005 年起先后对全市市政设施养护、水资源监测、文化、旅游、结核病防治等十余项公共服务由政府直接提供转为合同外包[2]，而公共安全方面的极少。由于公共安全的纯公共物品属性以及所涉及的国家专政权力的特殊性，政府供给一直以来被认为是它的最佳实践。就社会治安领域的公共安全而言，尽管中央早在 20 世纪 80 年代就提出了综合治理的指导思想，指出"根本的方法就是走群众路线。不能只靠哪一个部门，而是要靠全党全社会，不能只用哪一种方法，而是用千百种方法"[3]，但现有的工作力量配置仍然主要依靠公检法部门、街镇、居村委会等公共部门组织以及保安服务公司等少量的市场组织，真正的社会力量的作用远没有发挥。作为社会治安治本之策的以及尤其需要动员全社会力量的预防工作，与严打相比，基本上没有进行有目的、有指导的、具有行动意义的实践。[4] 浦东新区的预防和减少犯罪机制创新，通过委托和授权社会组织，运用社会化、专业化和人性化管理的思路管理社会，把专门机关工作与群众路线相结合发展到一个新水平，"既从源头上预防和减少了犯罪，又是制度上的重大创新，是具有中国特色和时代特征的开拓性的

---

1. 童伟：《从市场检验到政府职能转变——北京市公共服务供给模式改革分析》，载《北京社会科学》，2008 年第 1 期，第 37—41 页。
2. 黄元宰、梅华：《无锡实施"政府购买公共服务"的改革实践与启示》，载《改革与开放》，2008 年第 2 期，第 16—18 页。
3. 1986 年全国政法工作会议讲话。
4. 唐皇凤：《社会转型与组织化调控——中国社会治安综合治理组织网络研究》，武汉：武汉大学出版社 2008 年版，第 167 页。

工作"[1]。

具体的看，该案例的创新表现在以下几个方面：（1）理念创新。通过中致社这一平台，不仅可以动员和利用政府之外的资源和力量共同提供公共安全，也实现了预防和减少犯罪手段的柔性化。浦东新区政法委与中致社以合同为载体，明确二者的行政指导关系、行政契约关系和行政监督关系，肯定和鼓励了社会组织对政府职能实现的延伸与弥补功能，使政府从公共服务的直接提供者转变为间接提供者和监督者，有效地促进了政府职能的转变和社会组织的成长，是理念上的巨大突破。

（2）机制创新。一是明确行政契约关系。新区综治办以"项目委托、项目管理、项目评估"方式规范政府职能部门与社会组织的工作职能、业务范畴。政府职能部门根据工作业绩、成本收益等因素，确定中标社团并签订委托合同。二是保证社会组织的独立运作。政府提供政策环境和资金支持，中致社进行民主管理，并通过法人治理结构、薪酬体系、人才培训、思想政治工作等规范化建设提高自主运作能力，避免了自身的"二政府化"。三是加强监管。新区综治办作为业务主管部门，首要是通过合同与财务审查对中致社进行管理监督。此外，将原来由不同社会组织分别承担的禁毒、社区矫正和社区青少年管理工作整合为中致社的3个项目部，消除了社会组织区域分割和无序竞争的状况，有利于监管。四是加大政社合作力度。通过新区综治办等部门与各街镇的协调和沟通，将中致社的各项业务与各街镇相关工作内容进行对接，社会组织通过有效汲取基层政府提供的社会资源，提升了工作能力，并进一步提高了公共服务质量。

（3）工作方法创新。新区综治办作为合同甲方，从直接管理转为通过政策杠杆与合同进行间接管理，充分保证了中致社的自主运作权；中致社作为合同承担方，改变了"条线化、机关化、部门化、公务员化"的运作趋势。

---

[1] 2003年7月，上海市委副书记刘云耕在讨论预防犯罪工作体系这项工作时所作的讲话。转自乐伟中：《上海的社区预防犯罪工作状况》，载《犯罪研究》，2005年第1期，第3—5页。

在具体业务工作中，中致社运用专业社会工作方法和柔性多样的工作方式，结合社会心理学、医药治疗、政策法律指导、就业技能培训、帮扶救助等综合手段，以项目制为运作模式，不仅培养了一支专业化的司法社工队伍，而且在实践中逐步形成了一批品牌项目，如禁毒项目部的"综合运用社会心理干预方法建立戒毒后预防复吸模式"、社区矫正项目部的"危机干预工作室"以及青少年事务项目部的"体验式帮教培训项目"等，有力地保证了业务绩效。

三、成效分析

20世纪70—80年代关于合同外包的许多大规模的实证研究，在回答合同外包的效率、效益和公平方面提供了大量令人信服的证据，萨瓦斯指出，衡量合同外包是否有效，最基本的三项指标是效率（efficiency）、效益（effectiveness）和公平（equity）[1]。事实上，对许多非竞争性合同而言，效率往往并不是它的首要考虑因素，与效率相比，效益和公平才是非竞争性合同更值得关注的因素，因此，本文拟采用效益、公平和效益这种分析框架，与萨瓦斯的观点相比，本分析框架的不同之处在于强调了不同价值的权重和优先次序。第一，效益。如果一项服务是高效的，它是否以牺牲效益为代价？效益评价的是服务的效果和利益，本文从服务的消费者、生产者、安排者以及社会层面逐一进行了剖析。第二，公平。经济学和管理学的传统是偏重效率与效益，这种做法现在受到了政治学者的广泛批判，在他们看来，公平至少是和效率、效益同等重要的一个指标，如果一项服务既有效率又有效益，但无法均等地对待每个群体，那它显然存在巨大的缺陷。本文从投入、产出和消费者满意度调查三个角度对公平进行评价。第三，效率。效率通常从技术角度测量投

---

1. E. S. Savas, "On Equity in Providing Public Services", *Management Science*, Vol. 24, No. 8, 1978, pp. 800-808.

入与产出,高效率通常意味着低投入高产出或者低成本高收益。投入通常容易界定,可以根据金钱、人力和时间来计算投入成本,但常见的问题是哪些成本应该纳入计算范围?本文采取的一个办法是计算该项服务的合同金额以及直接生产这项服务的人数,尽管这会忽略其他机构为此支付的间接费用和人力成本。与市场组织不同,公共部门与社会组织的目标通常比较模糊,产出相对难以界定,因此需要根据服务内容制定具体的衡量标准,本文以《社会工作合同》中设定的部分服务指标来衡量。

(一) 效 益

围绕合同的签订,浦东新区政法委、中致社(社工)和四类特殊人群形成了服务的安排者、生产者和消费者的逻辑关系。(见图4)因此,对效益的分析必定包括上述三类主体所获得的效果和利益,此外,它还包括对社会影响的评估。

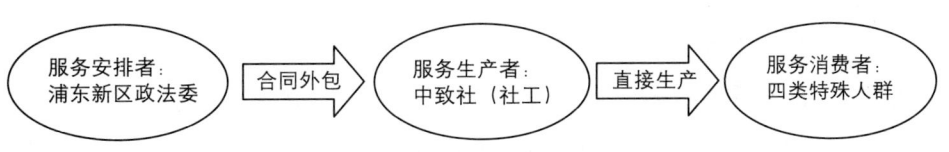

图4 《社会工作服务合同》中的逻辑结构关系

消费者获得了何种直接收益?《社会工作服务合同》的一个重要目标通过开展各类社会环境改善和社会资源整合性活动,使特殊人群重新适应和融入正常社会生活并实现自我发展。数据显示,2009年中致社在帮助服务对象就业上,推荐就业和协助办理劳动手册的成功比例分别达到50.75%和55.71%;在解决服务对象的迫切生活困难上,协助申请低保的成功比例达到60.42%;在解决服务对象学习教育问题上,推荐技能培训与推荐学历培训教育的成功比例均低于20%，而协助复学和协助办理学历证书的比例均高于75%。（见表1）而在之前政府直接供给的途径下，由于上述指标并不作为政府考核的硬性规定，相关部门的工作积极性和持续性有所欠缺，其效果比社会组织提供服务的要差。尽管与2009年四类特殊人群总数为20261人的规模相比，上述数据绝对值偏小，但考虑到消费者的特殊性以及巨大的个体差异，仍然可以得出以下结论，部分消费者的生活环境和状态确实得到了明显改善，在这点上，《社会工作服务合同》要优于政府直接供给。

表1　根据2009年中致社第四季度基础工作数据统计表制作

	推荐就业	协助办理劳动手册	协助申请低保	推荐学历培训教育	推荐技能培训	协助复学	协助办理学历证书
推荐/协助人数	2603	946	1925	1670	2015	102	46
成功推荐/协助数	1321	527	1163	242	375	80	38
成功比例	50.75%	55.71%	60.42%	14.49%	18.61%	78.43%	82.61%

生产者的服务规模是否得到了优化？与政府直接供给相比，合同外包理论上可以在不受政府规模大小的约束下达到最佳服务规模。不同服务的最佳规模不同，这取决于生产过程的技术特征。在政府直接供给情况下，一个司法工作人员可以为多少个工作对象提供服务的数据通常比较模糊。2003年上海市委政法委根据调研和粗略估算指出，按照1∶50的比例配备组建禁毒社工队伍，按社区矫正1∶50和刑释解教人员帮教1∶150的比例配备组建社区矫正社工队伍，按1∶150的比例配备组建社区青少年事务社工队伍。而实际情况显示，自2007年组建中致社以来，2008和2009年禁毒社工的服务规模分别达到了1∶69和1∶87，比预定比例高出38%和74%；青少年事务社工队伍的服务规模两年均保持在1∶135的水平，比预定比例低10%；而在社区矫正和刑释解教服务中，每个社工同时承担这两项工作，

因而无法与预定数据进行单项对比，但总体比例分别达到了 1∶136 和 1∶160。（见表 2）数据表明，在现有工作环境下，禁毒社工、社区矫正和刑释解教社工的服务规模不断扩大，这意味着它的最佳规模仍有很大的挖掘空间；青少年事务社工的服务规模尽管比预定目标低，但比较稳定，可能已经实现了最佳规模。

表 2 2008—2009 年中致社社工服务规模

	管理层社工数	项目一部（禁毒）			项目二部（社区服刑与刑释解教）			项目三部（闲散青少年）			合计		
		社工人数	工作对象人数	比例	社工人数	工作对象人数	比例	社工人数	工作对象人数	比例	社工人数	工作对象人数	比例
2008	11	59	4054	1∶69	52	7067	1∶136	45	6061	1∶135	167	17182	1∶103
2009	*	62	5386	1∶87	54	8645	1∶160	46	6230	1∶135	167	20261	1∶121

注：2009 年中致社管理层社工人数仍为 11 人，但由于管理层社工同时计算在各项目部中，为避免重复计算，此处用 * 表示。在中致社项目二部的服务对象中，2008 年社区服刑人数和刑释解教人数分别为 777 人、6290 人，2009 年分别为 1181 人、7467 人。

安排者的规模是否有变化？合同外包的安排者一般是政府，衡量安排者的规模即政府规模通常有三个测量维度：机构数量、雇员人数和财政支出。由于政府是一个泛指概念，因此首先要弄清安排者具体包括哪些机构。《社会工作服务合同》中规定向四类特殊人群提供服务的事项直接涉及上海市各级禁毒办、司法局和团委 3 个业务主管机构，以及负责机构之间协调的预防和减少犯罪办公室。数据显示，早在 2003 年提出构建预防和减少犯罪工作体系的目标时，上述机构的数量和雇员人数就发生了显著变化——除了维持原有的工作格局、力量配置以及财政支出以外，上海市和下辖区县分别增加了相关机构和公务员编制，其中，浦东新区在区综治委下增设 1 个专门机构和 5 名编制公务员作为专门监管力量。（见表 3）而《社会工作服务合同》是 2007 年首次签署的,也就是说,上述机构数量和雇员人数的变化与合同之间不存在相关关系。在财政支出方面,除了因上述机构改革造成的财政预算增加以外,2007 至 2009 年,光合同涉及的专项财政资金就分别达到 768 万元、860 万元、960 万元,呈逐年上升趋势,而在政府直接供给下这项工作是没有专项财政列支的。概言之,该合同对机构数量和雇员人数的影响因子为 0,但与政府直接供给相比,它要求更多的财政支出。

表3 上海市"预防和减少犯罪工作体系"前后的政府规模比较

	2003 年以前工作格局与力量配置	2003 年后工作格局与力量配置	
		市级层面	区县层面
禁毒	市禁毒办仅有 2 名专职干部,全市 19 个区县禁毒办仅有 37 名禁毒干部,其中专职 7 名,兼职 30 名。专司缉毒的市公安局缉毒处仅有 40 余人,19 个区县公安分局仅有两个分局设立了缉毒专门部门。	市禁毒委员会下设市禁毒委员会办公室,编制公务员 20 名。	由各区县禁毒办公室、司法局、团委负责推进三项工作。同时在区县综治委下增设预防和减少犯罪办公室,其中浦东新区编制公务员 5 名,其他区县均为 3 名。
社区矫正	没有专司社区矫正的专门机构,缺乏职业化、专业化的管理队伍。	市司法局下设社区矫正工作办公室,编制公务员 20 名。	
社区闲散青少年	社区青少年工作对象特殊,工作方式和方法的专业性要求很高,各级团委无法保证各项工作任务在基层得到落实。	团市委下设市社区青少年事务办公室,编制公务员 20 名。	

社会的安全程度如何?预防和减少犯罪的根本目的是为每个人提供一个更安全的社会环境。对社会安全的评价主要采用了四类特殊人群违法犯罪的官方统计数据。截至 2009 年 10 月底,在禁毒方面,经认定已戒断毒瘾 3 年人数 894 人,戒断巩固率为 19.47%,比上年提高 2 个百分点;戒断后复吸 33 人,复吸率为 3.25%,低于市规定的 10%;执行社区戒毒人数 54 人,执行率 91.52%,执行社区康复人数 390 人,执行率为 97.74%,分别高于市规定执

行率的 10 个百分点和 20 个百分点。在社区服刑和刑释解教方面，社区服刑人员重新违法犯罪率为 0.17%，继续低于市规定不超过 1% 的指标，浦东新区 5 年内刑释解教人员当年重犯率为 1.44%，继续低于市平均水平。两类人员的重犯率由 2006 年的全市排名第 2 位下降到第 14 位。在闲散青少年方面，违法的社区青少年共 29 人，与 2008 年同比下降 12%。与政府直接供给下浦东新区的社会治安状况在全市总体排名偏后的情况相比，《社会服务工作合同》的履行使部分违法犯罪行为从源头上得到遏制，浦东地区的社会安全形势明显得到改善。

（二）公　平

评价公平不仅要关注个体，更应当从群体的角度进行审视，这是因为群体一般是由具有相同特征的社会成员组成，如收入、年龄、教育、职业、种族等，如果某个群体长期被政府或社会忽视了，很明显他们受到了不公的对待。当政府明确提出在提供公共服务时不会歧视任何特定的群体，我们有必要探索公共服务供给的公平应当包括哪些一般性的规则。通常这些规则包括报酬的公平、投入的公平、产出的公平以及消费者满意度调查等。[1]

在政府直接供给的情况下，受各种因素的限制，除了向四类特殊人群中的少数重点管理对象提供防范式的长期管理外，政府对大部分特殊人群只提供应急性的临时管理，总体上缺乏资金、人力和政策支持等各项投入，投入的不公导致这部分人群在社会中常常处于脱管漏管和缺失关爱的状态，易于威胁社会安全。作为一个专门针对四类特殊人群的管理和服务框架，《社会工作服务合同》不仅改变了过去资源投入不公的状况——有持续的资

---

[1]. E. S. Savas, "On Equity in Providing Public Services", *Management Science*, Vol. 24, No. 8, 1978, pp. 800-808.

金投入、社会工作力量和政府政策支持等；而且产出上，所有的服务对象不仅受到同等的、非歧视的管理与服务，而且还基于各自特点获得个性化的设计；此外，针对四类特殊人群及其家属的问卷调查显示，2008年他们对中致社工作情况满意度的评价为92.5分。从投入、产出以及消费者满意度调查这三个角度看，合同外包比政府直接供给状态下的公共服务的公平程度要高。

（三）效率

在世界范围内，各国公民对政府的一个经常性批评是效率低下——投入不计成本而产出甚微，哪怕政府没有直接花费公共资金，例如在合同外包中，公众同样担忧公共资金是否得到了有效的使用。

该案例的投入产出比如何？《社会工作服务合同》中最直接也最容易测量的投入产出数据包括金钱成本——合同金额、生产者数量——社工人数、消费者数量——服务对象人数。2008年和2009年，在中致社的社工总数保持不变、服务对象总数增加幅度比合同金额增加幅度大的情况下，服务对象人均成本由500.52元/人降至473.82元/人，下降5.33%，而社工人均服务对象数从103人增加到121人，增长17.48%。（见表4）而在政府直接供给的情况下，有关的投入产出数据十分模糊，难以进行对比。但这种困难并非不可逾越，以社区服刑和监狱服刑的成本比较为例。据统计，在全国一些条件较好的城市，每年监狱服刑人员的投入约1.2万元/人。2008年，浦东新区有社区服刑人员777人，如果把他们全部关进监狱，按上述统计计算，约需932.4万元，而中致社仅招聘了52名社区矫正社工对社区服刑人员开展管理和服务工作，每名社工年薪4万元，共204万元，而且，这批社工同时还承担了6290名刑释解教人员的管理和服务工作。而当年《社会工作服务合同》规定对上述四类特殊人群提供管理与服务的总金额也才 860 万元，仍然不及社区服刑人员监禁矫正 932.4 万元的成本。也就是说，社区服刑的成本远低于监狱服刑的成本。数据表明，与政府直接供给相比，《社会工作服务合同》在降低管理成本、提高产出方面具有明显优势。

表 4　根据 2008 年和 2009 年浦东新区预防和减少犯罪工作考核评估报告中的数据制作

	投入		产出	投入产出比	
	成本金额（元）	社工数（个）	服务对象总数（个）	服务对象人均成本（元/人）	社工人均服务对象数（个/个）
2008	8600000	167	17182	500.52	103
2009	9600000	167	20261	473.82	121
比上年增减	↑11.6%	0	↑17.92%	↓5.33%	↑17.48%

服务过程中的效率情况如何？除了静态的投入产出比之外，与服务过程有逻辑联系的动态效率指标也必须考虑。《社会工作服务合同》共设定了 40 余项具体指标，其中，社工与吸毒对象见面谈话人数、社工访谈完成率等 20 余项指标与效率密切相关。从合同执行情况看，中致社在与社会服刑对象见面率等 11 项指标上均达到 100%，标准相对较低的两项指标——重点对象和回归社会一年内的刑释解教人员接触率和见面率也分别达到 72% 和 70%，（见表 5）总体上看，各项指标的实际执行情况均符合预定目标。而在政府直接供给下，由于基层工作力量匮乏，根本无法做到与每个工作对象进行见面、接触、访谈或个人发展设计，这些效率指标的完成情况并不乐观。也就是说，《社会工作服务合同》执行过程中的效率比政府直接供给的要高。

表5　2009年中致社服务指标完成情况统计表

	项目部		服务指标完成情况	目标	实际
中致社	项目一部	药物滥用	与吸毒对象见面谈话人数	—	6169
			社工访谈完成率	≥85%	100%
			其他访谈人次（居村委、民警、对象家属等）	—	10656
			社工访谈完成率	≥85%	100%
			实际有效尿检协议数	—	1589
	项目二部	社区服刑	与社会服刑对象见面率	100%	100%
			与社会服刑对象帮教率	100%	100%
			集中教育人次	—	5556
			个别教育人次	—	8808
			公益劳动人次	—	19617
		刑释解教	五年内刑释解教人员帮教率	≥98%	98%
			其中重点对象和回归社会一年内的刑释解教人员帮教率	100%	100%
			重点对象和回归社会一年内的刑释解教人员接触率	≥70%	72%
			重点对象和回归社会一年内的刑释解教人员见面率	≥70%	70%
			重点必控对象人数	—	392
			重点必控对象帮教率	100%	100%
			重点必控对象接触率	100%	100%
			重点必控对象见面率	100%	100%
	项目三部	闲散青少年	重点预控青少年对象人数	—	869
			重点预控青少年对象上门率	100%	100%
			重点预控青少年对象面谈率	80%	88%
			一般青少年对象人数	—	5361
			一般青少年动态了解率	100%	100%
			一般青少年个性化设计率	100%	100%

四、讨论与总结

对《社会工作服务合同》履行情况的分析表明，尽管外包过程缺乏必要的竞争，但它对预防和减少犯罪这项公共服务而言是一项较优的选择。第一，在效益方面，尽管该合同要求更多的财政支出，但是，消费者获得的直接收益要明显高于政府直接供给途径下的，生产者的实际服务规模也要优于政府的预期规模，并且，自合同履行以来，浦东地区的社会安全状况比政府直接供给途径下的要好。第二，就公平而言，合同外包的公平程度甚至比政府直接供给下的还要高。第三，在效率上，与政府直接供给相比，它在节约管理成本的同时提高了产出。

不可否认，在当代中国背景下，在某些特定的公共服务领域确实很难引入竞争，类似于《社会工作服务合同》的非竞争性合同的数量不在少数，其中的原因既包括缺乏竞争传统、缺乏有资质的竞标者、地域限制等客观环境因素，也包括政府人为设置的准入障碍、利益群体游说、社会关系网等主观因素。尽管社会对此多有诟病，但非竞争性合同的成效并不能一概而论地被否定，至少在预防和减少犯罪这样一个独特的公共领域，《社会工作服务合同》为我们展示出了积极的一面——它在提高效益和公平方面具有明显的优势，同时客观上也提高了效率。但是，是不是所有的公共服务合同外包都能在提高成效的名义下采用非竞争性的方式呢，换言之，非竞争性合同的边界在哪里？有外国学者指出，竞争程度高的合同通常更适合于垃圾收集、消防、街灯照明等"硬"服务，而在更具人文关怀和更难测量的"软"服务比如精神健康、司法帮教等方面，合同所包含的竞争程度就要弱得多，[1] 但是，该结论是否同样适合中国的现实，这仍然有待我们进一步的检验。

（原载俞可平主编：《中国地方政府创新案例研究报告（2009—2010）》，北京：北京大学出版社 2010 年版）

---

1. Ruth Hoogland DeHoog, "Competition, Negotiation, or Cooperation: Three Models for Service Contracting", *Administration & Society*, Vol. 22, No. 3, 1990, pp. 317-340.

民主与民生共进 深化城乡统筹发展
——成都市村级公共服务和社会管理改革案例研究

徐 焕

（中央编译局比较政治与经济研究中心）

成都市位于四川省中部，四川盆地西部，总面积12121平方公里，其中耕地面积648万亩，辖9区4市（县级市）6县，3000多个村及涉农社区。2009年以来，成都市在村和涉农社区开展了村级公共服务和社会管理改革，规定以2008年为基数，各级政府每年新增公共事业和公共设施建设政府性投资，由村（居）民自主决定具体实施项目，主要用于农村公共事业和公共设施建设，直至城乡公共服务基本达到均等化。这对于促进我国农村社会发展、推动城乡基本公共服务均等化具有重要意义。本文试图全面展示成都市村级公共服务和社会管理改革的背景与创新作法，分析这一创新实践的成效、启示等，探讨其发展前景。

一、动因与目标

（一）宏观背景

改革开放30多年来，我国农村面貌发生了可喜的变化。党的十七届三中全会明确提出，我国总体上已"进入着力破除城乡二元结构、形成城乡经济社会发展一体化新格局的重要时期"，"必须统筹城乡经济社会发展……调整国民收入分配格局，巩固和完善强农惠农政策，把国家基础设施建设和社会事业发展重点放在农村，推进城乡基本公共服务均等化，实现城乡、区域协调发展，使广大农民平等参与现代化进程、共享改革发展成果"。十七届五中全会又明确提出，要加强农村基础设施建设和公共服务，全会通过的《中共中央关于制定十二五规划的建议》指出："着力保障和改善民生，必须逐步完善符合国情、比较完整、覆盖城乡、可持续的基本公共服务体系，提高政府保障能力，推进基本公共服务均等化。"

但由于在长期以来城乡二元体制大背景下，我国一直实行城乡二元的公共服务体制，这不仅造成了城乡居民收入差距不断扩大，也导致在义务教育、公共卫生和基本医疗、基本社会保障等基本公共服务方面的城乡差距较为突出。农村居民"上不起学"、"看不起病"、"养老无保障"等问题依然存在。这主要有以下几个方面的原因：

一是公共财政没有覆盖到村及村以下，这导致了基层公共服务"供血不足"。现行的公共财政体制对农村的投入较少，同时，随着农业税和各种提留的取消，村级公共服务和社会管理经费来源也相应减少，这导致居住在村及村以下占全国人口56%的农村居民的基本公共服务和社会管理得不到有效保障。农村公共服务和社会管理设施的供给主要由农民自己负担。公共服务和社会管理制度的"二元化"、公共服务和社会管理设施财政资金筹集的不规范、分配的不均衡都成为城乡统筹背景下村级公共服务和社会管理供给机制中存在的主要问题。

二是公共服务供给主体责任不清晰。从村级来看，涉及公共服务和社会管理的产品和服务，既有应由政府提供的项目，又有应由村级自治组织和市场主体提供的项目。由于责任不明晰，导致缺位、错位、越位现象非常严重，村组承担的任务繁重但又无经费保障。

三是基层民主机制不完善，民生保障和民主管理并未有机结合。长期以来，农村居民的公共服务和社会管理的主体地位往往被忽视，一些重要项目的实施与否要么由各级政府部门确定，要么由村组干部决定。这一方面导致其所实施的项目容易脱离实际、不能真正解决农民最直接、最现实、最迫切的需求；另一方面，由于民主决策、民主监督、民主评议机制的缺失，往往导致项目的实施成本高、满意度低。

中国经济延续了依靠资源投入和出口需求驱动的粗放经济增长方式。2008年年底金融危机造成国际市场收缩、贸易保护主义重新抬头，加上国内要素成本全面上升和生态环境约束加剧，以"大进大出"为基本特征的传统增长模式难以为继。我国将不得不逐步放弃主要依靠外需、主要依靠投资和"以资源促发展"、"以市场换技术"等的发展方式，逐步转向主要依靠内需、主要依靠消费以及自主创新驱动经济发展。在这种条件下，大力加强就业、社保、教育、卫生、住房等民生领域的各项保障制度建设，提高政府公共服务均等化程度与水平，将解决涉及人民群众切身利益的问题，完善收入分配宏观格局，形成利于扩大内需的政策组合，实现共享式经济增长。因此，打破城乡二元结构、实现城乡统筹发展，提高农村公共服务和社会管理水平，促进城乡基本公共服务均等化，成为中国当前必须解决的重要课题。

（二）微观探析

成都是中国西部地区具有重要战略地位的城市，2000年，成都市已经成为人口超过1000万的特大城市，人口总量仅次于北京、上海、重庆。但直到21世纪初，成都仍然与中国大多数中西部地区的城市一样，是一个以农业人口为主、三农问题非常突出、社会贫富差距较大的欠发达特大城市。

2003年，成都市遵循城乡经济社会发展规律，以"城乡一体化"的工作思路制订和实施了以推进城乡一体化为核心、以规范化服务型政府建设和基层民主政治建设为保障的城乡统筹科学发展总战略。

2007年6月9日，国家发改委批准成都市设立全国统筹城乡综合配套改革试验区，要求成都市从实际出发，按照统筹城乡综合配套改革实验的要求，"全面推进各个领域体制改革的先行先试，尤其要在重点领域和关键环节大胆创新、率先突破，尽快形成可持续的、具有示范效应的统筹城乡发展的体制机制，促进城乡经济社会协调发展，也为推动全国深化改革、实现科学发展与和谐发展发挥示范和带动作用"。成都市成为新一轮深化改革的前沿阵地。

2008年，为进一步厘清统筹城乡改革中公共服务城乡均衡化发展的薄弱环节和关键突破口，成都市委统筹委对全市部分区（市）县的村（社区）公共服务和社会管理情况进行了调研。调研显示，由于历史的原因，在我国特有的城乡二元结构下，全市城乡公共服务的供给呈现出特有的二元特征。这种偏向城市的供给政策使城乡居民在享受公共服务方面存在着严重的不均等现象，主要表现为：

一是区域发展不平衡。从公共服务的地域分布上看，存在着地域分布不均的问题，城市规划区内的道路建设、河流治理整顿几乎都由政府埋单；相对偏远的地方，基础设施建设则明显滞后。三圈层与一、二圈层农村公共服务水平差距较大，偏远地区与靠近城镇的农村差距较大。

二是工作安排较多，服务资金短缺。通过对芦稿村和淳风桥社区共开展的50项公共服务分析发现，政府为供给主体安排给村（社区）的工作共38项，其中只有4项配套了部分工作经费，而其余34项均未配套相关的工作经费。这就造成了农村公共服务和社会管理的资金严重缺乏，一些本来该公共财政支付的事项仍然全部或部分通过"一事一议"让农民出资。

三是供给总量不足，服务结构失衡。从村（社区）对公共服务的需求量上看，存在着总量不足的问题，公共服务受决策目标和资金的限制，政府提供的公共产品数量有限,质量不高。从公共服务的内容上看,存在着服务结构失衡的问题,集中表现在供需脱节,所需的经济发展方面的服务、社会管理方面的服务都还不够。

调研结果表明:成都市推进城乡公共服务均等化和健全社会管理的任务仍然繁重。

城乡基础公共服务均等化是实现统筹城乡发展的关键步骤和基本目标。推进村级公共服务和社会管理体制改革,是城乡统筹发展的应有之义,也是深化基层民主建设和构建服务型政府的内在要求。

正是在上述背景下,成都市自2009年以来,在村和涉农社区开展了村级公共服务和社会管理改革,其目标是到2012年,村级公共服务和社会管理水平达到"四个有":有一套适应农民生产生活居住方式转变要求、城乡统筹的基本公共服务和社会管理标准体系;有一个保障有力、满足运转需要的公共财政投入保障机制;有一个民主评议、民主决策、民主监督公共服务的管理机制;有一支协同配合、管理有序、服务有力的村级公共服务和社会管理队伍。到2020年,建立城乡统一的公共服务制度,基本实现城乡基本公共服务均等化。

二、做法与创新

2009年以来,成都市在全市的村和涉农社区开展了村级公共服务和社会管理改革,规定以2008年为基数,各级政府每年新增公共事业和公共设施建设政府性投资,主要用于农村公共事业和公共设施建设,直至城乡公共服务基本达到均等化,建立了每年每个村(涉农社区)不低于20万元的公共服务和公共管理村级专项资金(2011年开始调整为不低于25万元),由村(居)民自主决定具体实施项目。三年多以来,市县两级财政共投入22亿余元,实施专项资金项目近6万项。具体做法主要体现为五大机制。

(一) 建立村级公共服务和社会管理的分级供给机制，推进公共服务到村

按照"公益性服务政府承担、福利性服务社会承担适度补贴、经营性服务探索市场化供给"的思路，成都市将村级公共服务和社会管理分为文体、教育、医疗卫生、就业和社会保障等7大类59项，并对其供给内容、供给主体、供给方式等都作了明确规定。其中，以政府为供给主体的38项，以村级自治组织为供给主体的8项，以市场为供给主体的13项。从而明确了政府、村（涉农社区）自治组织和市场主体在村级公共服务和社会管理中的责任，基本形成了"政府主导、市场参与、社会协同"的农村公共服务多元供给格局。

政府为主组织实施项目。原则上不能使用专项资金，如未达到应有标准，群众确有需要的，应由市和区（市）县部门负责解决。可以委托村自治组织实施的以政府为供给主体的项目，在征得村级自治组织同意的前提下，可以委托村自治组织实施，但必须采取"费随事转"的方式，给予经费保障。

市场为主组织实施项目。原则上不能使用专项资金，应通过市场机制解决，如群众确有普遍需求，又暂时缺乏市场支撑的，可用专项资金进行一定补贴，以撬动社会资金参与。但不能由公共服务和公共管理村级专项资金独立承担。基建类项目的补贴金额不能超过项目总投资的20%，服务类项目的补贴金额不能超过项目总投资的30%；补贴方式可采用一次性支付、分期支付等多种形式进行。同时，补贴金额和补贴方式要通过村（居）民议事会审议，并纳入项目实施方案，通过村（居）民（代表）大会决议，方可执行。

村自治组织实施项目。应由村级自治组织提供的村级公共服务和社会管

理项目,推行财政"定额补贴"制度,根据不同地区、不同类别的村(社区)公共服务和社会管理需要,由政府按年度对村级自治组织给予定额补贴,包干使用。采取市场化方式供给的公共服务和社会管理项目,运用政策引导、资金扶持、贷款贴息等办法,鼓励支持市场主体参与村级公共服务和社会管理,引导社会力量参与村级公共服务和社会管理。鼓励民间资金投入村级公共服务和社会管理项目,各级政府根据服务的质量和管理的效果,视情况给予配套资金支持。

(二)建立村级公共服务和社会管理的经费保障机制,加大公共财政投入,推动公共财政下乡

成都市将村级公共服务和社会管理经费纳入财政预算,并建立逐年增长机制。同时引入社会力量,允许村民(代表)会议决定,可以按专项资金标准最多放大 7 倍向小城投公司融资,从而有效解决了村级公共服务资金不足的问题,实现村级公共服务"有钱办事",具体如下:

一是设立公共服务和公共管理村级专项资金,并建立经费投入的持续增长机制。

自 2009 年起,成都市将公共服务和公共管理村级专项资金纳入政府财政预算,根据经济社会发展水平制定对村级公共服务和社会管理投入的最低标准,并要求各级政府对村级公共服务和社会管理投入的增长幅度要高于同期财政经常性收入增长幅度。同时要求政府每年新增的公共事业和公共设施建设政府性投资主要用于农村公共事业和公共设施建设,直至城乡公共服务基本达到均等化。2009 年、2010 年,成都市每年投入每个村(涉农社区)至少 20 万元,2011 年提高到至少 25 万元,2012 年提高到 30 万元。对近郊区(县)按照市、县两级财政 5∶5 的比例,远郊县(市)按照市、县两级财政 7∶3 的比例分级负担,五城区财政支出由区财政全额承担。

为确保村级专项资金真正用在村级公共服务和社会管理上，规定专项资金使用的"四不准"，即不准用于村集体组织还债，不准用于村（居）民平分，不准用于经营活动，不准用于应由政府承担的农村公共设施或项目的建设或投入。

二是建立村级专项资金标准管理流程。

为了保障村级公共服务和公共管理专项资金的规范管理、有效使用，成都市出台了《成都市公共服务和公共管理村级专项资金管理暂行办法》、《成都市公共服务和公共管理村级专项资金会计核算规范（试行）》，加强资金监管。市级的村级专项资金由各区（市）县申报，市统筹委会同市财政局审核后报市政府审定。审定后，非区划调整等特殊因素，将不再变动。市级的村级专项资金由市财政每年通过专项补助下达到相关区（市）县财政；区（市）县财政将村级专项资金（含本级财政承担部分）拨付到村（社区）。各区（市）县财政应按配套要求，足额安排本级当年度的村级专项资金。若当年未按规定到位配套资金的，市财政将通过财政结算直接扣减，以确保全市的村级专项资金足额到位。乡镇（含涉农街办）的村组代理会计核算中心为村（社区）在当地农村信用社开设"公共服务和公共管理村级专项资金"专用账户，并负责村级专项资金的统一核算。村级专项资金按村（社区）实行专账核算、专款专用。每年初将因为区划调整、跨村居住等特殊因素引起的村（社区）撤并、人口变化等，根据实际进行调整并重新核定村级专项资金。

三是实施村级公共服务和社会管理的村级融资建设。

为了吸引社会资金参与农村公共服务和社会管理，从根本上解决村级公共服务的资金短缺问题，成都市于2009年出台了《成都市公共服务和公共管理村级融资建设项目管理办法》，确定以市小城投公司作为融资平台，各村在民主决策的基础上，可以根据核定的每村（涉农社区）的专项资金标准，最多放大7倍进行贷款，用于村一级的基础设施和公共服务设施建设。贷款由市、县财政从2009年起逐年安排的村级专项资金偿还，村（涉农社区）按年利率2%承担资金利息，其余部分利息由市、县两级财政补贴。

（三）建立村级公共服务和社会管理的民主管理机制，保障农民自主

为确保农民利益的合理表达及权利的实现，成都市明确办理村级公共事务的方法，建立村级公共服务和社会管理议事规则，依据民主决策、自主建设、严格监督和民主评议的原则，由村民（代表）会议决定村级公共事务项目和专项资金使用、管理和监督。在此基础上，构建起村社区党组织领导下，以村民自治为核心、社会组织广泛参与的新型村级治理机制。

建立村级公共服务和社会管理议事规则及"六步工作法"。确定了议事会会议的主要程序、议事会发言规则、议事会会议记录规则、议事会主持人规则和议事会表决规则，引导和保证村（居）民充分表达意愿，民主参与决策。同时，规范民主决策、监督和评议程序，建立村级治理"六步工作法"。由政府组织实施的村级公共服务和社会管理项目，建立农民群众民主评议制度，由农民群众对项目服务内容、服务方式进行评价。由政府委托村级自治组织实施的项目，建立民主监督制度，由农民群众提出建议和批评，对服务水平、服务质量和效果进行监督。

构建新型村级治理组织架构。主要包括四项工作：成立村民议事会，作为常设议事决策机构；成立村务监督委员会，作为常设监督机构；规范村委会职能；分离集体经济组织和自治组织职能。以建立村民议事制度为突破口，构建村党组织领导、村民（代表）会议或村民议事会决策、村民委员会执行、村务监督委员会监督、其他经济社会组织广泛参与的充满生机活力的新型治理机制。加强和改进农村党组织的领导，推进农村集体经济组织市场化经营，创新农村公共服务和社会治理，实现基层自治事务决策权与执行权分离、社会职能与经济职能分离、政府职能与村民自治职能分离。

(四) 建立村级公共设施统筹建设机制,因地制宜整合资源

为避免农村基础公共服务和社会管理设施的重复建设,成都市探索了村级公共设施统筹建设机制,在"按需编制"村(社区)规划的同时,有效发挥资源整合的效力,以节约资源、信息共享为重点,整合村级公共服务和社会管理的场所、设施等,实现基础设施和公共服务设施的统筹建设,做到功能配套、共建共享。

"按需编制"村(社区)规划。对有大型产业化项目的村(社区),依据相关要求编制较为详细的村(社区)规划;对以传统农业为主、目前尚无大型产业化项目的村(社区),先编制公共服务设施、基础设施布局规划。村(社区)规划的编制以乡镇为主体,区(市)县规划部门牵头协调教育、卫生、文化、交通、水务、农业等部门,结合镇(乡)域规划和各部门专项规划,对村级公共服务设施、基础设施布局规划进行审查,出具意见书报统筹部门备案。

整合资源统筹建设。按照统筹推进"三个集中"的原则,突出重点,因地制宜,整合村级公共服务场所、设施等资源,优化功能,集中投入,统筹建设村级公共服务设施,促进公共服务和社会管理职能有序向农村延伸覆盖。充分尊重群众意愿,按照"宜聚则聚,宜散则散"的原则科学规划聚居点位和公共设施配套方案,通过整合资源以中心村(社区)辐射周边村(社区),统筹建设村级公共服务设施。

(五) 建立村级公共服务和社会管理的人才队伍建设机制,提升基层工作执行力

成都市高度重视村级公共服务和社会管理的人才队伍建设,在全市发起

成立以乡镇为单元、以"一村一大"为主体、抽调部分县乡两级机关工作人员组成的村级公共服务和社会管理改革基层工作队。工作队具体负责城乡统筹政策、法规及各种实施意见的宣传和调查研究，收集整理、协调解决所驻乡镇及村组工作推进过程中的具体困难和问题，指导村民议事会、监事会等发挥职能作用。在此基础上，成都市还充分整合了社会组织、专家学者、大学生志愿者等人才资源共同推动村级公共服务和社会管理。此外，成都市还通过送人进修、请人辅导相结合的方式，大力培训人才队伍，提升其综合素质。仅2009年就先后委托各级党校、行政学院、高等学校、科研院所培训乡镇（街道）党委书记、村党组织书记等6000余人，培训基层工作队成员2000余人，培训成都籍农村大学生等村级公共服务和社会管理宣传后备力量3000余人。同时，对人才进行分类职责管理，积极制定人才队伍绩效考核制度，将工作成效与个人绩效挂钩，充分调动了各类人才的积极性。

成都市村级公共服务和社会管理改革具有鲜明的特点和创新性，表现在：

1. 强化各级政府提供农村基本公共服务的责任，加大政府对农村公共产品的转移支付，第一次将村级基本公共服务和社会管理经费纳入各级政府财政预算，破解农村公共产品提供的困境。

由于历史和体制的原因，在我国城乡发展中，农村一直是"短板"。家庭承包制实施以来，财政用于农业农村的投入逐年增加，村级公共产品供给则依赖于农村税费。税费改革以来，公共财政进一步扩大了对农村基础设施和公共事业的投入规模，村集体依然是农村公共产品供给主体。然而，在转型期集体经济组织自身面临一系列发展困境，在农村公共产品供给上先天不足，农村公共产品陷入困境。推进城乡基本公共服务均等化，需要确立重点向农村倾斜的原则，加大政府对农村公共产品的转移支付。成都市明确了政府投入的主体地位，构建公共财政保障机制，要求各级政府将村级基本公共服务和社会管理经费纳入本级财政预算，设立村级公共服务和社会管理专项资金，根据本地实际情况制定村级公共服务和社会管理投入的最低标准。在此基础上,各级政府对村级公共服务和社会管理投入的增长幅度必须高于同期财政经常性收入的增长幅度。为了确保资金对农村倾斜,成都市还进一步规定,各级政府应以 2008 年为基数,每年新增公共事业和公共设施建设政府性投资,都将主要用于农村公共事业和公共设施建设,直至城乡公共服务基本实现均等化。这一举措为实现全国城乡基本公共服务均等化作了有益的探索。

2. 以健全公共服务为抓手,创立了一套村级公共服务和社会管理的分类供给机制,拓宽了农村村级公共服务供给渠道。

成都市村级公共服务和社会管理改革区分了政府、市场、社会在公共服务和社会管理供给中的责任,通过分类供给机制的建立,明确了供给主体责任,清晰了职责边界,厘清了政府、村级自治组织与集体经济组织、社会管理和公共服务组织之间的关系,解决了公共产品供给责任不清的问题,形成了基层公共服务和社会管理多中心的治理框架。村级公共服务分类供给制度的确立,既明确了政府在公益性服务上的保障功能,强化了各级政府提供农村基本公共服务的责任,同时也确立了"政府主导、多方参与"的基本思路,形成了"政府主导、多元参与"的新格局。

3. 将加大政府对农村的投入与推进村级公共治理相捆绑,把专项资金管理使用与基层民主政治建设相挂钩,把民生与民主结合起来,确立了公共服务与社会管理相互促进的格局。

长期以来,我国农村村级自治组织存在着集决策、执行于一体,村自治组织与村集体经济组织职能不分,政府职能与自治组织职能职责不清等突出问题。成都市在村级公共服务和社会管理改革中,对健全和完善农村新型基层治理机制进行了改革探索。成都市村级公共服务的分类供给机制规定,由村自治组织提供的服务和管理项目,按照村民自治的原则,由村民大会或村民代表大会或村民议事会自主决定服务的内容和方式,村委会负责具体组织实施。在实践中,成都市把农村产权改革中出现的村民议事会这一村民民主决策机制制度化、规范化,赋予其一定的法律地位,使之成为村民大会的常设机构，对相当广泛的村庄事务拥有决策权和监督权。同时，成都市积极鼓励这些基层民主管理机制的创新，提倡各村因地制宜，发展适合自身的民主参与方式和民主管理办法。

三、成效与启示

成都市村级公共服务和社会管理改革通过构建分类供给、经费保障、设施统筹建设、民主管理和人才队伍建设等五大机制，促进了村级公共服务和社会管理工作的制度化和常态化，取得了良好效果。

首先，建立了持续的财政投入机制，解决了村级公共服务和社会管理"无米下锅"的问题，推动了城乡公共服务均等化和城乡统筹发展。村级公共服务和社会管理改革的瓶颈在于资金的稀缺性。成都市在统筹城乡发展的改革中，确立各级财政重点向农村倾斜的原则，持续推进城乡基本公共服务均等化，不断缩小城乡基本公共服务差距。2009年至2011年市县两级财政共投入22亿多元，对全市2592个村（涉农社区）的村级公共服务和公共管理进行专项扶持，全市每年确定的专项资金项目近2万项。同时，为了响应大多数村民对尽快改善村级基础设施的强烈愿望，通过创新推进村级融资建设项目，截至2011年共计融资2.7亿元，新（改）建道路1274公里，提灌站466个，沟渠293公里，蓄水池627口，供电、供水设施78处等。2009年至2012年，成都市每个村（涉农社区）的最低村级专项资金由2009年的20万元，提高到2012年的最低30万元，增长率50%；平均每个村（涉农社区）村级专项资金从2009年的25.4万元/年，提高至2012年的35.8万元，增长率40%；全市累计投入专项资金由2009年的7.9亿元，提高至2012年的9.3亿元，增长率18%。

其次，促进了民生与民主的结合，构建了"民生带动民主，民主保障民生"的长效机制。改革过程中，对于公共服务和公共管理村级专项资金的使用，形成了一套规范的民主程序和办法，通过民主议定项目、民主监督项目、民主评议项目等方式，健全村（社区）民主议事规则，建立起村民广泛参与的民主决策制度。通过民主机制运行和完善，不仅促使专项资金的使用，公共服务和社会管理项目的投放，能够来自于群众，满足群众的真实需求，而且在保障农民群众的合法权益的基础上，充分调动广大农民群众参与村级公共服务和社会管理的积极性和创造性，推动了民生保障与治理结构的双重改善。

第三，建立了基层公共服务和社会管理多中心治理框架，推动了政府职能转变，改善了党群和干群关系。这项改革较好地界定了政府、市场与社会的边界，厘清了村民自治组织架构的权力关系，明确了不同主体的责任，转变了政府职能，形成了基层公共服务和社会管理的多中心治理格局。尤其是以村民议事会为特色的新型乡村公共治理模式，建立了村级公共服务和社会管理议事规则，突出了村民的主体地位，尊重农民自主决策的风气正在形成，改善了党群干群关系。

以上成效的取得除了该项改革本身的制度设计外，也与下面这些因素有关：

一是各级领导的重视及完备的政策体系。

成都市委、市政府将村级公共服务和社会管理改革视为实现统筹城乡发展的四大基础工程之一，并作为一项系统工程，对其加以高度重视，先后颁发了一系列指导性文件。

2008年年底，成都市出台了《关于深化城乡统筹进一步提高村级公共服务和社会管理水平的意见（试行）》（成委发〔2008〕37号），作为成都市实施村级公共服务和社会管理改革的指导性纲领与总体政策要求，该《意见》对全市村级公共服务和社会管理改革的指导思想、目标任务、基本思路、主要内容、机制体制等进行了总体规划设计。2009年至2011年，成都市委、市政府及相关部门又先后颁发了《成都市公共服务和社会管理村级专项资金管理暂行办法》、《成都市公共服务和社会管理村级融资建设项目管理办法》、《关于做好公共服务和公共管理村级融资建设项目有关工作的通知》、《关于组建村级公共服务和社会管理改革基层工作队的通知》、《关于开展村级公共服务和社会管理改革常态化审计工作的通知》等近20个指导性文件,形成了村级公共服务和社会管理改革政策体系。各区县也结合本地实际,出台了一系列配套的规范性文件。

二是重视与高校、科研院所的合作,发挥专家的作用。

除了在村级公共服务和社会管理人才培养方面加强与专家的合作外,成都市还委托四川省社科院对公共服务和公共管理村级融资建设项目进展情况和取得效果进行第三方评估,形成了《成都市公共服务和公共管理村级融资建设项目评估及发展思路研究》,在此基础上出台了《成都市村级专项资金核定拨付使用的指导意见》,针对基层反映的专项资金使用问题,规范专项资金调整使用的程序和方法,并会同市政府效能办,积极开发建设"成都市村级公共服务和社会管理项目管理系统",搭建信息平台,实施动态管理,适时监控指导。

三是重视政策的解读和宣传。

2009年,成都市成立了以乡镇(涉农街道)为单元、以"一村一大"为主体的村级公共服务和社会管理改革基层工作队,负责相关政策法规宣传,指导村民议事会、监事会等发挥职能作用。同时,为了增进群众对村级公共服务和社会管理改革的了解,成都市各区(市)县均印制了宣传单、宣传册发放到农户,并通过各种方式加大对改革的宣传力度。市委统筹委设计、印制了改革宣传年画和村级公共服务和社会管理议事规则(漫画)发放到农户、村组;在《成都日报》、《成都商报》、成都电视台、成都人民广播电台等市级主要媒体开设了村级公共服务和社会管理改革专栏,解读改革政策,登载(播放)全市改革推进情况;通过电信、移动、联通等运营商向农户发送改革宣传短信200多万条;委托成都大学和成都农职学院成都籍农村学生发放宣传资料和问卷，宣传改革政策，同时委托国家统计局成都城调队对改革推进情况开展了多次第三方调查，督促改革工作的开展。各村（社区）在村（居）务公开栏设置了村级公共服务和社会管理改革专栏，公示改革政策、专项资金使用情况和专项资金项目实施情况。

四、完善与推广

成都市的村级公共服务和社会管理改革现在已经作出了有益的尝试，取得了一定的成功，但也面临着一些困难和挑战，以下工作尚有待进一步展开。

（一）加强立法，完善村级治理的相关制度

作为农村基层自治组织之一，议事会的本质在于行使村级事务方议事权、决策权。然而，在我国目前的法律体系中，议事会制度目前还缺乏明确的法律地位，权限范围模糊、与村民（代表）会议的关系不清、对村委会的监督形式不明。只有通过立法，以法律形式明确议事会及其成员的地位、权利、责任和规则，才能真正赋予这一基层社会治理形式合法性，也才能充分发挥其权威性和有效性。

（二）建立长期稳定的公共财政可持续投入机制

目前成都市村级公共服务和与之相关的社会管理改革试验仍然属于"项目式运作"，不利于充分发挥制度创新的示范效应，也不足以提供持续的推动力和长久的保障力。这就需要把村级公共服务资金纳入政府财政预算，实现公共服务政府投入的制度化和常规化。同时，还要在法律上进一步明晰农村公共服务专项资金投放及相关财务活动与议事会运作之间的关系及相关程式

规则，让民生与民主有机结合的机制得到切实的制度保障。另外，目前我国现有的公共服务供给体制仍然存在中央政府、地方政府之间公共责任划分不明确的问题，突出地表现在事权和财权不匹配，基层政府承担着许多应该由上级政府承担的支出。在推进农村公共服务问题上，全国范围内要协调好这个问题，建立公共财政体制，合理划分各级政府的责任，明确各自分工，提高农村公共服务供给的制度化水平。

（三）进一步强化公开与透明，避免民主参与流于形式

把财务公开与监督确立为农村基层民主制度建设的核心。

在成都模式中，议事会拥有的决策权和监督权不仅体现在专项资金的使用上，还扩展到村级日常财务经费开支的审批上。推动财务公开、实现有效的财务监督，既是建设基层新型民主政治和治理结构的重要内容，也是充分发挥专项资金使用效率的保证，需要在工作中继续加强。

民主决策是解决公共物品供给效率的基本途径，为避免民主监督和决策流于形式，就需要在推进村级公共服务和社会管理改革的过程中，进一步完善相关法规程序，规范民主议事程序，加强公开透明，依法执政，明晰公共设施产权和公共利益边界，保护私人资本的收益和居民合法私产，确保行政和司法救济渠道的通畅，同时注意在村级公共服务和社会管理改革的实践中培养广大农村居民的民主和公民的素质，构建农村基层民主政治坚实的社会基础。

（四）多渠道壮大人才队伍，发挥人才在社会管理中的重要作用

由于缺乏地域优势、严格的编制限制、青壮年劳动力大量外流等因素，造成了成都市村级公共服务和社会管理人才队伍相当缺乏。社会管理创新和深化迫切需要具有较高思想认识水平、综合文化素质及专业知识的社会管理

人才队伍。一是进一步加强对基层干部队伍的培训教授,不断提升他们引导多元社会主体参与社会治理并实现其与各主体之间互动、协调、合作的能力。二是加强对基层议事会成员的培训力度。三是进一步完善"一村一大"制度,使用好现有的"一村一大"志愿者,鼓励他们在推进农村公共服务和社会管理中发挥更大的作用。四是挖掘本村人才、乡土精英,注重从致富能手、退伍军人和回乡大中专毕业生的优秀分子中选拔人才,进入村、乡镇基层组织,建立农村后备干部队伍。

就成都村级公共服务和社会管理改革内含的理念及具体的措施而言,其适用性并非限于成都一地。对其他一些地区来说,同样具有借鉴意义。

1. 从财政的角度而言,改革所需要的财政投入并未给市县两级政府带来沉重的预算负担。

成都市级财政每年支出 4 亿,此项改革大约占全年财政支出的 1% 左右,负担并不重。而其带来的民生收益、长期民主建设收益和社会和谐收益却很高。有学者曾算过这样一笔账,全国 60 余万个行政村,每个村每年 20 万到 30 万元的专项资金,各级政府每年的财政投入约 2000 亿元。按照成都的做法,中央财政负担一半左右,每年大约 1000 亿元,地方财政大约负担 1000 亿元。目前政府有足够的能力做好这件事。中央政府每年投入 1000 亿元,就可以在全国范围内加强村级基础公共服务,推动村级民主参与,改善村庄治理结构,和谐干群关系,减少社会矛盾。

2. 关于新型村级治理机制的推广。

成都市新型村级治理机制的实效证明,以拓展决策参与为主要实现形式的村民议事会,是一种在村民代表会议不能实际履行议事决策权的状况下最优化的村民自治结构和机制。村民议事会制度,实际是把授权范围内的村级自治事务的议事权、决策权、监督权,统一赋予村民议事会行使,在村民会议和村民代表会议难于发挥或实际难于履行日常议事、决策和监督权的情形下,嵌入到原有的村民自治权力体系之中,把议事、决策、监督三权通过这样一种组织形式落到实处,等于相对回收了村民会议授予村委会的决策权,村党组织的领导意志主要通过议事会来实现,实现了农民权益。这样不仅将顺了村自治权力体系中的各种关系,而且实现了民主自治从"多数选"到"多数决"的回归。实践证明,村议事会的结构性需求和体制性嵌入,完全适应了经济社会发展的结构性需要,可以成为"村民议事"即"拓展决策参与"民主决策的具体实现方式。

此外,关于成都经验的推广,还需要注意的几个问题。

成都实践具有其重要的推广意义,在其他地区具有可适用性,但考虑到成都经验向其他地区推广可能产生的扩散效应,在研究成都实践和经验的同时,需要对一些问题给予关注和进一步探索。其一,关于改革实施的大环境。作为全国统筹城乡综合配套改革实验区,成都市的统筹城乡一体化建设具有其体制化、制度化联动的明显特征。而体制化、制度化联动,正是公共服务和社会管理改革得以持续推进的大环境。在其他地区的推广中,如何为该项改革的广泛和深入推进开拓广阔的实践空间、创造制度化的大环境值得关注。第二,关于地区差异的问题。成都市村级公共服务专项资金标准保底是每个村 20 万元,为了照顾相对落后地区,确立了近郊县和远郊县不同的市县财政配额,并综合考虑人口、辖域面积、地形等因素进行投放。这种方式体现了不同农村地区公平发展的原则,但难免会有效率方面的损失。因此,如果推广,应当因地制宜,关注地区差异,按照"均等化下的差异化"原则,在所有村庄普及专项资金的基础上,适当向条件较差的村庄倾斜,兼顾公平与效率。第三,专项资金投放和农村基层民主改革需要有机结合,两者相辅相成、不可偏废。既要避免专项资金被"截留",也要杜绝专项资金投放沦为简单的"发钱"。

(原载俞可平主编:《中国地方政府创新案例研究报告(2011—2012)》,北京:北京大学出版社 2013 年即将出版)

农民领到了养老金
——河北省青县的农村合作养老制度案例分析

项国兰
（中央编译局比较政治与经济研究中心）

2008年5月，河北省青县在全国率先推行农村合作养老制度。农民领到了养老金。这种制度是在怎样的背景下建立起来的？这是一种什么样的制度？青县为什么能建立起这样的制度？有着怎样的效果、创新性、影响和意义？还存在哪些问题？本文拟就这些问题进行叙述和分析，以飨读者。

一、青县农村合作养老制度建立的背景

青县农村合作养老的背景要从两个方面谈，一方面是大背景，即我国现代化发展中人口现状及农村养老制度的建设情况；另一方面是青县农村养老的具体背景。

（一）我国目前农村养老现状和制度建设

（1）我国目前农村养老现状。我国处于现代化中期。现代化的发展使

我国人均寿命普遍延长。随着人均寿命的延长，人口老龄化问题日益显现。到 2007 年底，我国 60 周岁以上的老年人口已经达到 1.53 亿，占总人口的 11.6%。我国老龄化的特点一是速度快，65 岁以上老年人占总人口的比例从 7% 上升到 14%，这样的比例发达国家大多用了 45 年以上时间，而我国只用 27 年就将完成。二是"未富先老"矛盾突出，发达国家是在基本实现现代化的条件下进入老龄社会的，我国则是在现代化中期、经济尚不发达的情况下提前进入老龄社会，现有经济和社会保障水平不足以应对来势凶猛的老龄化问题。在老龄人口中，农村超过 1 亿，高于城镇 1.24 个百分点。而农村参保老人中有政府补贴的只有 1000 多万人。农村老龄化问题成为我国人口老龄化中最为突出的问题。现存的城乡二元经济结构深刻影响我国社会保障体系的建设，缺乏制度化的社会保障，使农民的养老保障成为问题。

（2）我国养老制度建设情况。早在 1986 年，我国开始了农村社会养老制度的探索。1986—1992 年为试点阶段。当时的做法就是建立以个人缴费为主、集体和政府补助为辅的养老保险制度模式。1992—1998 年为推广阶段。1998 年以后进入衰退阶段。由于农村社会养老保险制度中政府和集体应承担部分没有落实，农村社会养老制度因养老保险演变成"个人储蓄保险"而中断。1999 年 7 月，国务院指出，目前我国农村尚不具备普遍实行社会养老保险的条件，决定对已有的业务进行清理整顿，停止接受新业务，有条件的地区应逐步向商业保险过渡。

随着我国社会经济的进一步发展，农村最低生活保障制度、五保供养等农村社会保障体系的建立，建立新型农村养老制度迫在眉睫。时隔 8 年后，再度提起农村养老问题。2007 年全国两会和党的十七大提出"加快建立覆盖城乡居民的社会保障体系，保障人民的基本生活"，鼓励各地开展农村养老保险试点。中央政府《关于开展新型农村社会养老保险试点的指导意见》于 2008 年 10 月首次征求国务院有关部门、各省、自治区、直辖市劳动和社会保障厅的意见。《指导意见》提出的缴费办法是个人缴费、集体补贴和政府补贴相结合，基础养老金和个人账户养老金相结合的资金来源和制度模式。《指导意见》预计2009年9月1日在全国选择10%的县（市、区）启动试点。2020年前基本实现全覆盖。

实际上，在国家新型农村养老保险制度未出台前许久，各地已在新型农村养老保险制度模式、筹款方式等方面进行探索。比如"苏南模式"，苏南农村目前的老年保障模式是一种多形式并存的局面，其基本特征是"以家庭保障为基础，社区保障为核心，商业性保险为补充"。上海市农村也基本上属于这种类型。而浙江省一些地方，如余姚等地实行"个人缴纳，政府兜底"的办法。总体看，一些财力较强的地方新型农村养老制度进展顺利，财力较弱的地方则难出自己的养老模式。

河北省青县的财力不算强。2008年，青县在河北省县域经济实力排名由第42位上升到第35位。青县不论从财政收入还是从农民纯收入，在河北省乃至全国都属中等水平。可是他们却创造出自己的农村养老制度。

（二）青县农村的老年人养老现状及民生总体改善情况

（1）养老现状。青县与全国一样，已进入老龄化社会。从现状看，绝大多数农村老人仍旧是"养儿防老"。但是现在家庭的储备能力有限，个人和家庭的风险承担能力薄弱。而随着社会经济转型，农村劳动力的流动性加大，一些青年农民的观念也在发生变化，致使家庭赡养功能弱化。还有，由于计划生育政策的成效，现在两个人要供养四个人的情况越来越多。总之，现在儿孙、土地的养老效用越来越弱，仅凭传统的道德约束已无法保障农村养老，家庭养老的压力将越来越大，传统的养儿防老面临严峻考验。随着商业保险事业发展和社会养老保险向个体私营经济扩张，个别经济条件好的农民和在企业打工的部分农民有了"养老金"，但是80%—90%的农民还是靠孩子养老。农村吃粮、菜不用花钱，可是孩子们每月给的几十元钱还是不够开销。而且这种钱不固定，有时孩子手头不宽裕，或者自己的孩子想给，而小家庭的另一方不愿给，老人还要看人家脸色，而有时遇到特殊情况，可能就不给了。多数农村老人日常开销窘迫，处于焦虑、无着状态。他们迫切渴望政府出台农村养老政策，能像城里人一样按月领取养老金。

青县县委、县政府体察到了农村养老面临的这种势。

（2）青县改善民生状况。本世纪以来，青县在村民治理和民生方面接连创造出"青县模式"，如 2003 年在全县推广的"青县村治模式"[1]，即"党支部领导、村代会做主、村委会办事"的制度。这种村治模式在后来包括合作养老在内的改善民生的一系列举措中发挥了组织、引导作用。2004 年成立了贫困学生救助基金，对贫困学生进行资助，标准是每年小学阶段 300 元，初中阶段 500 元，高中阶段 800 元，大学阶段 2000—5000 元。此外，对一些特别贫困的学生还给予特殊照顾。他们的目标是：青县的孩子，一个都不能因为贫困而辍学。2005—2006 年实行新型农村合作医疗和新城合[2]。青县的医疗保障制度实现了全覆盖。2007 年青县建起了在全省乃至全国一流的敬老园，农村部分生活无着老人入园。随着学有所教、病有所医、困有所帮及部分老有所养问题的解决，多数农村老人老有所养的问题凸显。

青县于 2007 年 2 月，先于两会和党的十七大，开始具体谋划实施农村合作养老政策。经过一年的研究、测算、讨论、论证、征求意见、修订，最终确定了青县农村合作养老制度方案。2008 年 5 月 8 日，青县召开近千人参加的农村合作养老动员大会，会议标志着全县农民进入了"老有所养"的新纪元。

---

1. 北京大学中国政府创新研究中心编辑的首部中国政府创新蓝皮书《和谐社会与政府创新》由社会科学文献出版社出版发行，在蓝皮书收录的 16 个典型案例中，"青县村治模式"成为中国政府创新典型案例之一。
2. 在实施新农合过程中，他们注意到有一些下岗、无业居民，这些人既不是公务员，或事业单位工作人员，也没有农村户口，这个群体没有医疗保障。而国家政策暂时还没有顾及到他们。这部分人在青县大概有 2 万多。县委县政府经过测算，认为县财政能负担。于是就把这些人按照农村合作医疗标准包纳进来。

二、合作养老的具体做法

具体做法包括测算运行机制风险、制定具体政策制度、确定管理模式、规定工作程序、进行政策宣讲等。

(一) 测算运行机制风险

上文谈到了青县的经济实力和农民的纯收入情况。在测算运行机制风险过程中，他们充分考虑到政府和农民两方面的承受能力，力求制订出一套政府能够兜得住底、农民也能够接受的方案，甚至预测未来十几年的人口变化情况，以期建立一种长效制度。

(1) 入户采集现有农业人口信息。这项工作在全县 349 个村同时进行。《青县农村合作养老工作运行程序（试行）》要求，村级农村合作养老会（或村委会）负责对本村现有农业人口信息进行入户采集，不落一户一人，逐个按家庭关系填写《青县农村合作养老户籍登记册》。

(2) 方案论证。在摸清全县农业实有人数的基础上，对农村养老现在和未来 17 年的人口变化情况进行风险测算。据测算，到 2024 年，青县农业人口将由现在的 33.34 万人增至 37 万人，其中 25—64 周岁人口将由现在的 18.6 万增至 21 万，65 周岁以上人口将由现在的 2.85 万增至 7 万。按照测算的人口基数，先后设计了 10 余套方案，在镇上、村里、网上公开征求意见。最终确定了包括农村合作养老机制、缴费年龄、缴费标准、领取年龄和领取标准的政策制度。

(二) 制定合作养老具体政策制度

在制定具体政策制度时，他们确立了制度基本框架即合作养老及实施过程中要达到的三个目标：全县农业人口"全覆盖"；政府财政在二次分配中向农民倾斜，农民没亏吃、有光沾；制度体现公开、公平。

（1）青县农村合作养老的机制。青县农村合作养老包括五个方面：一是政府与农民合作。即设立农村合作养老基金，农民群众按规定缴纳参合基金，县财政每年根据实际参合人员数量予以资金补贴，[1] 按目前我国平均寿命73岁计算，财政给参合人员平均每人补助6000元。越高于平均寿命者受益越大。二是村民之间合作。以行政村为单位进行整体审核确认，只有全村参合率达到80%的规定标准，村民才能加入合作养老。如果经过审核认定全村整体参合率低于80%，全村人都不能加入合作养老。已参合的村在以后年度应始终保持80%以上，整个参合率达不到80%时，自当月起取消该村直接受益者的受益资格。三是家庭成员之间合作。制度规定年龄达到65周岁（含65周岁）以上老人，可以缴纳100元注册费，免缴参合费而直接受益，但是条件是其适龄子女、孙子女及其配偶（户口在本村的）全部参合。如果老人的上述亲属中有一位不参加农村合作养老，那么老人也不能直接享受农村合作养老金。四是参合人员之间合作。青县合作养老采取的是联合会管理模式，县、镇两级设立农村合作养老联合会，村级设立合作养老会，所有参合人员都是联合会会员，彼此之间平等合作，共同参与合作养老政策的制定与修改，共同实施对农村合作养老基金的监督管理，共同维护参合人员的合法权益等。五是全社会多元合作。《青县农村合作养老社会捐赠办法（试行）》将农村合作养老社会捐赠活动作为一项长效机制来推行。《办法》提出了"组织捐赠"、"褒奖捐赠人"、"受助对象、标准和程序"、"捐赠资金管理"等措施，以保证社会捐赠的可持续性。

（2）规定缴费年龄。《青县农村合作养老办法（试行）》规定，凡具有本

---

1. 预计到2024年，县财政总共投入补贴2.55亿元，年补贴资金1500万元，2007年青县财政收入是5.1亿元，本级可支配收入为1.7亿元。

县常驻农业户口，年龄在 25—64 周岁为适龄参合人员；具有本县常驻户口，年龄在 25 周岁以下者，如有参合意愿，也可参照 25 周岁人员缴费办法缴费参合，缴费额满即可；县外农业人口因婚姻新入本县或迁入人员，年龄在 55 周岁以下（含 55 周岁）且有不动产者，按本县常驻农业人口对待。

（3）设定缴费及领取标准。缴费标准为 3800—4800 元，[1] 可一次性趸交，也可按年缴纳。达到 65 周岁后年收益率不低于 1200 元。《办法》规定 2008 年 5 月 1 日为基准日，当日达到 65 周岁以上（含 65 周岁）并符合相应条件的，缴纳 100 元注册费即可直接受益，年受益标准不低于 600 元。《办法》在 60—70 周岁之间设置了"利益缓坡"，即 60—64 周岁人员每增一岁，缴费降低 200 元；65—70 周岁人员每增一岁，增加 100 元。达到 80 周岁以上的老人，每年赠发一个月养老金。另外，《办法》对缴费中途死亡和中途退出者的资金和利息都有相应规定。

（三）确定管理模式

青县农村合作养老采取的是联合会管理模式。联合会的性质是县委、县政府领导下参合农民自愿结合的组织。联合会的一切活动以国家相关法律、法规和本县农村合作养老政策为准，严格遵守《青县农村合作养老基金财务管理实施细则（试行）》的各项规定，接受人大、监察、审计及财政部门的监督检查，依照规定向县政府报告参合基金的管理和保值、增值等情况。

（四）规范工作程序

为确保参合工作质量，青县县委、县政府专门制定了《青县农村合作养

---

1. 2007 年青县农民收入人均为 4522 元，2008 年达到 5030 元，农民对 3800—4800 元的基金支付压力能够接受。

老工作程序（试行）》。《程序》详细规定了每个工作环节的操作程序和具体要求，主要包括三个方面：

（1）把握住人口信息管理环节。全县349个村同时对现有人口入户采集，统一填报《青县农村合作养老户籍登记册》。乡镇经办机构会同乡镇派出所对各村呈报情况核准后，登记录入微机管理程序，随时调整增减人员信息。县经办机构对乡镇登记录入的户籍信息实施动态监控，不定期组织入户抽查，并于每年12月底，对全县人口变化情况进行汇总分析查找问题，拾遗补缺。

（2）掌握好参合审批环节。要求各村先进行民意调查，经本村合作养老会议（或村代会）讨论通过后，以《协商决议》形式向所在乡联合分会提出申请。经村级合作养老会议（或村代会）讨论并在全村公示后，报所在乡镇和县经办机构审核审批。缴纳养老金后得到的是乡镇联合分会开具的河北省财政厅监制的收款收据。

（3）严格基金拨付、收缴和发放管理环节。青县严格执行"收支两条线"的管理办法，制定《青县农村合作养老基金财务管理实施细则（试行）》，对包括基金预算、基金筹集、基金支付、基金决算、监督检查都有明确、详细、严格的规定。比如，县联合会必须于每年12月份编制报送本年度基金决算报告和下年度基金预算报告。每季度末向县政府报送下季度基金决算报告和下季度基金预算报告，每季度组织金融部门及各乡镇核对一次账目，每年年底进行一次综合审计。财政补贴资金的划拨、养老金的发放，必须经主管县长批准后实施。社会捐赠资金统一纳入民政局专户，然后再按程序发放。通过对以上各环节明确细化工作程序，从源头上保证养老基金会财务管理工作不出纰漏。

（五）搞好政策制度宣讲

在政策制度宣讲环节上青县提出了三个目标：一是让农民认识到，合作养老是政府掏钱搞的福利事业，向农民收取的基金和政府补贴资金全部用于发放养老金，不会被占用、挪用；二是让农民认识到，自己的本金连同利息能够100%保证收回来，而且在保本的前提下实现老有所养；三是让农民认识到，合作养老与社会养老保险和商业保险有本质区别，引导农民主动参合。宣讲由县、乡政府和村委会通过多种媒体及各种手段进行：

（1）县政府。青县县政府人事劳动与社会保障局对镇村干部、村民代表多次进行政策培训；印发了10余万张"明白纸"；连续在县电视台播放县长电视讲话、专家电视访谈、镇村干部访谈等专题节目。充分全面宣传合作养老制度政策的好处，提高农民对该政策的了解程度。

（2）镇政府。镇政府在县政府的工作基础上，深入到农民群众中进行政策宣传工作。一方面，加强对村长、村委会成员的宣传教育。另一方面，直接安排分配镇政府工作人员入村宣传，"分片包干"，使责任落到实处。

（3）村委会。村级的宣传工作主要由村委会负责，采用村务会议、村中大喇叭、公示栏宣传，同时村委会成员挨家挨户宣传讲解，有威望、懂政策的老人在田间、街头随机宣传讲解。

三、青县合作养老的动因

按照亚里士多德的"动力因"说，动力是青县养老制度的制造者。前文我们谈到青县不论从经济发展还是农民人均收入在全国都属中等水平，我们不禁要探究激励青县主动自觉去创建合作养老制度的动因和他们要达到的目的。动因从其构成看由内外因两部分组成。外因是近年来中央、省、市党委和政府都非常重视民生问题，把重点放在农村，连续几年的中央一号文件都是关于"三农"问题的。在统筹城乡发展、改善民生方面推出了取消农业税、推行新型农村合作医疗、取消农村中小学学杂费等惠民利民举措。下面看看青县合作养老动因中的内因及其要达到的目标。

服务政府
Service-oriented Government

(一) 带着共产党人的情怀落实关注民生工作的职责

青县提出民生是最大的政治,解决民生是县里义不容辞的责任。站在讲政治高度,县委、县政府有责任、有义务把农村合作养老工作谋划好、组织好、实施好,努力为农民"老有所养"建立保障。在青县县委、县政府执政理念中有这样一种认识,即党委在小心翼翼保护市场经济积极一面的同时,也要认清市场经济的负面,在社会治理和公共产品提供上尽量保证政策的公平,推进社会主义的公正与平等。这是党的领导干部的责任。"作为共产党的干部与普通官员是不一样的,我们不仅担负着政府官员的责任,而且在履行这种责任的过程中,还要尽量腾出时间和精力来履行作为共产党员的责任。"正是意识到共产党人的这份责任,他们动情地认为,在中国目前的城乡二元结构中,农村处于弱势地位,而农村的老人属于弱势中的弱势,他们将自己的一生都给了社会、给了子女,老了就剩下贫病交加、孤独无助,生活得很没有尊严,而社会经济发展也并不会自发地有利于他们。自觉的责任意识和深切关注民生的情怀使青县要尽财政所能解决农民老有所养问题。

(二) 实现公共财政向农村倾斜

农村合作养老是青县公共财政向农村倾斜的又一个新的尝试,以便让农民享受青县经济发展成果。与当前一些专家设想的"个人缴费为主、集体补助为辅、国家政策扶持"的农村养老保险运行模式相比,青县采取了政府直接投入的办法,通过政府补贴、个人缴费、社会捐赠相结合的方式,保证合作养老基金的正常周转,以确保制度的生命力与动力。

(三) 最大限度地提高农民养老保障水平

随着商业保险事业发展和社会养老保险向个体私营经济扩张,个别经济条件较好的农民和在企业打工的农民有了养老金。但是,绝大多数农民没有养老金。农民最渴望的就是政府出台农村养老政策,使他们能像城里人一样按月领取养老金。青县的农村合作养老不影响农民参加商业保险和职工养老保险,同时还有利于调动和激发年轻人赡养老人的自觉意识,更重要的是让农民享受到按月领取合作养老金。这三种元素合并在一起,足以保证农民群众安度晚年。

(四) 建设农民养老长效制度机制

在农村合作养老政策制定过程中,有人曾建议实行政府直接发放养老补贴的办法。青县经过调查研究认为,发放补贴属于临时性措施,不能从根本上解决问题,而且有随意性,今天张县长决定给补贴,明天李书记来了可能决定不给补贴,另外补贴也容易助长等、靠、要心理。而要真正解决农民老有所养问题就要建立一种长效工作机制,建立依靠制度稳定运转的合作养老机制。

四、合作养老的创新性

青县农村合作养老的创新性主要体现在以下几个方面:

(一) 养老方式创新

多元合作养老在全国属首创。当下在一些发达地区实施的社会养老是政府补贴为主,国务院《关于开展新型农村社会养老保险试点的指导意见》的规定是个人、集体与政府都出一部分。青县采取的是家庭成员之间、村民之间、社会、个人与政府之间的多元合作养老方式。这种养老方式对各方的权利(力)、责任、义务进行明确规范,使责、权、利(力)之间平衡:享受权利的尽义务、负责任;负责任的有权力、有义务;尽义务的有权利、负责任。

(二) 管理模式创新

联合会式的养老金管理模式使参合人,甚至捐赠者,既是参与者,也是管理者,共同参与合作养老政策的制定与修改,共同实施对合作养老基金的监督管理,共同维护参合人员的合法权益。这种管理方式极大地激发了参合者、捐赠者的主体意识,调动起他们的积极性。

(三) 制度运行前的风险评估和制度设计创新

青县在全国从农民人均年纯收入和县财政可支配收入看,属中等水平。考虑这两个实际情况,青县提出建立一种农民拿得起,政府兜得住,低水平、全覆盖的养老长效机制。他们对未来17年青县人口变化情况、农民的收入和县财政的收入进行风险测算、评估。按照测算的人口基数,结合农民和财政的预期收入,先后设计出10余套参合方案,并逐一进行可行性分析论证,最终确定了目前实施的方案。

(四) 青县农村合作养老制度设计创新

制度创新表现为制度设计缜密、科学、易操作、可复制性强。《青县农村合作养老办法(试行)》在60—70周岁之间设置了"利益缓坡";规定缴费者年龄在 25 周岁以上，直接受益者年龄在 65 周岁以上；对县外农业人口迁入本县也都有规定。"利益缓坡"设计保证了公平、公正；25 周岁以上则考虑实际就业情况，而 65 周岁以上则既有农村老人的实际体力考量，也有县财政实际能力的计算；县外迁入本县的相关规定体现了农村人口"全覆盖"。只要改变系数就能复制青县合作养老模式，则体现了易操作性。另外还制定了控制参合率下降条款、基金监督及责任追究条款等。这些缜密、科学的规定保证制度的稳定、长效运转。

（五）工作程序和基金管理制度创新

《青县农村合作养老运行程序（试行）》详细规定了每个工作环节的操作程序和具体要求。比如在人口信息管理环节上，要求全县 349 个村同时对现有农业人口信息入户采集，统一填报，建立各村合作养老信息库，对变动信息实时处理等。在工作程序上实现规范化。

《青县农村合作养老基金财务管理实施细则（试行）》严格基金运行管理，采取"收支两条线"的办法，对基金预算、筹集、支付等操作环节进行严格把关，确保不出纰漏；建立了内部审核、年度审计、责任追究、监事会监事、全体会员监督等制度，从源头上把关，确保了合作养老工作的正常运转。实现了基金管理制度化。

五、青县合作养老的效果、影响和推广

（一）青县农村合作养老的效果

效果表现为以下四个方面：

（1）实现了农村老人"老有所养"，解除了老年人的后顾之忧。2008 年 7

月 15 日，开始发放养老金，首批 11186 名 65 周岁以上老人开始按月领取养老金，开启了青县农村养老事业的新纪元。截至 2009 年 9 月，全县参合农民达 160900 人，到账基金 10201.3 万元，发放养老金 2976.5 万元，受益者达 25142 人。"过去花钱都是向儿女要，现在政府给咱钱，花起来有底气！""政府的政策太好了，没想到，我们老了也能和城里人一样拿工资了！""一年可以多领 1200 元钱，等于我又多了个孝顺儿子，今后腰板更直了，活得也更带劲了。"老人们这些质朴的语言足以表达出他们领到养老金时的兴奋、踏实心情和对未来生活的希望。

（2）减轻了年轻人的养老负担，年轻人自己年老时也有了保障，也增强了年轻人尊老敬老的自觉意识。

（3）改善了社会风气，增强了社会的和谐度。农村合作养老不单单是一项社会保障工程，也是一项社会道德工程和一项社会和谐工程。家庭、全村连带及社会捐赠的合作养老方式以制度的刚性规范了人们应恪守的尊老责任、义务和团结互助的公德，从而增加了家庭和社会的凝聚力，以制度的形式在全社会倡导形成尊老敬老的社会风气。通过合作养老这块"试金石"，可以看出哪个村的风气正，哪个村治理得好，哪个人孝敬父母，把道德显性化。将农村合作养老社会捐赠作为一项长期机制，采取经常性捐助和定期捐助相结合、集中捐助和分散捐助相结合的方式，最大限度地筹集社会捐赠资金。社会捐助这部分资金主要用于救助缴费困难群体，体现困有所帮，从而使社会多一分和谐。

（4）夯实了党和政府的执政基础。农村合作养老涉及每家每户的切身利益，需要各级干部深入基层与群众面对面地做工作。发动群众的过程是检验干部的形象和他在群众中威信的过程。有人形容："镇、村参合率多高，镇、村干部的威信度就有多高。"通过实施农村合作养老，使党和政府的威信明显提高，增强了基层党组织的凝聚力和战斗力，促使广大基层组织和基层干部明白了"水能载舟，亦能覆舟"的道理，进一步强化了工作的责任感和压力感,夯实了党和政府的执政基础。

(二) 合作养老制度的影响和推广情况

(1) 合作养老制度的影响。青县农村合作养老引起了广泛关注,新华社发的通稿被全国 17 家媒体引用,《人民日报》、中央电视台、《河北日报》等 20 多家媒体作了深度报道。截至 2009 年 12 月底,前来参观考查的有河北省劳动厅、国务院发展研究中心等 30 多批次。

(2) 合作养老制度的推广情况。就目前了解的情况:河北省制定的全省农村养老政策基本用的是青县农村合作养老框架;河南省信阳市采取的基本是青县的合作养老框架,称为"农村合作养老保险",于 2009 年 6 月实施。

青县农村合作养老制度从创始之初就受到国家有关部门关注并得到国家相关部门认可,国家新型农村社会养老保险政策在制定过程中,多次邀请青县主要负责人参与讨论,并采纳了许多来自青县的意见和建议。2009 年年底青县被正式确定为"国家新型农村社会养老保险试点县"。[1]

六、"合作养老制度"的意义

青县在河北省乃至全国综合经济实力都处于中等水平。青县的养老模式可谓是在有限的地方财力背景下自行探索的低水平、广覆盖的农村社会养老制度,是解决我国养老难题的有益尝试。在我国现代化的背景下,其意义是深远的。

---

1. 青县作为国家新农保试点后,合作养老制度与国家新农保政策并轨。到 2010 年 5 月底,全县 349 个村全部参保。成为国家的"新农保"试点后,国家、省、市都要有相应的资金补贴,青县老百姓又将率先得到更多实惠,同时青县的合作养老制度也会更加可靠、更有保障。

（一）将促进当地农村的现代化进程

现代化是一个百年工程，需要许多代人的不懈努力。这是一个充满艰辛、不乏曲折的过程，其中农村现代化比城镇难度更大，包括的方面多，这更是一个循序渐进的漫长过程。农村养老的社会化是农村现代化的重要组成部分和鲜明特征之一。青县的"合作养老"是农村社会化养老的一个成功案例。从长远看，它是缩小城乡居民的二元结构中的一步，但这是开创纪元的一步，会促进当地农村的现代化进程，甚至会对全国的农村社会化养老产生深远影响。

（二）合作养老制度化对现代公民意识、道德意识的培育将发挥不可替代的作用

社会主义市场经济要求公民从个人与国家、自我与社会的关系中予以合理、合法的认同和内化，明确自己在社会中的地位、使命和责任。但是这只是现实和理论上的要求。要使公民能从行为上展示自己的地位、使命和责任需要采取一系列措施。制度化和法治化是现代化的内在要求。要公民意识和道德意识成为公民的自觉行为需要宣传、教育、倡导，更需要法律规章的具体、严格规范，而且主要靠法律规章。法律规章的规范过程也是教育过程，是现代公民意识、道德的培育过程。合作养老中的家庭成员和全村居民的合作将公民在家庭和社会中的责任和义务制度化。这种制度也使原本模糊、抽象的公民意识清晰具体，使原本隐性的道德显性化。合作养老基金的联合会管理模式则使会员的参与和监督这种公民的主体意识得以发挥。总之，从合作养老实施的过程看，现代公民意识和道德意识在刚性的制度规范中慢慢生成。其作用是宣传教育等功能替代不了的。

合作养老制度是在国务院 2009 年 9 月出台《关于开展新型农村社会养老保险试点的指导意见》之前,结合本地情况自行探索解决农村老有所养问题的一个创举。任何制度创新都需要有一个不断完善的过程。合作养老也如是。就目前看,合作养老制度有两个方面需要完善。

1. 缴费水平固定与物价上涨形成矛盾

在经济全球化发展中,由于种种原因时常会面临通货膨胀压力,物价指数会向上运行,于是固定货币的购买能力在一个长时间段内,比如 10 年、15 年,就会缩水。而青县的合作养老制度规定缴纳固定数额的养老金,没有考虑到相关物价水平变化的问题。

2. 缺少有关风险防范、应对的制度安排

我国正在进行的现代化面临多重风险:经济全球化带来的风险,由传统农业生产方式向现代集约经营方式转型带来的风险,伴随社会转型和体制转轨而来的改革风险以及其他如自然灾害和公共卫生疫情风险等。其中,经济全球化不仅增加了风险的来源,也增大了风险的影响和潜在后果。由 2006 年美国次贷危机引发的这次世界性经济危机提供许多风险教训,比如由高工资和过度福利引发的希腊政府债务危机,我国一些沿海省份的工厂倒闭,一些地方政府举债度日,据统计,我国地方政府债务数额超过 7 万亿。而随着青县经济的深入发展无疑也将面临上述风险。青县在制定合作养老政策制度时有风险预测,但是只是针对未来青县人口发展状况和政府财政收入增长状况的预测,而没有针对比如发生上述风险如何防范、应对的相关制度安排。

(原载俞可平主编:《中国地方政府创新案例研究报告(2009—2010)》,北京:北京大学出版社 2010 年版)

农村社会福利新模式
——广西壮族自治区"五保村"建设的创新实践

丁开杰
(中央编译局世界发展战略研究部)

引 言

　　21世纪以来，我国老龄化程度加大，老年人保障体系亟待完善。然而，在城乡二元经济社会结构下，我国农村老人的社会福利状况远远落后于城市老人，农村老人处于弱势状态。在这些老年人群体中，因为无子女赡养而需要集体进行供养的农村老人，即五保老人是更为特殊的困难群体，也是农村最弱势的群体。如何保障他们的权益一直是我国农村社会保障建设的重点。自20世纪50年代农业生产合作社时期，我国就建立五保供养制度，对农村五保老人进行集中供养和分散供养。这个制度在维护农村社会稳定、促进农村社会保障制度的发展上发挥了积极作用。不过，半个世纪后，五保供养制度随着社会经济体制的演变也发生了变化。尤其是2002年全面推行的农村税费改革对传统农村供养制度带来了很大影响。农村税费改革后，在欠发达地区，因为地方财政能力的弱小、集体经济的解体，农村五保老人的供养陷入了困境，很多五保老人的生活标准低下，缺乏医疗保障。如何改善农村五保老人的社会福利状况，走出一条切实可行的新路，成为中央政府和地方政府共同关注的问题。

广西壮族自治区地处云贵高原东南边缘，地势西北高东南低，是我国南部一个少数民族聚居的省份，属于欠发达地区。21世纪初，该区共有农村贫困户58.5万户，244万人，其中，农村五保户29万户，共计36.2万人。这些农村生活特困人口呈现"点多、面广、线长"等特征。近年来，随着农村税费改革的推行以及农村人口结构的变化，该区的农村五保供养工作同样面临了新的困难。2003年，在经济相对落后的区情下，广西壮族自治区民政部门开始在全区推广村级五保集中供养点——五保村的建设，逐步探索出了一条农村五保老人集中安置供养方式的新路，形成了"以'五保村'集中供养为主体、以乡镇敬老院及其他供养办法为补充"的农村五保老人保障体系。这是一种创新性的实践，它符合我国社会福利管理社会化的发展方向，得到了社会各界的广泛好评，对我国其他地区具有很强的借鉴意义。本文将结合实地调研的情况，对"五保村"建设的创新经验进行总结，并探讨我国农村社会福利新模式的构建问题。

一、我国农村五保供养制度的演变：四阶段说

所谓"五保"是在1956年全国人民代表大会通过的《高级农业生产合作社示范章程》中规定的，对生活没有依靠的老弱孤寡残疾社员，给予保吃、保穿、保烧、保葬以及年幼的保教等。尤其在政社合一的人民公社时期，依靠村级集体经济以及国家对农村集体福利事业的间接补贴，五保对象能够接受与广大村民基本等同的生活保障和合作医疗。1978年改革开放后，随着农村社会经济形势的变化，我国对农村五保供养制度进行了几次调整，对于"五保"的内容也有一些变化。1994年初，国务院颁发《农村五保供养工作

条例》(简称《国发条例》,以下同),1997年民政部颁布《农村敬老院管理暂行办法》(《部发办法》),2006年3月国务院颁布实施最新的《农村五保供养工作条例》。按照最新的《农村五保供养工作条例》(国务院令第456号)第六条规定,老年、残疾或未满16周岁的村民、无劳动能力、无生活来源又无法定赡养、抚养、扶养义务人,或者其法定赡养、抚养、扶养义务人无赡养、抚养、扶养能力的,享受农村五保供养待遇。其中,享受五保供养待遇的老人统称为五保老人。

按照时段来分,我国农村"五保"供养制度的变迁主要经历了四个阶段。而这四个阶段的分水岭包括三个时点:一是1978年的农村经济体制改革;二是1998年起试点的农村税费改革;三是2006年3月1日正式实施的新的《农村五保供养工作条例》。下面,我们简要地回顾一下我国农村五保供养制度的演变过程。

(一) 第一阶段:1956年到1978年

新中国成立以后,党和政府就十分关心城乡特殊困难群众的生活。1954年的宪法规定,"中华人民共和国劳动者在年老、疾病或者丧失劳动能力的时候,有获得物质帮助的权利",为建立农村五保供养制度提供了法律依据。而正式的农村五保供养制度的建立是从1956年开始的。在《1956年到1967年全国农业发展纲要》中,我国明确提出,农业生产合作社对于社内缺乏劳动力或者丧失劳动能力、生活没有依靠的老、弱、孤、寡、残疾的社员,应当统一筹划……在生活上给予适当照顾,做到保吃、保穿、保烧(柴火)、保教(儿童和少年)、保葬(老的死后安葬)。从此,人们便将吃、穿、烧、教、葬这五项保证简称五保,将享受"五保"的家庭称为"五保户",形成了农村五保供养制度的雏形(对老人而言,此时只有"四保")。也是从20世纪50年代起,我国各地相继兴办敬老院,将部分五保对象集中供养,逐步形成了集中供养和分散供养相结合的五保供养模式。

(二) 第二阶段：1978 年到 1998 年

1978 年，我国实行家庭联产承包责任制，农村集体经济组织趋于瓦解。不过，五保供养制度由于相关法规与政策的保障，走上了健康发展之路。1982 年 1 月，中共中央批转的《全国农村工作会议纪要》指出，"包干到户这种形式，有一定的公共提留，统一安排五保户生活"；1985 年 10 月，《中共中央、国务院关于制止向农民乱派款乱收费的通知》进一步明确："供养五保户等事业的费用，实行收取公共事业统筹费的办法"；1991 年，国务院颁布的《农村承租费用和劳务管理条例》又规定："乡统筹费和公益金用于五保户供养"。此后，我国相继颁布两个重要法规，将农村五保供养推上了规范化、法制化的道路。一个是 1994 年国务院颁布的《农村五保供养工作条例》；一个是 1997 年国家民政部制定的《农村敬老院管理暂行规定》。其中，1994 年 1 月国务院颁布的《农村五保供养工作条例》明确规定：（1）对老人"保吃、保穿、保住、保医、保葬"，对孤儿保教；（2）五保供养是农村的集体福利事业；（3）要求五保户的供养标准不低于当地村民的一般生活水平，所需经费和实物，从村提留或者乡统筹费中列支；（4）乡、民族乡、镇人民政府负责组织五保供养工作的实施。1997 年 3 月，国家民政部颁布《农村敬老院管理暂行办法》，强调具备条件的乡、民族乡、镇人民政府应当兴办敬老院，集中供养五保对象，实行分散供养的，也得到妥善安排，规范了农村敬老院建设、管理和供养服务。

(三) 第三阶段：1998 年到 2006 年

1998 年，我国开始农村税费改革试点，到 2002 年则向全国全面铺开。这

服务政府
Service-oriented Government

项改革取消了村提留和乡统筹，将农民的义务变为"两税"（农业税、农业特产税）、"两附加"（农业税、农业特产税附加）。五保老人供养经费结构变为上级财政转移支付资金、农业税附加收入、村级集体经济收入和"一事一议"筹资款，且以财政转移支付为主要形式。这样，五保供养经费的主干不再是源于集体，而是来自国家财政转移支付，其性质也由集体福利转向了国家福利。由于在转型初期，各级政府间收入分享制度安排得混乱，导致五保供养缺乏明确、稳定的资金来源，在中西部地区普遍出现供养标准下降的局面。五保供养工作出现了一些新情况和新问题。党中央和国务院对农村五保户的供养情况十分的关心。温家宝总理在十届人大第二次会议上作的《政府工作报告》中明确提出了"完善'农村五保户'生活保障制度，确保供养资金"的要求。

（四）第四阶段：2006年至今

2006年1月11日，国务院第121次常务会议通过新的《农村五保供养工作条例》（国务院令第456号），自2006年3月1日正式施行。新修订的《条例》重点修改了有关农村五保供养资金渠道的规定，将原条例规定的从乡统筹、村提留中筹集，修改为主要由财政保障，即主要从上级财政转移支付和地方各级财政预算中安排，五保供养资金将在地方人民政府预算中安排，中央财政对财政困难地区的农村五保供养给予补助。与国务院1994年制定的《农村五保供养工作条例》相比，这一规定将农村最困难的群众纳入了公共财政的保障范围，实现了五保供养从农村集体内部的互助共济体制，向国家财政供养为主的现代社会保障体制的历史性转变，标志着我国农村五保供养制度进入了一个新阶段。

此外，新《条例》还明确规定了农村五保供养资金的补充渠道：一是有农村集体经营等收入的地方，可以从农村集体经营等收入中安排资金，用于补助和改善农村五保供养对象的生活;二是农村五保供养对象将承包土地交由他人代耕的,其收益归该农村五保供养对象所有。为了确保五保供养资金用于农村五保供养,新《条例》还明确要求:"农村五保供养资金,应当专门用于农村五保供养对象的生活、任何组织或者个人不得贪污、挪用、截留或者私分"。另外,此次《农村五保供养工作条例》修改的主要内容还包括:改革农村五保供养的审批供养程序,强化监督管理,建立五保供养标准自然增长机制,加强五保供养服务机构建设与管理,保障五保供养对象的合法财产权利等。

二、通过创新破解困境:广西"五保村"建设

传统上,我国农村五保户的供养方式主要分为集体供养和分散供养,以分散供养为主。但是,乡镇敬老院普遍存在着管理成本高、资金短缺、入住率低、覆盖面窄的问题。分散供养问题更加多,五保户的生活费标准不仅低下而且不稳定,住房条件普遍破旧,医疗救助更是无从谈起,应保未保面大,管理难度大。2002年,农村税费改革后,乡统筹和村提留都被取消,甚至变成了农业税或者附加税收,五保户的供养经费更难落实。传统的两种农村五保供养模式都面临了巨大的困境,必须寻找新的出路。

(一) 创新前的广西五保供养情况:困难重重

由于历史原因,广西壮族自治区的农村五保户比较多,共有36.2万人,占全区农业人口约0.93%,形成了一个不小的特殊群体。长期以来,农村五保户供养方式也主要是通过在乡镇办敬老院集中供养和在农村分散供养两种。但由于在乡镇建敬老院投资大,而且需要专业的管理人员,管理费用高,贫困地区乡镇无法承受,加之远离本村,老人心理上不接受,因此入住率低。

在广西建成的701个敬老院中,仅有8000多人入住,只安置了一小部分的五保户,占2.2%。更突出的是,即使广西1300多个乡镇全部建有敬老院,每个敬老院全部住满,解决的五保老人也不足5万人。所以,大部分五保对象还是分散供养。资料显示,广西全区分散供养的五保对象有35万人,约占97%。这些分散供养对象的经济来源在2004年前为乡镇统筹和村提留,统筹得好的地方每月每个五保户有30元,统筹得不好的只有5至10元。可见,五保户的生活资金无法落实。因此,不少地方存在五保户的钱粮统筹困难,造成五保户的衣食住及医疗救助无从保障,生活质量低,且管理分散、难度大,个别地方甚至无人管理,五保户求助无门,供养的社会效应和社会影响力得不到有效体现。与此同时,在2004年前,全区甚至大约有20多万已经达到五保条件的人员未能纳入五保供养。抽样调查表明,尽管近年来各地对一些五保户的住房进行了重建和维修,但是仍然有一半以上的五保户住在破旧的泥砖房里,甚至危房里,每次灾害来临或下雨,乡村干部都为这部分人的安全困扰,五保户的医疗救助问题更是无从谈起。农村五保户的生活状况依然艰辛,集中表现为"生活难、住房难、医疗难"三难。农村五保老人成为农村群众最为困难的弱势群体。

表6 建设"五保村"前的五保供养情况

地区	情况
钦州市	2000年至2003年12月。2000年前,全市建有乡镇敬老院27所,集中供养五保户对象不足300人,2002年建设乡镇敬老院增加到38所,集中供养五保户增加到约600人,供养人数占五保对象总数约2.3%,低于全区4%。实际上,绝大部分五保对象为传统分散供养。
贺州市	建设"五保村"之前,约占该市农村总人口0.9%的16851名五保对象中,仅有45%得到供养,而且这些得到供养的五保老人中,97%是实行分散供养,每月仅有10—20元的生活补助、25—30斤救济粮。那些没有得到供养的,只能通过责任田代耕、亲友资助和临时救济勉强度日。

资料来源:2005年11月,广西壮族自治区调研资料。

(二）灾民救济中产生的智慧：从"灾民新村"到"五保灾民新村"，再到"五保村"

广西壮族自治区进行"五保村"建设的主要动因，无疑是要从根本和长远上解决五保户供养中存在突出的问题。但是，制度的创新有时也需要偶然事件的推动。广西壮族自治区"五保村"的建设就始于2001年的一次洪灾。

广西壮族自治区是一个自然灾害频繁的省区。其中，钦州市位于广西北部湾沿海地区顶端，背山面海，常年受到台风侵袭，人民群众的财产生命安全经常受到损害。多年来，该市民政部门一直清醒地认识到，在老百姓中，相当部分的五保老人住房十分简陋，甚至是危房。在受灾倒塌房户中，最无自救能力的，要数五保户。而年年修危房，年年有危房，风灾雨灾级级慌。2001年7月，"榴莲"号强热带风暴袭来，钦州——南宁——百色一带连降暴雨，形成几十年一遇的特大洪涝灾害。在这次灾害中，钦州市钦南区连续遭受两次台风正面袭击，五保户塌房达到600多间。许多民房在暴雨中倒塌，而五保户的住房由于年久失修，倒塌尤其严重。一天，钦南区黄五屯镇屯显村支部书记农荫发来到区民政局，申请救灾款。农荫发向罗景荣局长请求说："俺村有10多个五保对象，住房一直就很破旧。每逢下雨我们都很担心五保老人的安危，村干部只好把他们一个一个背到村部和学校去暂避一时。这回，五保户的房子几乎全部倒塌掉了。局里能不能拨给我们一些救灾款，我们专门给这些五保户修一条新村，把五保户集中到一起居住，实行集中供养呢？"民政局当即批准了这个请求，拨付57000元救灾款给屯显村，用于修建五保灾民新村。回村后，农荫发和其他村干部们立即忙着找施工队，选址，组织群众投工投劳。很快，一座崭新的五保灾民新村矗立起来，计10户283平方米。同年9月，12名五保老人全部迁入五保灾民新村。在钦南区的带动下，灵山县也于2001年9月建成总投资8万元的五保村。此外，贺州市钟山县两

安瑶族乡的沙坪村在2000年水灾后，塌房6户，在灾后重建中，也独自诞生了这种新思路。这样，广西壮族自治区在2003年前最终形成了"部门操作，各地自发建设"五保灾民新村的局面。

1. "灾民新村"。为帮助灾民重建家园，从1998年起，广西壮族自治区民政厅针对区内洪涝灾害的特点，在自治区党委和政府的领导下，把灾后重建、兴建灾民新村作为执政为民的具体实践来抓，着眼于防洪防涝，先后兴建了400多个灾民新村。这些新村大的有100多户，小的有10户以上，做到统一选址、统一规划、统一设计，成为广西民房改造和旧村改造的样板，受到广大灾民群众的热烈欢迎和各方面的赞誉，也得到了各级领导的肯定。

2. "五保灾民新村"。农村五保老人是一个无亲人照顾的弱势群体，他们失去了劳动能力，无经济来源，住房往往年久失修、简陋残旧，许多已属于危房，成为农村最旧、最破、最黑、最臭的房子。每次灾害过后，在倒房户中，最无奈和最无助、最无自救能力的就是农村五保老人。2001年到2002年，广西民政部门的同志从灾后重建灾民新村中得到启示，开始建设五保灾民新村。因为五保灾民新村建设在自然村或村委员会所在地，对五保对象集中供养，所以，很快受到了群众的欢迎。

3. "从五保灾民新村到五保新村，再到五保村"。灾民五保新村建立后，受到了广西壮族自治区领导的高度重视和肯定。2001年12月下旬，原广西壮族自治区党委书记曹伯纯到屯显五保灾民新村视察，对在村里集中安置五保老人的方式表示肯定。曹伯纯建议："受灾五保户进了新屋就不再是灾民了，'五保灾民新村'就叫五保新村吧。"当地民政干部于是把"五保灾民新村"的名称改为"五保新村"。后来，广西民政厅经过调研、论证，提出这是一种新模式，是原来并不存在的新事物，决定将这种在村上兴建的五保集中供养点统一称为"五保村"。

（三）全面开展"五保村"建设：有组织有领导的社会工程

在总结各地经验的基础上，广西壮族自治区民政厅决定从2003年全面推广"五保村"建设，对五保户进行就地集中供养，解决五保户住有其屋、食有其源、乐有其所的问题。这使得"五保村"建设由部门操作、各地自发建设，上升为一项全自治区有组织有领导的社会工程。广西壮族自治区对"五保村"建设进行了规划，计划在 2003 年建成"五保村"1000 个以上，2004 年建成 2500 个以上，力争在两到三年之内，全区建设 5000 个以上五保村，集中供养 15 万五保户。截至 2003 年年底，广西全区已建成五保村 1305 个，解决了 18000 多名农村孤寡老人的住房难问题。2004 年又建成 23393 个，共解决了 2 万多名五保户的住房问题。到 2004 年底，广西全区在"五保村"建设上共投入资金 17425.1 万元，建设老人活动室共计 2354 间，五保老人的人均年平均供养标准达到 1058 元。"五保村"受到了人民群众的欢迎和拥护，2004 年的入住率达到了 92.8%。而在"五保村"建设较好的贺州市和崇左市，入住率更是达到了 100%。（见表 7）

表 7 广西壮族自治区 2004 年"五保村"建设基本情况

	实际建成数（个）	入住人数	入住率（%）	投资总额（万元）	活动室（间）	平均供养标准（元/年、人）
全区	2440	23393	92.8	17425.1	2354	1058
钦州市	152	1731	99.6	1160.5	150	1260
贺州市	458	9461	100	3856	458	960

注：在广西全区 15 个市中，贺州市的"五保村"建设名列第一，入住率达到 100%（另外，崇左市的入住率也是 100%），钦州市排第三，入住率达 99.6%。为方便分析，这里我们仅介绍贺州市和钦州市的情况。

资料来源：广西壮族自治区民政厅，2005 年 11 月 20 日。

三、"五保村"建设的内涵

简要讲，"五保村"就是在大的自然村或村委会所在地建成的、对农村五保户进行集中供养的相关设施，它集生活功能和生产功能为一体。而五保村

的功能可以归纳为5种，即生活功能、生产单位、社会福利单位、救济单位、互助单位。建设"五保村"的目标是让五保老人"居有其屋、食有其源、乐有其所、医有所助"。因此，"五保村"建设的内涵并不单指为村中的五保户建设集中生活的居所和安装相关设施，而是指解决农村五保对象有效供养问题的一项系统工程，包括住所、饮食、穿盖、医疗、娱乐等系列生活问题，具体体现在"建设规划"、"供养保障"、"进退机制"和"管理服务"等四个方面，即实施"建管结合"的五保老人供养机制。

（一）建设规划：包括村址选择、建筑标准、"五保村"建设点的申请与审批、建设资金

1. 村址选择。村址一般选在五保老人较为集中的大自然村或者中心村，靠近村民活动中心、靠近学校、靠近村委会、靠近村卫生室，往往风景优美、人气较旺，方便村干部对五保老人的照顾，以及对五保村的管理，使老人"有家不离村，有家不离土"，有利于老人安度晚年。

2. 建设标准。广西壮族自治区各地坚持"全面规划"、"合理化、便利化、人性化"、"因地制宜、经济实用"的原则，对"五保村"的建设标准进行了规定。"五保村"的集中规划建设，并没有采取一般城市福利院和乡镇敬老院"大锅饭"的做法，而是实行"一户一室一厨"的家庭生活方式，实行大集中和家庭化供养相结合，"五保村"的公共利益和家庭利益相结合。"五保村"的房屋，通常是村里建设得最新、最好的建筑。尤其是在比较落后的山区，与当地主要是暗灰色石头砌的民居相比，粉刷一新的砖瓦结构的"五保村"更显得鲜亮夺目。"五保村"的建筑大多是一排十几间的平房，有的建成四合院；入住"五保村"的都是本村的五保户，每户一大间居室、一小间厨房；每户五保户都是一个独立的家庭，自己支配起居饮食。此外，配套建有"五保村"种养生产基地和绿化、沼气池、书店和电视等一批生产、生活和娱乐

设施。比如，贺州市在《2004年度五保村建设计划》中规定：（1）原则上要求"五保村"建设在自然村。每个"五保村"的建设规模以10—15户为宜，每户居住面积不得少于10平方米；（2）"五保村"应按"一户一房一厨"制式建设，同时要建有公共活动室等配套附属设施；（3）"五保村"住房的建筑结构应是砖混或砖瓦结构。在贺州有三种规格的住房，既有砖混结构，也有砖瓦结构；既有平房，也有楼房，标准略高于当地村民平均建筑居住水平。

3. "五保村"建设定点的申请与审批。"五保村"的建设由村委会根据本村五保户的人数和居住条件，村委会提供的建设用地或可改建的旧房情况，提出书面申请，送乡镇人民政府调查审核，县区民政局复审合格，报市民政局审批定点建设，以保证"五保村"合理分布，保证建设的规模和质量。"五保村"建成后，无论建在村委会或自然村，都归属村委会集体财产，由村委会统一管理。

4. 建设资金来源。《农村五保供养工作条例》规定：农村五保供养资金，在地方人民政府财政预算中安排。有农村集体经营等收入的地方，可以从农村集体经营等收入中安排资金，用于补助和改善农村五保供养对象的生活。农村五保供养对象将承包土地交由他人代耕的，其收益归该农村五保供养对象所有。具体办法由省、自治区、直辖市人民政府规定。中央财政对财政困难地区的农村五保供养，在资金上给予适当补助。农村五保供养资金，应当专门用于农村五保供养对象的生活，任何组织或者个人不得贪污、挪用、截留或者私分。

为解决资金不足的困难，广西推进了社会福利资金的社会化，采取多方筹资的办法建设"五保村"。一方面，广西从福利彩票发行收入中先后挤出2亿多元，采取以奖代补的形式，每村补助5万元，鼓励各地多建"五保村"。福利彩票充分发挥了"取之于民，用之于民"的作用，为"五保村"的建设提供了保障。另一方面，广西通过"五个结合"的办法筹集资金。即自治区福利金投入与市县地方财政投入相结合；涉农部门支持与挂钩联系点单位扶持相结合；企业赞助与个体老板资助相结合；社会各界募捐与施工方垫支相结合；村集体投入与村民义务投工献料相结合。比如，临桂县临桂镇凤凰"五保村"在建设中，由村委会无偿提供土地，占地约 3.2 亩。此外，广西民政厅以及各级党委政府从资金上对"五保村"的建设给予了大力的支持，其中，区民政厅 5 万元，市县政府配套 2 万元，群众自筹献工献料和社会捐资 1.5 万元，共投资 8.5 万元。

（二）供养保障："保吃，保穿、保葬、保医、保住"

按照《农村五保供养工作条例》，农村五保供养包括下列供养内容：（1）供给粮油、副食品和生活用燃料；（2）供给服装、被褥等生活用品和零用钱；（3）提供符合基本居住条件的住房；（4）提供疾病治疗，对生活不能自理的给予照料；（5）办理丧葬事宜。农村五保供养对象未满 16 周岁或者已满 16 周岁仍在接受义务教育的，应当保障他们依法接受义务教育所需费用。农村五保供养对象的疾病治疗，应当与当地农村合作医疗和农村医疗救助制度相衔接。而广西《农村五保供养工作条例》规定，"五保村"对五保对象提供生活保障，内容包括：（1）每月供给生活费 30 元，大米 15 公斤，1 市斤食用油；（2）每年每人供给最少冬夏服装各一套，原则上每人每三年更换一次蚊帐、被褥；（3）保持其住房安全，保暖、不漏雨；（4）协助亲属做好患病村民的医疗补助；（5）对因病不能自理或者去世后的村民，由村干部协助其亲属做好护理或者安葬工作；由财政部门拨付火化丧葬费用每人 600 元，由亲属负责火化丧葬费用的 1/3，或者土葬全部费用。

（三）进退机制：五保户入住的申请与审批

五保对象入住"五保村"，经由本人提出书面申请，村委会调查审核，报乡镇人民政府审批，同时，报县区民政局备案。在入住过程中，五保对象、五保对象亲友和村委会要签订好有关协议，明确各自责任和义务。五保对象入村自愿，出村自由。

（四）服务管理：包括自我服务、规范管理和社会化帮扶

广西壮族自治区对"五保村"进行规范管理，形成了"家庭化集中供养、多元化社会保障、制度化自我管理、社会化持续发展"的模式。

1. 自我服务，自我管理。由村干部、村民代表、五保村老人代表组成管理小组，对"五保村"实行自我管理。"五保村"不设专职管理人员，以入住人员自理为主，村民和村委帮助为辅，民政部门则负责引导工作。由"五保村"村民自己选出身体较好、责任心较强的老人担任"村长"或"院长"，实行自我管理，每月收支张榜公布，接受监督。

2. 规范管理。为健全完善"五保村"建设管理服务机制，广西先后制定了《五保村管理办法》、《五保村村民生活保障制度》、《五保村卫生制度》、《五保村村民规则》、《村民委员会的职责》、《县级民政部门在五保村管理中的职责》、《乡（镇）人民政府在五保村管理中的职责》等规章制度，统一规范各地"五保村"的管理，逐步建立和完善了村委会、入住五保对象、五保对象亲属三方协管的机制。

3. 社会化帮扶。许多"五保村"一建成，共青团、妇联、学校、基层党组织就将其作为青少年志愿助老服务基地和一些企事业单位的爱心联系点，组织和发动党员、团员、学校和其他志愿者义务为五保对象提供缝补衣服、送医、送药、送柴火、护理病人、打扫卫生、维修住房、环境绿化美化等服务，齐心协力建立"五保村"供养机制。（见表8）比如，贺州团市委制定《"十个一"青年志愿服务活动方案》，要求青联、青年志愿者、少先队员及大中学校学生社团组织等与"五保村"结成联系点，规定每年为"五保村"做十件实事，帮助"五保村"解决一些实际问题。

表 8 "五保村"管理制度

制度	规定内容
村民委员会的职责	1. 贯彻执行国家有关五保供养的法规和方针政策,具体组织实施"五保村"村民生活保障,经常向镇人民政府反映五保对象的困难,切实维护五保对象的合法权益。
	2. 将"五保村"的建设和管理纳入工作的议事日程,每季度研究一次"五保村"工作,指定一名村干部负责"五保村"的日常管理工作。
	3. 具体组织"五保村"的选址、设计和施工,多渠道筹措"五保村"建设资金,按条件做好五保对象入住"五保村"的审批工作,并与其亲属签订代耕责任田、粮食供应和保医、保葬协议,协助亲属做好患病五保对象的医疗救助和去世五保对象的丧葬事宜。
	4. 组织和发动党员、团员、学校和其他志愿者义务为五保对象提供缝补衣服、送医、送药、送柴火、护理病人、打扫卫生、维修住房、环境绿化美化等服务。
	5. 为"五保村"开展生产劳动和文化娱乐活动提供必要的条件和适当的帮助。
"五保村"管理小组职责	1. 具体负责"五保村"的日常管理工作,掌握入住五保对象的思想、生活和身体情况,发现问题及时向村委会反映,并协助村委会做好工作。
	2. 组织入住五保对象开展有利于身心健康的文娱活动。
	3. 有条件的地方,组织五保对象开展力所能及的生产劳动,增加收入,改善生活条件。
	4. 引导入住五保对象开展互帮互敬活动,对患病五保对象给予关心和照顾,协助亲属做好患病的入住五保对象的医疗救助,协调解决五保对象之间的矛盾。
	5. 具体组织实施"五保村"卫生制度,保持村容村貌的整洁。
	6. 管理好"五保村"的公共财产和各种经费,按月公布,接受监督。
"五保村"村民守则	1. 爱党爱国爱集体,遵纪守法,服从管理。
	2. 讲究卫生、衣着整洁,养成良好的卫生习惯,自觉保持村内环境的清洁干净。
	3. 以村为家,爱护公物。
	4. 服从安排,做一些力所能及的劳动。
	5. 搞好团结、互相关心、互相帮助,讲文明、讲礼貌。
	6. 有事需要离开"五保村"一天以上的,必须向管理小组报告。

资料来源:钦州市"五保村"建设资料,2005 年 11 月提供。

四、"五保村"建设的收益:四赢局面

"五保村"建设得到了各级政府部门、新闻媒体的高度评价,尤其是得到了广大五保对象的欢迎。广西壮族自治区民政厅认为,"五保村"建设从根本上解决了农村五保户有效供养的问题,是新时期经济欠发达地区农村五保供养新模式。他们将这种模式概括为8句话32个字,即:"国家扶持、政府指导、村民负责、就村而建、一家一户、集中居住、自我管理、自我服务"。国务院副总理回良玉到广西调研时,对"五保村"建设模式给予了充分肯定;国家民政部领导称赞广西首创"五保村"建设,"解决了新中国成立50多年来政府致力解决而未能根本解决的农村五保户有效供养的问题,是五保供养管理模式的重大突破和创新,对我国五保供养工作的重大贡献,在全国很有推广价值,在全国是一面旗帜"。此外,广西"五保村"建设不但引起中国新闻媒体广泛报道,也引起海外报刊的极大关注。日前,美国《侨报》、法国《欧洲时报》、澳大利亚《澳洲新报》分别以整版篇幅报道广西这一造福百姓和弱势群体的事业,并给予高度评价。(见表9)

表9 海外报刊对广西"五保村"建设的评价

海外报刊	评价
美国《侨报》	"'五保村'将确保农村孤寡老人居有其屋,食有其源,乐有其所","是广西民政部门经过长期实践后,走出的一条五保老人供养新模式"。
法国《欧洲时报》	广西"五保村"的农村老人供养模式,较过去的更富人性化,且很适合中国西部地区经济发展水平,满足了农村孤寡老人的实际要求,实实在在解决了他们的困难。
悉尼《澳洲新报》	中国过去社会福利主要覆盖在城镇,广西大兴土木建设"五保村",表明这里的社会保障体系已向农村延伸。

资料来源:叶娟、孙晓英,《海外报刊关注广西"五保村"建设》,中新社南宁2006年1月7日电。

建设"五保村"使四方受益，形成了四赢局面。无论是五保户本人，还是政府和社会，都从中受益很多。

首先是广大五保老人从中受益。《农村五保户供养条例》第十五条规定："五保对象入院自愿，出院自由"。乡镇敬老院的软硬件建设都比较好，但是入住率只有60%—70%。而"五保村"解决了五保老人的住房难问题，使五保老人们"离家不离村，离户不离土"，同时，也满足了老人对乡土的血肉联系之情和风俗民情习惯。老人们现在仍然生活在故土上，可以随时和亲朋好友相聚，充分享受亲情、友情，没有到乡镇敬老院那种生疏孤独感。"五保村"的入住率达到了100%，而且只有期待入住的，没有想离开的。"五保村"使社会保障体系得以有效地向农村延伸和拓展，在新形势下有效落实了党和国家的五保政策法规，提高了农村五保户的供养水平，保障了五保对象的基本生活权益，为实现农村五保事业的可持续发展、保持城乡统筹发展、促进农村的改革发展稳定作出了贡献，进一步融洽了党群和干群关系。它的成功经验有望福及全国700万农村五保户。

其次是政府从中受益。"五保村"的建设资金来源是自治区民政厅从福利资金中补助5万元，不足部分采取村集体出一点（含建设用地等）、村民帮一点（含献工献料）、乡镇补助一点、市县财政解决一点、社会募捐一点的方法。这样，每建一个能住10至15户的五保新村，政府只需投资5万元左右，平均每户的建设成本才5000元左右，是敬老院的1/4，极大地提高了福利资金的利用率和覆盖面。而且从规划到竣工入住只需要几个月时间，不仅大大节约了建设资金，而且建设速度快，彻底解决了五保户的住房简陋问题，充分体现了社会福利社会化的特点，调动了各方面力量。此外，建设"五保村"还有力地促进了国家计划生育政策这一天大难事的落实。建设"五保村"后，没有孩子的五保老人也能过上好日子，许多有子女的农村老人感叹地说："真羡慕他们的好日子。""五保村"的出现，使农村多子多福的生育观念得到进一步转变。

第三是村委会从中受益。在村一级兴建"五保村"，其财产归村委会所有。

五保老人入住后，原有房屋不再需要修补，老人过世后，仍可安排其他老人入住。一次投资，重复使用，实现了公有资产的良性循环，避免了以往用有限的民政救济金和统筹款修缮五保老人住房的不足，从而提高了民政资金的使用效率。老人在本村的耕地经调整集体出租，收入全部用于五保老人的开支，减轻了国家负担，提高了五保老人的生活水平。此外，与敬老院相比，"五保村"还节约了专业管理人员等一系列开支，减少了老人对政府的依赖。

第四是村民从中受益。"五保村"实行自我管理、自我服务，村长在五保老人中民主选举年龄较轻、素质较高者或村委会派一名村干部担任，管理老人们的生活起居、公共财产等，老人们互相照顾，同时实行村委协管、村民帮助、民政引导，集中了自我照顾、亲人照顾、社会照顾和各级组织管理服务的长处，从而极大地丰富了村民自治的内涵。而且"五保村"由资产所属的村委会管理，孤寡老人的生活由村委会提供日常保障并实行村民互助，这弘扬了中华民族扶老助残救孤济困的"传统美德"，也方便了乡、村干部的管理和亲属的照顾，使广大村民从中受益。

五、"五保村"建设的经验和创新性

广西"五保村"建设的经验得到社会各界的认可。全国很多地方前来学习，国内外很多媒体也进行了报道。有消息报道，2006年吉林省开始在全省建立农村福利服务中心，从而形成了"北有农村福利服务中心，南有五保村"的局面。这是非常可喜的事情，表明"五保村"已经成为中国社会福利事业的一个创新，有力地推动了我国社会福利事业的发展。

总结广西"五保村"建设的经验来看，我们认为有如下几个方面非常重要：

一是，广西各级政府坚持以人为本、执政为民的理念，高度重视"五保村"建设。从政府角度来看，"五保村"是广西壮族自治区政府职能实现积极转变的一个产物。不仅广西壮族自治区党委把加快"五保村"建设列入党委的工作要点和工作督查的一项重要的内容,自治区人民政府也把"五保村"建设作为本届政府任期的主要目标之一,并且在深入调查研究和反复论证的基础上,科学统筹规划,出台了《五保村建设方案》,制定了工作目标。2003年春,广西壮族自治区政府把当年兴建"五保村"建设的任务分解到各市、县。各市县都把"五保村"建设定为一把手工程,层层签订目标责任制,狠抓落实,确保了"五保村"建设的顺利进行。

二是,"五保村"是在大的自然村或村委会所在地兴建五保户集中供养点,就地、就近、就村对五保对象实行集中供养,从而把乡镇敬老院集中供养模式与中国农村一家一户居住习惯、五保老人的乡土情怀有机地结合了起来,提高了农村五保供养的效率和水平,真正解决了农村五保户面临的困难。

三是,各级政府共同参与,构建了"多支柱"的五保供养责任体系。"五保村"建设在政府统一领导下,实行领导责任制,市(县、区)领导负责到乡镇,乡镇领导负责到村点,相关部门明确职责,密切配合,积极参与"五保村"建设,使五保老人的生活得到了多渠道的保障。(见表10)在"五保村"建设过程中,各有关部门还通力合作,简化了"五保村"建设的许多审批环节,节省了"五保村"建设资金,有效促进了"五保村"建设任务的完成。

表10 生活来源渠道

	内容
1. 主渠道	
★财政部门	负责五保老人每月的生活费及丧葬补助;
★民政部门	负责口粮不足部分及衣被的供给;
★卫生部门	负责五保老人的疾病诊疗;
★教育部门	负责未成年五保对象的九年义务教育;
★水利或自来水、电力、广播电视、计生、卫生等部门	分别解决五保户的供水、供电、看电视、身体的常规检查等。

续表

	内容
2. 辅助渠道	社会捐助、慈善机构募捐、社会抚养费调剂、救济费调剂、财政适度补贴等。
3. 团体和单位帮扶联系制度	计生、共青团、妇联、学校、基层党组织制定了具体的帮扶方案，结对子帮扶。
4. 签订入住协议	签订入住协议书，让五保户亲属继续承担一部分供养责任。要求五保户在入住"五保村"时，由五保对象亲戚、五保户以及村委会三方共同签订入住协议书，明确五保亲属在五保对象入住"五保村"后，在生活供养、医疗、丧葬等方面所承担的相应责任及义务，如负责至少两个月以上的口粮、菜、油等方面予以适当的援助等。
5. 五保户的责任田	利用好五保户承包的责任田。主要是让五保户亲属或其他村民代耕五保户的责任田，每年为五保户解决一些口粮，有条件的则通过调整入村务保护的责任田，实行集中连片开发种植，提高其责任田的收益，这一系列的措施，较好地解决了五保对象的生活保障问题。

资料来源：《贺州市五保村建设理论研讨会论文和资料汇编》，2004年2月。

四是，各地十分注重发动群众，建立样板，以点带面，变政府要建为群众要求建、自愿建。通过群众参与，多渠道筹措资金。此外，各地政府积极宣传"五保村"建设，取得群众的理解、支持，动员社会力量参与建设。一些地方召开村民大会、出动宣传车、标语、横幅、有线电视、广播、墙板报、报章杂志等各宣传媒体大张旗鼓地宣传"五保村"建设，使"五保村"建设工作家喻户晓、人人皆知，广泛动员全社会力量参与到"五保村"建设中来。一些村干部和群众自发无偿地为"五保村"建设投工投劳。比如，钟山县凤翔镇舞龙村建设"五保村"时，恰遇地址中有一座村民刚建好的庙宇，村民二话不说便自觉搬走了庙宇，使"五保村"按时动工兴建。

五是，积极探索社会福利事业投资主体多元化的经验，尤其是发挥了福利彩票"取之于民，用之于民"的作用。过去，福利事业上呈现"一手揽"的局面，只靠财政拨款办福利事业。而现在，广西壮族自治区充分发挥市场机制的作用，采取宏观调控、市场监管、社会管理和公共服务"四步走"的方式，合理筹措和使用福利基金，有效破解了五保户这一弱势群体中最为困难、最需要社会关怀的人群亟待解决但多年未能解决的供养难题。广西福利彩票以"扶老、助残、救孤、济困"为宗旨，在政府的宏观调控下，通过"创新+改革+宣传"三管齐下的办法加大福利彩票发行力度，每年投入近1亿元的福利资金用于"五保村"的建设，并且通过修建示范"五保村"将福利基金引向农村，为农村福利资金的筹措注入了新的理念。而在福利彩票公益金的牵头下，各地政府拨款，村集体出地，群众献工献料，则较大程度地提高了福彩公益金的使用效益。从2003年"五保村"开始在全区逐步推广到2005年8月，全区已经建设完成的"五保村"有4500多个，安置五保老人6万多人，总共投入福利彩票公益金2亿多元。福利彩票公益金为"五保村"建设起到了资金支持的关键作用，为构建和谐广西作出了积极的贡献。

六是，为保持"五保村"旺盛的生命力，广西在"五保村"建设工作中，坚持"建"、"管"结合，一手抓建设，一手抓管理，建立了一套合理的管理制度。自推行"五保村"建设以来，广西壮族自治区民政厅先后制定《五保村管理办法》、《五保村村民生活保障制度》、《五保村卫生制度》、《五保村村民手册》、《五保村管理小组制度》、《村民委员会的职责》、《县级民政部门在五保村管理中的职责》、《乡（镇）人民政府在五保村管理中的职责》等制度，由省、市、县、乡等各级政府对"五保村"责任进行了分担。其中，为管理使用好五保统筹资金，根据《农村五保供养工作条例》要求，广西壮族自治区各地政府一方面建立健全了一整套的财务制度，对五保统筹粮款，实行专户、专账、专人管理；另一方面，加强跟踪监控，发现问题及时纠正，实行定期或不定期检查，从根本上杜绝贪污、挪用、克扣五保供养钱物的现象，为五保供养提供了物质保障。

正如国家相关部门所作的评价，广西"五保村"建设是我国农村五保供养制度的创新，走出了一条农村福利事业社会化的新路子。这条创新之路涉及供养模式的创新、投资模式的创新、管理模式的创新、服务保障模式的创新。

  首先是立足实际，创建了中国农村社会福利新模式。过去，我国社会福利主要覆盖城镇居民，农村社会福利设施几乎是空白。多数五保户虽然得到一定照顾，但仍难以保障。乡镇敬老院建设和管理均由政府完成，每位入住老人就需 2 万元人民币以上投资，这就导致许多地方往往因为受经济条件所限，无法有效地对五保户进行供养。广西"五保村"建设立足于有限的经济条件，形成了"就村而建、集中供养、自我服务、自我管理"的供养新模式，从而有效克服了以往两种供养模式的弊端，拓展了社会福利社会化的空间，最大限度地调动了一切积极因素和群众的创造精神。同时，"五保村"供养模式具有设施投资小、管理成本低、集中居住、便于服务等优势，既从根本上改善了当地农村孤寡老人的生活质量，又可在较短时间内取得工作的重大突破与发展。这是在目前的生产力水平上解决农村五保老人供养问题的最佳和全新供养模式，既适应当前国情，又兼顾长远需求，是竭尽全力又量力而行为人民群众谋利益的成功范例。

  其次是兼顾了集中供养与分散供养的优势，体现了"以人为本"的精神。(1) 选址。"五保村"选址，主要在比较大的自然村或者是村委会、学校所在地，基本上是村里风景最美、地段最好、交通便利的地方，就近对分散供养的五保户实行"有家不离村，有家不离土"的集中供养，这就保持了风俗民情，解决了敬老院集中在乡镇，山区一些偏远村子的老人嫌路远回村不易，因来自不同的村子，语言不通，生活习惯、风俗信仰不同，凑合在一个大院子里生活容易产生矛盾的弊端，满足了老人延续原有生活习惯、习俗的要求和愿望，有益于他们的身心健康。(2) 责任田。村委会在大部分"五保村"的旁边给五保户调换了自留地，以方便他们种菜，而且五保老人的责任田地仍属于他本人，他想劳动就去做，不想做就让村里人代耕，从而可以保证一定的收入。(3) 居住格局。"五保村"里老人一般是一人一室，人均面积为 10 至 15 平方米，有单独或集体的厨房和卫生间，每户五保户都是一个独立的家庭，自己支配起居饮食，一家一户（即每户一间房）符合百姓的生活习惯。(4) 娱乐活动场所和设施。"五保村"建有娱乐室，老人们可以聚在一起看电视、下棋、聊天，因村子都坐落在村委会所在地或大自然村的中心，白天有小孩在这里玩耍，夜晚村民聚集在此聊天，非常热闹，而且有的还在每个"五保村"组织学生建立"五保爱心联系点"，节假日到"五保村"为五保老人洗、晒、理发、清洁环境等，解除了老人的孤苦寂寞，极大地丰富了老人的文化生活。这些都充分表明"五保村"的建设体现了对孤寡老人的人性化关怀和照顾。

三是自我服务和自我管理，丰富了村民自治的内涵。"五保村"实行自我管理、自我服务，村长在五保老人中民主选举年龄较轻、素质较高者或村委会派一名村干部担任，负责管理老人们的生活起居、公共财产等，老人们互相照顾，同时实行村委协管、村民帮助、民政引导，集中了自我照顾、亲人照顾、社会照顾和各级组织管理服务的长处，从而极大地丰富了村民自治的内涵。

四是，从长远来看，"五保村"对于改变农村养儿防老生育观、控制农村人口增长、促进农村安定团结、推进农村各项改革事业和全面建设小康社会都产生积极影响。"五保村"建设促进了农村计划生育利益导向新机制的健全。"五保村"建设使人民群众看到了党和政府对五保老人的关爱，看得见，摸得着，信得过，得民心，顺民意，从而更新了人们传统的生育观念和养老观念，建立了新型的养老机制和计划生育利益导向机制，从根本上解决实行计划生育的农户的后顾之忧，引导农民少生快富奔小康，稳定低生育水平，促进农村人口与经济社会的协调发展。

六、对"五保村"建设的思考

广西壮族自治区各级党委、政府、民政部门在经济条件较差、五保压力较大的情况下积极探索新形势下农村五保供养新模式，走出了一条新路。它有利于提高五保资源的利用率，减轻县、乡（镇）财政负担，满足五保老人物质和精神等多方面的需求；有利于破除"养儿防老、多子多福"的思想观念，促进农民转变生育和养老观念，为贯彻落实计划生育政策提供保证；有利于弘扬中华民族的传统美德，促进社会主义精神文明建设。

从新公共管理和社会福利转向的角度来看，广西"五保村"建设的实践对我国政府管理具有许多启示。其中，如下几点启示特别突出。首先，正确的政府管理理念与价值目标是做好政府工作的前提。广西"五保村"建设之所以受到社会各界的广泛响应和赞誉，一个重要原因是在于它切切实实地为基层群众特别是困难群众解决了实际问题，体现了为人民服务的宗旨。（2）社会管理和公共服务是政府的两项重要职能。在社会主义市场经济条件下，政府职能主要是经济调节、市场监管、社会管理、公共服务等四项内容。广西壮族自治区在经济水平较低的情况下，进行"五保村"建设，为五保老人提供"住有其屋、食有其源、乐有其所"，为全面建设小康社会、构建和谐社会作出了贡献，切实履行了政府的职能，充分符合了服务型政府的要求。（3）要实现政府管理向公共管理的转变。社会管理和公共服务是政府的重要职能，但是，在现代社会仅仅依靠政府提供社会管理和公共服务又是不够的，需要政府充分利用社会各种力量，包括营利企业、基金会、社会团体、国际组织、第三部门等非政府组织和个人，共同进行社会管理，提供公共服务，实现从统治向治理的转变。在广西"五保村"建设中，各地政府充分动员和利用各种社会资源，对五保老人提供积极的供养，这无疑是我国政府在社会管理上的一次很好的实践。

总之，"五保村"的建设，既符合广西目前的经济发展现状和水平，也适应了广西五保老人的生活习俗。在五保老人的供养上，实现了从短期措施向长效机制、从临时救助向制度救助、从政府主导向政府引导和社会参与的转变，产生了良好的社会影响。不过，我们也认识到，广西"五保村"建设还存在一些需要研究和完善的问题。今后,随着"五保村"建设计划的逐步实现,应该着重解决好如下几个问题:一是加强"五保村"的管理;切实保证五保对象获得"五保村"的居住权;二是,通过各种方式更好地为五保老人之间提供参与社会交往的渠道;三是,加强资金保障,探索建立资金供给的长效机制。比如,有研究建议,积极争取把"五保村"建设列入国债项目,作为农村基础设施和公共事业建设加以支持。最后,五保供养既有社会救助的特点,又有社会福利的特点,因此应该注意统筹规划,把"五保村"建设及时纳入新型农村社会救助体系建设框架中来。这些问题都有待于我们从理论和实践上进行积极的探索。

(原载俞可平主编:《中国地方政府创新案例研究报告(2005—2006)》,北京:北京大学出版社2007年版)

社区助贫形式和社区建设思路的创新
——来自厦门嘉莲爱心超市的案例研究和思考

龚水燕（浙江大学城市学院商学院）
冯亚丽（美国伊利诺伊大学社会工作学院）

一、爱心超市的背景和概况

政府、公民、企业在发动社会和社区资源解决贫困问题上能起到什么作用？什么样的贫困解决方式不会带来附加的消极后果？这不仅是困扰嘉莲街道的问题，也是全世界，包括美国等发达国家在内，要面临的重大议题。科技的发展，给世界创造出很多东西，但无法在地球上消除贫困，即使是最富有的国家，最富有的城市。贫困就如同现代化的伴随品一样，它交织着其他社会问题，形成并发症，难以缓减，难以消除。针对贫困的战争，旷日持久。全世界相关政府机构、非营利组织、民间组织和社区组织都在为消贫、助贫而努力，各自创新性地探索，相互之间进行积极交流。中国也不例外。

随着改革的深入和城市化的进展，中国城市贫困问题逐渐显露，并成为目前中国迫切需要解决的问题之一。最低生活保障制度是解决城市贫困问题

服务政府
Service-oriented Government

的重要制度设置。它是政府对贫困人口按最低生活保障标准进行差额救助的新型救济制度。1993年,城市居民最低生活保障制度在上海首创。同年,厦门市开始实施城市居民最低生活保障制度。2004年7月1日,《厦门市最低生活保障办法》使得最低生活保障制度走上了法制化的道路。根据此《办法》,思明区城市居民的最低生活保障标准为:1人户每月315元;2人户每人每月290元;3人及以上户每人每月265元。目前思明区有290户左右家庭享受低保,大约300多户贫困边缘户。贫困边缘户一般指的是收入接近贫困线(即收入在贫困线4/3倍以内)的家庭。

厦门市思明区嘉莲街道的爱心超市就是在这种背景下创建的,是拓展扶贫帮困一种尝试。嘉莲街道辖区总面积4.48平方公里,现有人口10万多人,下辖9个社区和龙山筹建处及保留牌子的莲坂社区,内有贫困家庭约250户。这些贫困户因为下岗、身体精神健康状况等问题,导致家庭生活困难,一部分依靠微薄的工资支撑着,大部分仅靠政府的低保和救济维持生活。走在嘉莲繁华的商业街道上,人们可能想不到不远处某个大楼的某个角落里就有这些贫困家庭的存在。明快热闹的街道和他们房间的简陋凄凉,形成了鲜明的对比。似乎,这并不是一个世界。但嘉莲街道的基层工作人员并没有忽视这部分人群,而是把关心街坊邻里的贫富差别,减少因此而引发的社会不和谐问题,作为街道工作重点之一。除了政府的最低生活保障,邻居们还能够为这些身边的困难家庭做些什么呢?

2003年年底,嘉莲街道举行居民献计献策建设小区的活动,莲花五村警务室民警黄隆瑚提议"在社区建立捐赠物品交流站——超市",莲花北社区居委会姜杰娥提议"建立'爱心驿站'"。这两个主意是成立"爱心超市"的直接灵感来源。它的原意是为捐赠对象和困难群体之间搭建一个平台,捐赠者把家中闲置的物品拿出来,通过这个平台,在双方不见面的情况下,使困难家庭有尊严地、持续地接受捐赠,使闲置社会资源得到更好利用。街道党工委将这个金点子列为2004年为民办实事的重点项目。2004年5月30日,即街道的第二个社区志愿者奉献日,"爱心超市"在长青路 11 号楼 3 楼(莲坂西小区内)正式向社会开放。

走到长青社区综合楼 3 楼露天楼梯的拐角上,可以看到清新可人的凤凰花树树枝迎风拂动。拾阶上移,渐入眼帘的是玻璃门后的一排衣服货架,上面挂满了五颜六色的衣服。接着可以看到一台电脑,一名温文和气的管理员冲着我们微笑。环顾四周,可以看出左边是爱心超市的主厅,不到 90 平方米,排放着 4 排货架,大约有 26 个。货架上面分门别类地放置着捐献来的物品,从衣服到家电,从锅碗瓢盆到洗漱用品,从药物到学习用品,从米油到盐醋,不一而足。物品的下面贴有分值标签。例如,一袋 15 公斤的大米标值为 6 分,一桶 2.5 升的食用油标值为 3 分等。西墙边整齐地堆叠着纸箱,里面为捐赠物品,而北边墙旁则码放着大米和油,有一人多高。

第二次去的时候是在 2006 年 6 月 28 日下午,正是领取物品的时间。远远就能看到五六个人正在停放自行车。也有一些人已经整理好物品准备离开。天气有点热,来领取的人汗迹很重。他们大部分是骑自行车来的。随着他们走进超市,看到了更多的"顾客"。他们以五六十岁居多。也有人带了孩子过来,孩子们在儿童区挑选着文化用品和玩具。"顾客"们挑选着自己想要的东西,轻声询问分值,组合计算成 10 分后,拿着物品和"爱心卡",安静地排队,等候社区志愿者的登记。登记台设在门口。负责登记的志愿者共有 3 名,1 名计算分值,1 名拿塑料袋帮着装物品,还有 1 名志愿者往各位"顾客"的爱心卡和超市的物品登记簿上写下这次所领取物品的名称和分值。排队的人十之七八拿了一袋大米和一瓶油。

在管理员桌子的旁边有一名医生,戴着听诊器,正在给"顾客"量血压。这是来自莲花医院的志愿者。莲花医院结合"银发安康工程",在超市开放时间,为社区的贫困老人进行免费体检,为领取药品的人回答服用方法,同时提供一般医疗咨询。

类似爱心超市的助贫方式在日益增多,但嘉莲爱心超市在国内是少有的成功例子。本次案例研究旨在全面了解爱心超市,帮助人们理解爱心超市、思考爱心超市存在的重要议题，从它的成败得失之中，探索类似助贫模式的有效性和适用性，促发人们进一步思考助贫模式。

二、研究方法和资料收集方法

为了全面而深入地了解爱心超市，本次调研报告，采用多种资料收集方法，尽可能地从各种途径，在动态的过程和情境之中来考察爱心超市这种助贫形式的方方面面。

本次调研主要为个案研究。主要采取了两种资料收集方法：一是采取了观察和访谈等实地研究方法。实地调查的对象试图覆盖所有爱心超市利益相关人群：爱心超市的两名负责官员和超市管理人员、志愿者、捐赠者、受捐者、附近居民等，同时为了了解厦门市民对爱心超市的熟悉程度和潜在捐献者心理，调查者分别在超市附近、公车上和马路上采用偶遇式抽样，拦截了6名路人进行非正式访问。具体情况请参见下表：

表11 爱心超市资料收集概况

时间	受访者	人数	资料收集方法	地址
14日下午	负责官员	2	正式访谈	街道办公室
28—30日	超市专职管理员	1	观察、正式访谈和非正式访谈（多次）	爱心超市
28—30日	受捐者[1]	6	正式访谈	爱心超市、受捐者家里、社区公园
29日下午	志愿者	3	简单的非正式访谈	爱心超市
28日下午	医疗志愿者	1	正式访谈	爱心超市
30日上午	志愿者—受捐者	1	正式访谈	爱心超市附近的社区公园
30日上午	捐赠者	1	正式访谈	爱心超市
11—30日	路人	6	偶遇式拦截访问	超市附近、公车上、马路上
28—30日	超市附近居民[2]	2	非正式访谈（3次）	居民家中
			各种文件和账本记录	

1. 6名受捐者分别为：受访者#1 王女士、受访者#2 李先生、受访者#3 陈先生、受访者#4 徐先生、受访者#5 张先生、受访者#6 黄女士。为保护受访者，所有的姓俱为假姓。
2. 即2名旁观者：受访者#7 孔女士、受访者#8 顾先生。

有一点需要提到的是，因调查员不懂闽南语，所以接受采访的对象都会讲普通话，而那些不会讲普通话的当地人，可能也正是比较贫困的人，因此所收集的信息可能会存在代表性不够全面的问题，希望读者在阅读的时候注意这一点。

第二种资料收集是文献法。这类资料的主要来源是爱心超市专职管理人员和嘉莲街道网站（http://www.jialian.gov.cn/）。超市专职管理人员提供的资料主要包括自 2005 年 4 月开业到 2006 年 6 月期间的物品流量记录以及目前正在使用的《爱心超市思明区嘉莲街道爱心超市管理办法》。从嘉莲街道网页上，收集到一直以来有关嘉莲爱心超市的主要媒体报道。这些资料记录是公之于众的公共信息，也是建构爱心超市公共形象的硬件部分。从中可以看出超市的切实发展情况以及影响发展的若干重要因素。这部分数据的分析方法主要是文本分析和统计分析。

三、运转和制度

按照官方定义，嘉莲街道的爱心超市是"由街道创办的'政府搭台、社会唱戏'的扶贫济困慈善事业的一种新形式，由街道办事处提供场所，社会各界捐赠物品，辖内困难群众可以定期前来自主领取所需物品"[1]。现行构建爱心超市运转的制度，主要是《思明区嘉莲爱心超市管理办法》、《思明区嘉莲街道爱心超市联谊会章程》以及区民政局和慈善会颁布的《爱心超市管理暂行规定》。其中，与爱心超市日常运行最息息相关的是《管理办法》。

（一）《思明区嘉莲爱心超市管理办法》

为了适应变化，爱心超市的管理制度有所变更，现行实施的《思明区嘉

---

1. 《思明区嘉莲街道爱心超市联谊会章程》，可参见 http://www.jialian.gov.cn/jl/web/axcs/index.jsp。

莲街道爱心超市管理办法》[1] 主要内容可分为三大部分：

1. 爱心超市人事管理

由嘉莲街道爱心超市工作领导小组负责指导、监督爱心超市的管理工作，由领导小组下设的办公室负责爱心超市的日常管理工作。组长是街道党工委副书记兼办事处主任吴旗荣，小组成员为嘉莲街道党政办主任、街道街政办主任、街道财政经济管理办主任、街道计划生育办副主任、街道综治城管办副主任以及各社区居委会主任。

领导小组下设的办公室，其主任由街道街政办主任傅坚兼任。

目前，有一名专门的爱心超市管理员。该超市管理员的职责是：负责超市的日常运行（捐赠物品接收、管理、登记、发放、盘点核对、入账等）；组织培训志愿者；管理捐赠物品流动档案；收集相关媒体新闻，并为新闻媒体撰写（提供）有关爱心超市的新闻素材；接待来访者等。

2. 捐赠物品流动管理

2.1　捐赠物品接受

2.1.1　每月1—25日为捐赠物品的接收时间。

捐赠物品的要求：捐赠衣物、鞋帽及床上用品等，必须是全新的；捐赠其他物品必须干净整洁八成新以上；电器类须能正常使用。

2.1.2　各社区设立经常性捐赠物品的接收站，社区单位和社区居民有物品捐赠可直接送到所在的社区居委会或拨打所在社区居委会电话，由所在社区居委会派人上门收取。

2.1.3　不在本街道区域内的单位或个人捐赠物品，可直接送往爱心超

---

1. 《思明区嘉莲街道爱心超市管理办法》，可参见 http://www.jialian.gov.cn/jl/web/axcs/index.jsp。

市，也可拨打街道街政办电话，由街道派工作人员上门收取。

2.1.4 各社区应于每月 25 日左右将本月收集到的捐赠物品连同报表及捐赠物资收据原件一起送到爱心超市。

2.2 捐赠物品的管理

2.2.1 各社区、街道必须做好捐赠物品的接收登记工作，送往爱心超市的物品必须进行清点交接，并由交接双方在"社区接收捐赠汇总报表"上签名确认。

2.2.2 爱心超市工作人员应在每月 25—27 日对捐赠物品进行整理上架，对收集来的小家电等物品应送电器维修店进行检测维修，确保电器安全合格后方可上架。

2.2.3 工作人员将捐赠物品分类整理上架后，对每件物品根据估算的价值及超市现有的库存量进行分值标注，每件物品最高分值不超过 10 分；其中，未成年人用品及书籍不计分值。

2.2.4 对无法维修或无使用价值的物品在长青社区议事监督委员会成员监督下由工作人员列出清单并报爱心超市领导小组成员审核后方可核销。

2.3 捐赠物品的领取

2.3.1 领取时间：每月 28—30 日（为了公平起见，每月各社区领取时间采用轮流制，具体时间到期另行通知）。

2.3.2 领取地点：爱心超市（长青路 11 号楼 3 楼，莲坂西小区内）。

2.3.4 领取过程中，工作人员应详细做好捐赠物品发放登记工作。领取结束后，应及时进行盘点核对，并在相应的账簿上登记入账。

3. 捐赠物品的领取对象和领取数量

3.1 领取对象：以辖内生活困难户为主要对象。低保户可凭低保证到社区居委会申请爱心超市物品领取证；其他困难户可向所在社区居委会提出书面申请，由社区居委会初审后，报街道办事处审核，符合条件的，由所在社区居委会发给爱心超市物品领取证。

3.2 领取数量：根据物品的分值，领取对象每次领取不得超过本月可领取分值数。

3.2.1 爱心超市每户每月基础分值10分。此外，可通过参加社区组织的公益性劳动（如社区巡逻、打扫卫生、草地护理等）来获取爱心超市的分值，每参加一次公益劳动奖励1分。

3.2.2 各社区居委会应作好本社区领取对象分值奖励登记，并于每月25日之前，把本月领取对象参加社区公益劳动分值奖励情况汇总后报送到爱心超市工作人员处。

（二）《思明区嘉莲街道爱心超市联谊会章程》

除却爱心超市领导小组负责指导、监督爱心超市的管理工作，其下设办公室负责爱心超市日常管理工作之外，还有一个思明区嘉莲街道爱心超市联谊会[1]。

联谊会是街道辖内松散型的群众性组织，在街道办事处指导下开展工作，负责爱心超市的运作和管理。联谊会的宗旨是："通过不同方式，发动全社会有爱心的单位和个人共襄义举，保证嘉莲街道爱心超市保持持续永久生命力。同时，通过爱心超市的运作，呼唤人们的爱心，使社会更加关注弱势群体，让更多的人帮助困难群体排忧解难，让困难群体感受人间真情，社会的温暖。"

联谊会的任务是：管理、监督、指导嘉莲街道爱心超市工作，决定爱心超市的重大事项；运筹帷幄，为爱心超市提供智力支持；宣传发动，唤起社会爱心，共同关注弱势群体；提供服务，帮助爱心超市解决疑难问题；定期、

---

1. 《思明区嘉莲街道爱心超市联谊会章程》，可参见 http://www.jialian.gov.cn/jl/web/axcs/index.jsp。

不定期组织开展为爱心超市捐赠物品工作，积极支持嘉莲街道爱心超市持续长久地开办。

联谊会会员资格、权利和义务：承认《思明区嘉莲街道爱心超市联谊会章程》，愿意执行本会决议的单位、个人，均可申请成为会员；会员入会自愿和退会自由；会员有以下权利：参与嘉莲街道爱心超市的管理，决策；审议爱心超市重大事项；对爱心超市工作提出建议、意见。

会员的义务是参加本会组织的有关活动，积极为爱心超市出谋献策，提供服务和力所能及的帮助。

联谊会的组织：由会长、副会长、秘书长、成员组成。设立秘书处作为常设办事机构，负责处理日常工作。秘书处设秘书长1人，秘书长人选由嘉莲街道推荐，其他人员由各会员单位派人担任，秘书长在会长、副会长领导下开展工作。可根据需要和一定程序不定期吸收有关单位和热心个人参加。

联谊会工作制度：每年召开1—2次会议，听取爱心超市工作汇报，并提出工作意见。

（三）区民政局和慈善会颁布的《爱心超市管理暂行规定》

该《暂行规定》是思明区民政局和思明区慈善会联合颁布的，里面规定了区慈善会和思明区各爱心超市之间的关系。该规定对于爱心超市的定义，和《思明区嘉莲爱心超市管理办法》略有不同，增加了解决特困居民的子女学习困难这一目的。里面写道：爱心超市"是指以解决城市特困居民生活及其子女学习困难为目的，有针对性的以募集和发放为主要形式的经常性社会捐助和社会救助形式"。（第2条）爱心超市的对象，也比《管理办法》的要宽一些，除了低保户、低保边缘户，还包括了优抚对象和因突发事件造成生活困难的居民。（第3条）

《暂行规定》主要指出区慈善会对捐赠款物和爱心超市的责任和权力，主

要有四个部分：

第一，爱心超市的成立管理：爱心超市由区慈善会统一注册、统一标识、统一配送、统一管理，各爱心超市必须严格执行；（第14条）

第二，对捐赠款物的管理和处理：区慈善会负责接收社会各界的捐赠款物并整理、分类、消毒和储存；根据各爱心超市的需求及受捐情况，调剂和分配捐赠物品；（第5条）对特困群众急需而本超市无法解决的物品，在街道（社区）张榜募集或向区慈善会申请调剂；无法向社会募集而困难群众又急需的物品，可由区慈善会采购，从专项资金列支；（第8条）对特困群众不适用或不宜运输的捐赠物品，由区慈善会统一进行变卖，变卖所得款项用于购买特困群众急需的物品，不得挪作他用；（第11条）

第三，对爱心超市运转的监督和管理：社会捐赠要本着自愿和无偿的原则，禁止强行摊派或变相摊派。爱心超市接收捐赠款物后，要向捐赠者出具合法、有效的凭证，发给证书，并将捐赠物登记造册，妥善保管，做到账目清楚、手续完备、安全可靠，定期公示，并于每月5日前将接收捐赠和发放物品的报表报送区慈善会；（第10条）爱心超市要自觉接受社会、群众的监督，区慈善会要同区监察、审计部门对爱心超市捐赠款物的使用和发放情况进行监督检查；（第17条）

第四，规定了爱心超市运转的人力和费用来源：爱心超市的工作人员由街道、社区的工作人员兼职、聘用专职人员或由低保户和大中学生做义工等途径解决；（第15条）爱心超市在物品接收、整理、消毒、储存、运输及聘用专职人员等方面所需的经费，建议列入街道预算，由街道财政列支。（第16条）

此外，《暂行规定》和《管理办法》之间有相似内容。例如，对于领取分值的规定（第9条）、社区接收捐赠物品的责任（第7条），以及特困居民申请成为爱心超市"消费者"的程序（第12条）等，这里不再赘述。

（四）爱心超市管理规章制度中的议题

首先，需要指出来的是，爱心超市管理制度有一个变迁摸索的过程。例如，领取数量（即《管理办法》3.2 条），于 2004 年 10 月份开始实施，是超市管理的一个重大变革。爱心超市试图通过此制度创新将"贫困对象受捐权利与社会义务结合起来"，让受助者参加社区组织的公益性活动，如照顾孤寡老人、残疾人的生活等。作为对他们积极参与的回报，每次公益活动，都会在爱心卡上增加 1 个分值。通过这些途径让受助者"能有尊严地接受捐助"。同时规定每户每个月不超过 10 个分值。

但是，参加公益活动获得分数，是否就能够实现"有尊严地接收捐助"呢？调查过程中，所采访的受访者中，有 3 名受访者的回答分别从受助者和旁观者的解读为我们在这个问题的理解上提供一定的帮助：一名是受助者，经常参与超市活动（参访者#6 黄女士[1]）；2 名是超市附近的居民（参访者#7 孔女士和#8 顾先生），他们关注爱心超市并有自己的见解和阐释。

（调查员）问："爱心超市有一些活动，如果参加的话，可以加分。对此，您自己有什么想法？或者任何的感想？"

（受访者#6）答："我觉得挺好的。平时来领东西，都觉得怪不好意思的……有人在没有领到想要的东西时（插问："他们想要的是什么？""是大米啊、油啊，这些……"）我常和别人（那些对超市发牢骚的领取者）说，每个月领的这些是额外的，并不是我们应该得到的，东西好坏，我们都不应该嫌。有想要的就拿，不想要的就不要拿，不要有那么多闲话。……反正我闲着也是闲着，做点事情，心里舒坦。白拿了这些东西，

---

[1] 黄女士，57 岁，丈夫去世，家里有 1 个孩子，中专未毕业，失业状态，家庭月收入 500 元左右。

做点事情是应该的,更何况每次做事情,还可以加分,多拿一些……(不好意思地笑了一笑)家里钱紧,多一点也是好的。"

这种观点,在一部分受助者中并不少见。对他们来说,在爱心超市每个月如果能够领取到米油的话,是一件非常高兴的事情,因为这对他们日常生活是很重要的。这句话放到受助者的生活背景之中来理解,可能会更有感触。"500多元一个月,交了房租煤气电话水电,只有200多元可用。每个月可领取几十元的东西,已经很好了。"(黄女士)他们也愿意把参与劳动视为挣得实际收入(等同于购买米油)的一种来源,而愿意为此付出劳动。但问题是受限于捐赠物品,每个月不见得有米油可以领取。那么,当他们每个月不能够领到他们想要的米油,对于参加公益活动又会有什么样子的影响呢?这个问题是假设性的,无法在实际中验证(受助者虽不见得每次能领到米油,但时不时能够领到),只能间接地从旁观者那里得到部分答案。那些对爱心超市有近距离观察的旁观者告诉我们,有受助者对此会不满意,但参与劳动的受助者并不十分介意。

(调查员)问:"爱心超市有一些活动,如果参加的话,可以加分。您知道这回事吗?您自己有什么想法?或者任何的感想?"

(受访者#7)说:"挺好的。有些活正好要人去做。这些人有时间可以做。但是有时候,分值太低了。有一次,我看见某某,干了半天活,才拿到一个挂面,也就两块钱,不到三块钱。感觉有些——欺负人。"

问:"看样子,您没有在爱心超市领取东西,但对这些领取的人很熟悉。能否告诉我,大家对参加爱心超市的公益活动有什么看法?例如,刚才您说的那位,有抱怨吗?"

答:"她倒也没有抱怨。我问起的时候,只是笑一笑。我自己觉得太少。那个人可真不错,每次叫都来,干活很用力。人很勤快,什么活都愿意干。抱怨？平时领东西的时候，如果没有他们要的，会生气，会相互抱怨，有些话说得可难听了。说什么自己从那么远来，领一些没有用的东西，白跑了一趟……这些人，我没有看见他们劳动。可以参加劳动的人数有限，要住得近，又有时间，要管理员点名才（有机会）来，也就两三个左右的样子。大家都熟悉。"

旁人觉得，这些参加劳动的受助者，每次劳动的分值太低，而为他们感到不值。但是参加劳动的受助者本身并没有什么太大抱怨。可见参加劳动是一个动态选择的过程。参加劳动的人和管理制度相互磨合，感觉制度所给的回报"不值"的人退出，下次不来了；而那些感觉"白拿了东西，应该做点事"的人，被制度筛选出来，留下来了，成为超市相对固定的义工。

其次，从《联谊会章程》可知，联谊会是群众性组织，试图从肥沃的群众土壤中汲取群众的建议，其理念具有较强的草根性。这也是和"政府搭台、社会唱戏"的运作模式相互一致的。但是在具体运作过程中，联谊会是否能够执行规章中所规定的任务功能？如果联谊会不只是一个挂名机构，那么进一步深入思考的议题是：联谊会和行政管理（管理办法中规定）之间的权责是否清晰、是否合理？联谊会对于爱心超市行政管理是否具有实质性影响和制约？联谊会成员的特征是否足以代表群众？成员所提出来的建议是否具有群众性？从访谈之中，没有找到这些答案，但如果爱心超市要赢得持续发展，就不能仅依赖现有工作人员的人格品质，而要依靠有效的管理制度，也就必须对上述议题进行深入思考和进一步探索。

此外，由于制度限制而导致爱心超市在的功能存在一定的缺陷。例如，爱心超市出于种种原因，不接受钱款捐赠，同时转换处理困难居民所不需要的捐赠物的能力也十分有限。而从《暂行规定》中可以看出，区慈善会承担并弥补这些功能缺陷。区慈善会具有接收钱款、变卖不需捐赠物品的权力，这就在一定程度上保障了爱心超市的公开透明和可持续性。但是机构的衔接合作势必需要付出一定的成本,即内部管理费用。为减少成本,嘉莲爱心超市从 2006 年 7 月起也开始尝试着把捐献物品面向社会进行变卖。

四、众相关者的特征、看法和影响

这部分主要考察爱心超市有关群体对于爱心超市的看法和影响。爱心超市虽然是一个社会项目,但是本文相信,人是它的中心,相关群体的期望和看法是了解爱心超市状况的重要信息来源,了解这些人群的看法是理解爱心超市不可缺少的组成部分。从中,读者也会对爱心超市形成比较生动的印象。在调查中发现,与爱心超市有关的群体可以根据其与超市的关系远近,区分为五大部分:受助居民、行政工作人员、志愿者、捐赠者和关注者。在他们的眼里,爱心超市是怎么回事?应该是什么?

(一)受助居民:爱心超市"消费者"

受助居民上文已经有过定义,他们是超市的服务对象,是"消费者"、"顾客",也是超市的中心所在。该人群由经济困难的家庭组成,以低保户为主,也包括低保边缘户、困难家庭和学生。开始,在嘉莲街道爱心超市领取物品的困难家庭有 232 户,主要是社区的低保户,还有部分低保边缘户。2006 年,爱心超市覆盖的贫困家庭增加到 253 户。

在访谈中发现,造成他们困苦的原因各不一样,但对爱心超市的看法差别不大,对爱心超市的期望也比较一致。例如,当问及对爱心超市的看法时,受访者认为超市很好。受访者#2 李先生和受访者#3 陈先生表达的语句也很相似:"社区对我们很照顾,大家都很感激。""感谢街道,感谢大家。"

当谈到对爱心超市的期望时,黄女士热切又有点不好意思地说:"我希望更多的人知道爱心超市,捐更多的东西,特别是米啊,油啊这些,"说着,两眼微湿："我们的生活实在太苦了。"

受助居民对于爱心超市感到满意的同时，也会对之抱以一定不现实的期望。既然贫困家庭所切实需要的主要是米油等食物，不少人在访谈过程中提出："如果能够与那些爱心超市紧需物品（指粮油盐等）的厂家建立联系，他们能稳定捐赠就好了。"令调查员有些哑然，开玩笑道："如果那样的话，恐怕辖区内的粮油厂家都会搬走。"

也有些受访者指出现有超市的不足之处，并提出自己的想法。他们的建议大部分转化为爱心超市的努力方向。例如，陈先生认为："民以食为天。最好大家都能够捐食物。我们困难人群最需要这些了……居委会宣传得不够，贴的东西也不够醒目，人们看不到。社区中富有的人不知道爱心超市。如果他们知道了，捐的东西会多一些。"这样的建议，就很可能成为爱心超市将来采取的有效措施。

（二）爱心超市行政工作人员

工作人员是管理、维持超市日常运转的专职人员。具体成员上文已有所介绍。本次所访问的行政工作人员包括组长吴旗荣、办公室主任傅坚，以及超市专职管理员小赖。

主任傅坚指出，原来大家的出发点非常简单，就是希望能够利用社区居民的资源，"为贫困家庭做点事"。政府建立爱心超市这个平台做捐赠者和受赠者的牵线人，让受赠者可以自尊地接受捐赠，让捐赠者方便捐赠，而资源又能得到更好利用。后来爱心超市的发展状况之良好，爱心超市在社会上的影响之大，都出乎当初的意料。他们希望"通过爱心超市这个载体和平台，让社会上更多的人关注、关心弱势群体，爱心超市能够继续帮助贫困群体"。

和所有企业创始人会以企业文化的形式在企业刻入自己的印迹一样，最初的超市管理人员，其个人品质、工作作风以及对爱心超市的有关期望和看法，会逐渐融合成为超市的性格特点，形成爱心超市组织文化的一部分，并进而影响到超市的未来发展。现有管理人员的温和耐心、乐观坚忍，和爱心超市因其使命而负载的温情、慈善、理想等特征，是一致的。这种一致性对爱心超市的发展有促进作用。例如，现任管理员小赖在工作中很好地体现了爱心超市的理念，被评为厦门市2005年度"爱心使者"之一。这些品质使得工作人员能够积极吸收群众意见。群众偶有不满情绪，也能马上化解，并使之成为改善超市的机会。

此外，现有爱心超市人员队伍的素质特点是善于沟通。无论从书面来说还是从口头来说，他们具有很强表达能力，有力清晰。这对爱心超市的公关和媒体管理相当有利。爱心超市的发展与这一点是分不开。从超市的网站上，可以看出他们成功接待过大量的来访。小赖擅长文字，通过撰写新闻报道给媒体的形式主动向公众汇报爱心超市的状况，对维持爱心超市的公众关注和捐助，作出了很大的贡献。同时，她对捐献物品流动的档案管理，非常规范有序，账目公开透明，为爱心超市树立了重要的公众诚信基础。

专职管理员对于爱心超市的发展影响很大。调查员作为一个感兴趣的路人，走访了思明区另一个爱心超市。没有找到人，无法了解到想要的情况。超市墙上贴着领取者的名单和领取情况，字迹有点模糊，上面的时间是2005年10月。这让我确定这就是该社区爱心超市的所在之处。因为住得近，调查员还去了两次，很不巧，超市的门都关着。同在一个思明区，为什么会出现这么大的差别呢？嘉莲爱心超市有专职管理员可能是其中的一个原因。专职人员让嘉莲爱心超市运行稳定化。这无论是对于人们了解爱心超市，还是对于爱心超市进行进一步接触，都方便很多。

（三）爱心超市志愿者

志愿者是为爱心超市提供义务劳动的人员或单位。目前志愿者的来源主要是大中学生、社区志愿者以及政府的社区工作人员。志愿者主要在超市需要的时候提供帮助,例如每个月领取物品的时间,或接收捐献物品的时候。

例如,厦门松柏中学初二学生曾组织嘉莲街道爱心超市周末服务队。每两三周一次,在管理人员的安排下整理物品、打扫卫生等。对学生而言,爱心超市不仅是为社会贡献自己力量的地方,更是他们了解生活、了解困难群体、了解助贫活动的窗口。

政府的社区工作人员会在领取物品的时间帮助发放、登记并整理物品。随着时间的推移,他们成为相对固定的志愿人员,也是最稳定的志愿者。由于爱心超市的官方性质,对他们而言,在每个月的发放时间来爱心超市帮忙成为他们工作的一小部分。他们熟知社区中的困难群体,对爱心超市及其消费者有非常深入的了解。他们是连接困难群体和官方助贫模式的最佳桥梁,表达困难群体的声音,贯彻政府的制度。他们的积极参与、献计献策,是爱心超市进一步发展的重要智力支持和人力支持的资源。

至于社区志愿者,主要是社区受助居民。在爱心超市需要的时候,他们会在管理人员打电话告知的情况下,前来帮忙,作为进行"有尊严地接收捐助"的一种实践形式。

(四) 捐赠者[1]

捐赠者的人口特征不一,有的是单位,有的是个体,有经常性捐助,也有偶发性捐助,有富裕,也有穷困。管理员告诉我,大部分捐赠者的捐助动机很简单,他们觉得自己有能力,社区又有人需要帮助,也就捐了。

---

1. 因为安排不方便,本次调查对于捐赠者的样本不够全面。幸好,细心的管理员小赖提前告知,才得以访问到王先生。捐赠者的样本没有代表性,不足以深入了解捐赠动机、进行未来捐赠行为预测。尤其是对以前的捐助者的研究,让我们知道导致捐助者停止捐助的原因,并在什么情况下愿意再次捐助。如果将来能够在这方面作进一步研究的话,有助于完善爱心超市的捐赠制度,帮助人们更深入了解捐赠者,稳固捐赠行为,并管理捐赠来源。

仔细考察一名捐赠者的具体行为过程，可以看出捐赠者的期望和看法，并略略窥视捐赠这一行为过程，以及影响这种行为的因素。6月30日，调查时刚好有一名王先生前来捐赠。王先生擦着汗，微笑着告诉我，他以前就捐助过一些学生。今年春节前后从居委会知道有爱心超市这回事。现在他当选为社区优秀党员，获得200元奖励，想把钱捐给爱心超市。又了解到超市不接受捐款，急需米油，而且"吃饭第一，买最基本的，一定没错"。于是决定购买米油捐给爱心超市。他女儿知道后很支持，也愿意出钱支持，于是花了350元买了10桶油和10袋米拿过来。他认为："这是我们嘉莲的骄傲，应该支持"，并且希望多一些宣传，使"关注困难群体的人越来越多"。

从上述过程可以看出，捐赠者首先要有普遍性的捐助愿望，才会在知道有爱心超市，并在一定条件之下（奖励），还要了解捐赠所需物品，才能在家人的支持下，购买物资，完成捐献。前提和以下四步缺一不可。

前提，捐赠者有普遍性的捐助愿望。从王先生的话中，得知他以前就捐助过贫困学生，也想为贫困家庭捐助，但是不相信那些机构，平时也就没有采取其他捐赠行动。

第一步，要知道有爱心超市。王先生之所以采取在爱心超市捐助，而不是以其他捐赠行为，是因为他对爱心超市的相关信息有一定的了解。正如王先生自己说，他在居委会帮忙，才知道有爱心超市，心想着："有机会，捐一点。"他说如果自己不去居委会干活，估计也不会知道这回事。他认为，爱心超市的宣传不是很够。因此，宣传爱心超市以及运转规则，会让公众知道爱心超市，并增加对爱心超市的信任度。社区组织的好处是在大家的眼皮底下，知根知底。爱心超市运转制度的完善，会吸引并巩固捐赠者。

第二步，知道爱心超市之后，在奖励这件事情的激发下，开始把捐赠的想法付诸现实。王先生失业已达4年多，没有领取失业金。目前在居委会帮忙，每月收入600元。了解这些，帮助我们理解，这样的捐赠对有些捐赠者来说，并不是一件随意可为的举动。尤其是需要购买的米油，需要捐赠者把这笔花费预算出来。

第三步，了解爱心超市对捐赠的要求。在这里，不收现款，只收实物，而且最好是米油盐醋，这是爱心超市目前对捐赠行为的期望和要求。这个环节，如果和捐赠者的心理期望有距离，可能会让一部分捐赠者望而却步。调查者特意问道："作为一名捐赠者，你对捐赠过程有什么体会？"王先生说："应该让捐赠更方便简单……这比较麻烦，但还不是非常麻烦。"

第四步，完成捐赠行为。如果家人或周围人反对的话，捐赠可能会中断；如果家人不支持的话，捐赠数目不会那么大。

再进一步，有什么因素会影响到未来捐赠行为呢？根据行为主义理论，如果捐赠者的捐赠行为在没有形成习惯以前，如果没有得到周围环境的积极反应，那么捐赠行为可能会衰退，直至终止。所以，家人的支持，爱心超市、社区以及捐助者所在单位或政府事后对捐赠行为表示适当的肯定，会增加以后类似捐赠行为。如美国，捐赠可抵税，就是对捐助行为的一种经济鼓励。而培育周围的捐赠文化，会让捐赠行为变成一种习惯，从而使捐赠在没有刺激的情况下也能够得到持续。

（五）关注者

关注者或旁观者，是和爱心超市有一定信息接触但没有任何实际接触的人群，也是对爱心超市可能会比较关注的人群。他们是距离爱心超市最远的群体，但也是潜在的捐助者和志愿者。基本上，他们对爱心超市是持肯定和支持的态度，认为这是一件帮助困难人群的好事实事。但是他们对于爱心超市的有些制度和受助者存在保留或批判的态度。例如，他们指出，爱心超市不够有效，有虚浮的倾向。"相对于宣传和花费，办的实事有些少。"有一次，他们气愤地说："你看看，那么年轻力壮的小伙子，好意思来领东西。有些人真是过分，开着那么好的电动车、摩托车，还来领东西……我早就看不惯了。"调查员向他们解释:"这些年轻人,很多是帮助外出不方便的邻居或朋友来领东西的。"从他们讪讪的表情可以看出,他们对于爱心超市的运转和制度以及受助者的情况,存在一定的误解。

调查员还在公车和路上拦截访问过一些行人,发现他们大部分"听说过"爱心超市,且"有点印象",但都不曾接触过爱心超市。他们表示在方便的时候愿意捐献。他们所说的方便是,时间上随意,捐献地点在小区,或打电话有人来取,不用专门为此跑一趟。

从生态系统论的角度来看,关注者和爱心超市在同一个社区,从物理距离上来说,是靠爱心超市和受助人群比较近的小系统。他们徘徊在爱心超市和受助人群的边缘,如果社区能够增进彼此的了解,并创造机会的话,就会吸引关注者参与到爱心超市活动之中。通过这些关注者的社会网络,可以进一步激发一批其他潜在的人来关注、参与爱心超市的活动。

五、评估:成本、绩效和创新

(一)嘉莲爱心超市的成本和绩效

嘉莲爱心超市运行成本比较简单。现有的超市场地改自长青社区活动中心,不存在场地费。它的成本主要包括:先期投入1万多元购买货架设备;每月的电话、水电、专职管理人员的工资;检测捐献物品质量所需的费用等,每年大约7万元。这些成本目前由街道政府财政负担。

从爱心超市开设以来,平均每月捐赠件数达到1643件,总数达41083件。单从2005年到2006年上半年,接收社会各界捐赠款物26632件,高达38.6万元,给辖区内近310户困难家庭发放物品件数达21751件,价值约达31.3万元。

但是嘉莲爱心超市所带来的绩效,单用直接经济绩效来衡量是远远不够的，它的社会影响不容忽视，并且由社会影响而又带来的间接经济绩效更让人不能小觑。从 2004 年 5 月到 2006 年 6 月，接待参观、取经、调研，开展座谈会、研讨会大约 80 余次。嘉莲爱心超市对于思明区乃至于其他省份类似组织的成立，对于动员非政府力量和资源解决贫困问题，在实际中起到了很大的推动作用，在思维上有启发作用。这种促发作用带来的效果是很明显的。单就思明区而言，之后成立了 9 家爱心超市，仅仅从 2004 年 5 月至 2004 年底，整个思明区的爱心超市共收到物品总价 97 万多元，累计发放价值 49 万多元的物品，有 4153 户低保户和 1633 户低保边缘户受惠。[1] 受到嘉莲爱心超市的启发，厦门其他地方，如湖里区红十字会成立了"博爱超市"。又如，区少工委在区少年宫也建立了以学习用品为主的"红领巾爱心超市"。全国各地纷纷建立类似超市，如湖南长沙的"雷锋超市"。

（二）嘉莲爱心超市的创新之处

首先，爱心超市作为政府牵头、民间捐赠的一个组织，动员、吸引了社会各界积极参与到帮助贫困家庭的事业之中，是对目前贫困政策的一种丰富和补充。爱心超市虽是政府牵头，但民间公益色彩比较浓，主要是利用当地资源解决贫困问题，这符合当今贫困政策的新思路。嘉莲街道也比较注意培养这种民间倾向，和慈善会合作，发动社会各界的参与，从而将关注贫困、帮助贫困家庭从政府责任转变成一个鼓励全社会参与的工程。贫困并不是政府能够解决的问题，也不是贫困人群自己能够解决的，贫困人群状态的改善是一个系统工程，需要得到各界人士和各种资源，尤其是当地资源的配合。嘉莲爱心超市吸引了社会各界，如学术界、当地居民、学生、政府、贫困人口、市民以及工商界等，对贫困人群的关注，并鼓励他们参与其中。它是对

---

1. 爱心超市申请资料。

政府"解困工程"从内容和形式上的补充，它惠及现时社会保障、慈善事业所不能覆盖的贫困家庭，如低保边缘户。

其次，嘉莲爱心超市充分利用政府牵头的优势，对媒体进行成功管理，达到扩大影响和扩大捐赠来源的目的。媒体管理很常见，但是这么成功的媒体管理，却很少见。爱心超市可以看成是中国非营利组织成功进行媒体管理的一个典范。从号召捐赠、捐赠行为报道、超市言行报道、超市状态告知、超市成就（如获奖）、意义分析/赞扬、到受赠者访问等不同形式、不同角度为公众阐释了一个丰富的爱心超市形象。

在现今眼球经济的时代，媒体的作用至关重要。如果进行成功的媒体管理，是各种有赖于公众注意和参与的组织成功的关键之一。下表简单描述了2004年6月到2006年6月的24个月内，嘉莲爱心超市月捐赠件数和月媒体报道次数。每个月的媒体报道平均次数至少为2次。当然，这么频繁的媒体曝光，这么成功的媒体管理，除却和政府的先天优势之外，正如上文提到的那样，和现有的工作人员素质也是分不开的。

表12 2004年6月—2006年6月嘉莲爱心超市的月捐赠件数和月媒体报道次数

变量名	均值	标准差	总和	最小值	最大值
月捐赠件数	1643	1457	41083	37	5287
月媒体报道次数	2	2.6	50	0	12

超市工作人员一致认为媒体报道对超市捐赠数目影响甚大。[1] 从统计模型上看，每曝光一次，捐赠数目大约能够增加30件。鉴于数据的局限，实际数

---

1. 但是根据统计软件SAS的运算，月捐赠件数和月媒体报道次数之间并不存在显著相关。当然这并不能够说明媒体曝光次数和捐赠件数之间实际上不存在关系。一般根据实际感觉，每次媒体曝光一次，接下来的一两天内就会有捐赠高峰出现。而现有的物品流量数据都是以月份为单位，没有以日为单位。其次，缺乏所有的媒体曝光记录。网上公布的只是一部分媒体报道。

目可能远远大于此数。[2]

媒体关注从来都是一把双刃剑。它一方面有利于调动社会资源，另一方面来自于社会各界的关注对嘉莲爱心超市起到了有力的督促作用。而嘉莲爱心超市很好地应对因媒体而带来的挑战。

第三，以爱心超市为平台的捐受形式兼顾利用本地资源和接收捐赠敏感性之间的问题，同时把个人行为转化为社会性集体行为。尽可能利用本地社区资源解决贫困问题，是社区工作的原则之一。如果没有一个像爱心超市这样的平台，由个人对个人的直接性捐赠和接受，会让很多人心存顾虑。捐赠者有时候会觉得自己给予对方的东西少因而觉得"难上台面"、"不好意思"；而接受者则因承受了捐赠者个人的恩情而感到困窘，这些顾虑除却带来情感上的不舒适，还多少会制约了人们之间的日常交往。爱心超市让个人性接受捐赠转变成群体性接受捐赠，避免了受助者个人不得不赤裸裸地面对受捐赠的感觉，从而委婉地保护贫困家庭的自尊，让其有尊严地接受救助。这是一种救济的新观念。更重要的是，爱心超市也把个人性捐赠行为集中起来，转变为社会性集体行动。这种集体行动，会疏解社区中捐献者的紧张情绪，创造一种"我们是一个社区"、"在我们社区中，大家都为困难家庭尽自己的力"等集体认知。

第四，爱心超市注重从培育精神文明的角度开展工作。这主要表现在三个方面：一是爱心超市注重用分值的形式引导困难家庭参与社区活动。对于积极参与社区公益劳动的困难家庭，爱心超市按照他们参加活动的时间和所作的奉献给予适当加分，按分值多少到爱心超市领取相应的物品。这在实际上帮助一些困难家庭打破了自闭圈子，得以参与到社会之中。二是有关精神方面的消费品一律免费。文化用品，如书籍、未成年人的学习用品和文具等，都不计分值，激励困难家庭的儿童好好学习。三是爱心超市鼓励青少年参与社区、关心社区，成为他们了解社区的一个窗口。目前嘉莲爱心超市是思明

---

2. 两者之间的统计模型并没有通过统计显著性检验，希望读者注意。其中的原因，很可能是因为没有符合要求的数据。

区青少年德育基地。

第五,爱心超市具有保持灵活性的精神,这不是创新之处,却是进行持续创新的必要因素。正是这种灵活性,让爱心超市主动吸收意见,改进措施,促进超市的进一步发展。例如,一开始,"顾客"是按抽签顺序进入超市,挑选自己最需要的物品。这样的秩序并不好控制。到后来,随着物源的逐渐丰富,管理人员设计出爱心卡,按社区划分领取时间,大大缓和了领取时的紧张,彻底解决领取现场可能的失控现象。又如,超市及时开通捐赠热线,广泛宣传发动,并对捐赠物品的收集、管理和领取办法作出了规定,方便捐赠。还有一个例子是,随着超市的发展,发现人们需要的生活必需品主要是米油盐,而不是衣服和艺术品。那么所具有的资源(衣物、艺术品)和日常消耗品之间差距,怎么解决?于是超市推出新的功能,改变一开始没有义卖的做法。把不需要的物品拿出来义卖,把义卖所得用于购买困难家庭最需要的物资,放到爱心超市。如何在吸收捐献来源的同时,完善捐卖一体的体制,解决供需矛盾,成为今后超市努力的方向。

六、爱心超市对社区建设和贫困政策的启发

爱心超市对于社会的意义,除了上述的创新,在社区层面,还可以从社区心理学(community psychology)的社区叙事(community narratives)角度来理解它对于建设和谐社区的意义;在政策层面,通过和美国食物政策的比较,来思考爱心超市对于我国贫困政策应用方面的启示。

(一)爱心超市对于扶贫思路的启发:从社区叙事的角度来理解社区建设和社区扶贫

爱心超市促进社区叙事的形成。社区心理学家认为社区叙事是产生个人

和集体认同的资源、是进行社会变革的一项艺术之原因所在。党的十六届四中全会用三个词来描述社区的功能：协调利益、化解矛盾、排忧解难。社区叙事是很有用的理论和实践视角，帮助实现这些社会功能。

叙事[1]产生记忆、意义以及个人之间的认同（identity）。它是社会和文化背景脉络的一种表述，而社会背景脉络，反过来，为个体通过创建仪式、活动和符号等而在语言、艺术、日常行为中所构建。（Rappaport，1996）个体接受有关自己叙事的同时，也创建自己的叙事。当然，经济资本和社会资本优越的人在选择交往社群、形成自己叙事的过程中，主动性更大，可以跨越地域、职业。而穷人受经济所限，所能选择的群体数目和个人叙事的数量会大大减少。

社区叙事的作用中介是个人认同和集体认同的认知表述（cognitive representations，p.228）。这种认知表述对情绪和行为都可能产生影响。例如，对嘉莲爱心超市作为政府和社区关心贫困家庭一种表现的媒体报道，就会给捐赠人和受赠者产生一定的心理和行为影响。最终，人们无意识中所选择、获得的认同表述，会产生一定的政治影响。例如，人们在看到爱心超市的标志时，可能就会作出一定的反应。即使一个人平时没有意识到自己对爱心超市有多少感觉，但是如果他到了外地看到这个标志时，可能连自己都不理解为什么会感到这么亲切。这些心理机制正是我们利用社区叙事进行具有增权性质地渐进式社区变革或社会变革的原因所在。（Rappaport，2000）

拥有资源稀少的个体，如果组织成为具有特定社会认同的集体，就可以争取个体所不能获得的利益。事实上，无论个人有多强大，没有其他志同道合者的配合，就不可能巩固所取得的变革成果。这就是社区叙事之所以重要

---

[1]. 叙事是最好的理解人类体验的方式，因为这是人类理解他们自身生活的方式。这是最接近人类体验的方式，从而也最不可能错误表达人类的体验。所以，"如果我们希望理解人类最深层最普遍的体验，如果我们希望自己的工作忠实于人们活生生的体验，如果我们希望在诗意和科学之间取得一种统一，或者如果我们希望我们利用自己的特权和技能为我们所研究的人增强力量，那么我们就应当重视叙事"（Richardson，1990）。

的原因所在,也是控制可能的叙事内容就会影响社会和政治的原因所在。(Rappaport,1996)其实不需要每个人都是英雄或是活跃的活动分子,但需要大家成为一个有自己独特认同故事的小组的成员。不管个体差异多大,每个个体都会有集体认同,都会把社区叙事(例如,信仰、邻居、职业等)编织进个人的生活故事之中。所有重要知识都是以故事的形式获得的。(Schank,1990;Schank & Abelson,1995)所谓故事就是我们日常说的故事,由时间、事件情节和背景组成,是按照时间对事件的描述。(Rappaport,1996)被人们记住的,形成人们共同的历史,并成为个人认同故事的来源。叙事是一群人共有的故事,通过社会互动等各种沟通形式为群体所共享。从某种角度来说,如果一群人有共同的叙事,那么就可以成为一个社区。社区叙事告诉人们谁在群体之内,谁在群体之外。社区叙事对社区建设或社区变革的贡献就在于它可以帮助人们寻找、发展、创造其他叙事,并使其他叙事成为可能。新叙事开拓人们新的可能性,给人们新的可能性去创造新的认同、不同的自我,并最终在内化的自我推动下,进行社区建设。因此,新叙事以及新行动,可能并不会解决人们面临的所有问题,但将是解决问题的方案之中的一个重要组成部分。

从另一个角度来说,与其说爱心超市是政府创新的结果,不如把它理解为是贫困家庭通过向社区工作人员表达他们处境的结果,是贫困家庭主动寻求改变自己生存状态的一种努力。这种努力,和现有政府目标相容良好,使他们得以借助政府,获得成功。如果从这个角度来对爱心超市进行重新叙述,重新理解爱心超市的创新性,会怎么样?我们可以发现这是一种比原来更加令人振奋的叙事。

人们对自己群体的认知受到主流文化的主导。而媒体是传达主流文化的最大途径之一。阅读有关的媒体内容,我们可以发现它们表达的大部分是政府对于贫困家庭的关注,试图利用民间资源来帮助这些家庭。而爱心超市就是这样一个结晶和平台。例如,"以爱民之心推广'嘉莲经验',让'爱心超市'这类善举遍及八闽大地"。少部分是站在为政府和爱心超市的角度，说明困难家庭对它们的满意和感激之情。这就是主流文化通过媒体所传达的信息。他们贫困，他们对自己的贫困生活无能为力；政府和社区很慈善地要帮助他们。这种报道存在将这些困难家庭视为包袱的假设嫌疑。在从主流媒体这种角度所进行的叙事中，贫困家庭群体处于一个接受者的位置、被动的位置：他们什么也不能做，只能等着接收来自社会和政府的慈善，最多表达一下自己的欢喜，参加一下公益劳动。

但是如果我们从另一个角度进行叙事，就理解为困难家庭主动出击，勇于向社会和政府表达自己的困难，主动寻求可能的资源以可行的方式来解决自己所面临的问题。他们可以通过诉苦的形式，让工作人员、研究者等握有相对丰富资源的人知道他们的需要，并通过这些人员把他们微弱的声音放大，让政府关注他们的问题，并对之作出反应。他们可以通过抱怨的形式让政府改进服务。

而爱心超市的创建也可以看成是政府在困难家庭主动努力之下所作出的积极应对。爱心超市管理制度上的每次灵活创新，则是贫困家庭群体和爱心超市管理人员之间谈判、互动的结果。他们还会通过联谊会，定期向爱心超市提出看法和要求，并通过爱心超市向社会表达他们的需要。这样的叙事，传达的潜在信息就不是"贫困家庭单纯受惠，应该表示满足"，"再提要求和不满就是不知足"，而是"贫困家庭具有接收捐赠的权利，而政府和机构有义务和责任对之作出最恰当的回应"。从社区叙事角度来看，只有当社区各方都有充足的机会构建自己的叙事，都有机会选择自己想要的叙事，重构社区故事，那么建设和谐社区，就可以成为一个政治目标。

如果说，贫困群体在创建爱心超市之中起到的作用并不完全令人信服的话，那么从超市"消费者们"主导了超市物源的方向这方面，可以看到他们的力量。原先超市只是想把社区中大家用不到的东西捐献出来。但是"消费者们"则发现他们需要的不是衣服这些，而是更需要米油等日常消耗品。这对于超市的工作方向提出了极大的挑战。米油,并不是捐助者不用花钱就可以做到的,需要捐献者特意购买。消费者们通过表达他们的需要,促使超市管理人员在接收捐助时,特别说明需要的物源,并转换超市单一接收的功能,把捐献物品用不着的,义卖出去,转化为钱,再转化为食物。不是帮助方的臆造,而是困难家庭的真实需要,才是决定超市功能的力量。

每个人在从社会环境中获取资源、寻求意义,以及利用这些资源和意义的过程中,都会或多或少改变自己的主观或精神状态。(Shweder,1990)社区叙事利用社区力量,创建意义和个人的认同。爱心超市的"消费者"主动提出要求为社区做事情,类似叙事有助于培养受助者的自尊,改变等待接收的被动形象,改变他们孤立、社会排斥的生活状态,给自己寻找机会和社会沟通,成为重构他们对自我认同的一个组成部分。也让整个社区出现重新叙事的可能性:嘉莲是困难群体和非困难群体互相帮助、相互尊重、温暖而有人情味的亲密社区。通过爱心超市,社区成员之间形成互助共济和相互守望的意识,增进社区情感和社区认同。这有助于发展人与人之间的普遍信任,促进社区成员间的沟通和互动,扩大居民参与网络,会增加民主参与,从而推动社区建设。

(二)爱心超市对政策的启示:政府、非营利或民间组织在温饱工程中的角色?

从爱心超市对食物需求旺盛这一现象,引发人们思考我国现有贫困政策中可供改进的环节。解决贫困家庭或边缘贫困家庭的温饱问题是大多数国家解决贫困问题的重要政策内容之一。在现有的框架之下,为提高贫困家庭的生存状况,有不少可为之处。我国目前并没有法定的食物政策。但在每年春节,地方政府官员以节日慰问的形式发送一些食物,例如油、米和一些钱。这些慰问构成我们现行的食物政策。对于当地贫困家庭来说,这些慰问品是他们每年此时的重要期盼之一。大部分家庭把政府的这些慰问品放在过年预算之外。一位受访者#1 王女士告诉我："街道和红十字会每年的过年慰问金和慰问品，帮忙不少。要不然，还真不知道怎么过年……我们收入来源小、有限，什么花费都要精打细算……对别人来说，这只是生活上的一点微小帮助，但对我们家是非常重要的。"当访问者问道："万一没有这些慰问品呢？"她有些茫然，然后微笑："不会，这些年都这样。"

其他国家针对贫困的食物帮助政策或活动，不论是政府或民间，对爱心超市，乃至我国的贫困政策和活动，都有一定启迪意义。在美国，收入在贫困线2倍以下的家庭，最担心的问题是食物。41%的家庭因为没有足够的食物而忧心忡忡；17%的家庭因为食物不够而每天少吃一两顿。（Blau，2004，p. 406）为此，美国联邦政府花费了大量的金钱在食物政策之上，每年资金达到百亿美元。例如，2001财政年度，美国联邦政府在这方面的支出高达295亿美元左右（p. 412）。这还不包括各州政府支出、非营利组织和个人的捐助。在7个重要政府食物项目之中，最有名的是自1964年开始的食物券（Food Stamps），2001财政年度美联邦在食物券上的支出达到175亿美元。总收入在贫困线130%以下的家庭都得到覆盖，受助人口达到1930万。

美国的食物政策因其弊端和为农业资本家服务的倾向而遭受到人们的批判，盲目借鉴并不是一件明智的举动；但是另一个食物项目——"个人食物帮助网络"（Private Food Assistance Network），是民间性食物项目，和爱心超市的食物帮助功能有类似之处，倒不妨参考。它创建于20世纪80年代早期，所覆盖人口比食物券还要广：所捐赠的食物每年超过20亿磅，使超过2300万买不起市场价食物的穷人受益（p. 412）。这项服务是由社区厨房（community kitchens）和食物室（food pantries）提供。调查发现79%的美国人曾捐过食物，至少向当地食物库（local food bank）捐赠过食物罐头。此外，在西方，教会等宗教组织在为穷人提供食物方面起到一定作用。起码，民间组织会捐赠重要传统节日的食物，例如感恩节的火鸡和圣诞节的火腿，让贫困家庭也

能欢度节日。随着政府项目（例如食物券）的削减，人们越来越倚重这种民间慈善性食物帮助项目。

而中国在这方面的捐赠还不多，相信有可挖掘的潜力。很多家庭，尤其是富裕家庭，会扔掉吃不完的月饼；到了中秋，商家厂家大多能够估计出月饼积压的数目。爱心超市不妨发起这些应节性捐赠活动，提前和商家厂家约定，让它们在中秋前捐赠月饼，让贫困家庭也能够在中秋节吃上月饼。厦门还有中秋博饼活动，可以在现场设置捐赠点，方便人们把博饼奖品捐给爱心超市。

政府、非营利或民间组织在温饱工程中的角色和分工应该如何？采用哪些形式来实施才为合适？从国外的经验可以知道，这是一项复杂的综合性工程，需要各界各种形式的支持和配合。单靠政府是不行的。对爱心超市的进一步观察，可能可以激发人们思考中国这方面的政策或活动，以更好更有效地帮助贫困家庭。

七、问题和建议

嘉莲爱心超市自从成立以来在这两年的发展用"蓬勃"两字来概括，亦不为过。但是，它在发展之中也暴露出了一些问题，成为可能影响爱心超市未来发展的因素。

首先，对社区资源利用不足，将会成为爱心超市不能持续稳固发展的瓶颈。

爱心超市并不是工作人员和媒体所想象的那种"家喻户晓"。不可否认，社区中的贫困家庭都知道爱心超市，但并不是非贫困家庭。在调查过程中，调查员多次在超市居民区内（离超市不过10米）拦截路上25—40岁之间的年轻人，假装问路，探问他们对超市的了解情况。他们6个人之中，4个不知道有"爱心超市"名字的，1个似乎听说过爱心超市，但不知道是在本小区，他们都没有听说过附近有这回事,只有1个知道超市在哪里,并准确指路。但他们都知道有日常超市。事实上这个日常超市和爱心超市在同一幢楼,只不过它在1层,爱心超市在第3层。

这是让人吃惊的事。因为这部分人正值盛年,在整个人口结构中,收入水平偏高,应该是社区中的捐助主力军。而他们不知道这回事,说明主力军没有参与其中。不过,从另一方面,也说明社区的潜在资源很充足。公车上遇见的乘客,大多表示愿意关注,并在适当时候愿意捐助。当被问到在什么情境下愿意捐助时,他们表示:"方便的时候,当然愿意了。家里用不着的电器,其实都挺好的。卖呢,很亏,送人也不合适。捐献方便的时候,当然好。但是如果捐的地方太远,就不愿意了。一台旧电视,一些旧衣服,打的去,就太不值得了。"这样的潜在捐助者,为数不少。可见,为了充分挖掘社区助人资源,捐助的便利性是管理者要考虑的首要问题。

之所以说,爱心超市对社区资源利用不足,不仅是因为没有发动潜在的捐助者,还因为它没有利用社区中的组织机构开展免费有效的宣传。宣传在解决这个问题上的重要性,可以从上文对捐赠者行为步骤的分析中看出。例如,爱心超市是青少年的德育基地,可以让社区之中松柏中学和嘉滨小学的学生来宣传,挖掘潜在捐献者。爱心超市可以和学校联合,开展这项活动。由学校组织小学生在社区之中挨家挨户敲门去宣传,效果可能会不错。因为居民对学生戒备之心最小,一般说来也比较支持学生的社会活动。学生通过这项活动不但可以锻炼口才和社交能力,最重要的是能够在下一代培育关注弱势群体、为弱势群体说话的意识。

其次,是因误会而产生的信任问题没有得到及时解决,会影响群众和爱心超市管理人员之间的关系。

领取物品的家庭,大部分年老体弱,自己并不方便前来,于是请周围的邻居朋友帮忙。这些年轻力壮的邻居的到来,引起了不少误会,不少附近的居民窃窃议论:"这么有力气的人来领救济物品,太过分了。"还有一部分人

猜测，请一个专门的管理员，每个月的工资肯定不少，加上电话费，这些钱足以能够为当地贫困家庭做不少事情，便进一步推测，认为政府为了自己的形象，才这么重视爱心超市。

这些流言没有得到及时澄清，会慢慢侵蚀信任大堤。这种误会本身很容易消除，可是引发的不信任，却不会随着误会消除而恢复，它一旦产生，就像是一个裂缝、一个阴影，随时会引发再度不信任。有可能的话，爱心超市可以开设一个答疑信箱，公开回答这些疑惑。除了有利于建立信任，也有助于激发参与。

第三，"务实"和"务虚"之间的认识上需要进一步协调创新。

尽管现有管理人员能娴熟运用媒体来为爱心超市扩大物源，但是在观念上，他们似乎把宣传看成是工作人员博得虚名之事，不应该花时间。主管单位认为，为民办实事的意识要放在获取虚名之上。在访问过程之中，管理人员多次表示希望把精力放在办实事之上，而不是宣传上，对宣传表现出礼貌但倦怠的情绪。事实上，那么多单位和个人前来爱心超市取经，那么多媒体报道爱心超市，反映的不止是嘉莲街道政府人员的工作成功之处，而是社会对于此类创新性服务形式的迫切需求。接待取经者，不是哗众取宠的做秀，是出于对社会的责任。在此基础上，再做努力，也是出于责任和需要，不是凭借爱心超市出风头。爱心超市，物质形态上，是一种帮助者和受助者的平台；精神上，是助贫方法创新的交流平台。如果没有这种使命感，爱心超市可能会表现出地域狭隘性，而不能走得更远。"务实"和"务虚"不是非此即彼的问题，而是兼顾、相互促进的问题，根据不同情境，如何找到这个兼顾的平衡点，需要工作人员的努力。

结　语

我们看到爱心超市具有很强推广性的同时，还需要注意到嘉莲和厦门的独特性。这是一个佛教文化很浓厚的城市，居民对自己城市的认同和自豪感比较强烈。去厦门生活过的人或多或少都能感觉到这一点。有人说过："厦门人一向是富有爱心、乐于助人的，而且富裕起来的居民有能力也乐于奉献爱心。"[1]

或许，我们应该学习和模仿的并不是爱心超市这种形式本身，而是爱心超市所折射出来的创新精神和关怀精神——贫困家庭为改变自己生活所体现的主动性和努力、地方政府对这种努力的尊重和支持。他们积极而又创造性地利用各种社会资源改善生活。一方为自己创造机会，表达意愿；另一方为需要者以他们所愿意接受的方式，努力提供所需要的服务。对抗贫困，是一条很漫长的路，对每一个从事公共事务活动的人都是一种挑战。需要公共服务者的创新，也需要不幸身处贫困之中的人的努力。

（原载俞可平主编：《中国地方政府创新案例研究报告（2005—2006）》，北京：北京大学出版社2007年版）

---

1. 思明区民政局局长张泽夫语。参见蓝旭：《嘉莲街道的"爱心超市"》，载《福建日报》，2004年7月25日。

试点中的创新
——以河北省迁安市新型农村合作医疗制度建设为例

闫　健（中央编译局比较政治与经济研究中心）
丁开杰（中央编译局世界发展战略研究部）

一、导　言

在任何一个社会中，医疗保障都是整个社会保障体系的重要组成部分。由于医疗保障直接关系着公民的生活质量，因而为公民提供良好的医疗保障和医疗服务，无疑是建设服务型政府的重要内涵。

我国是一个拥有13亿人口的农业大国。农村人口有9亿多，占全国总人口的70%。如何为广大农民提供医疗保障，解决广大农村的缺医少药问题，切实保护农民的身体健康，始终是我国卫生工作的重中之重。

20世纪80年代以来，随着农村经济体制的改革，原先建立在集体经济上的合作医疗制度丧失了存在的基础。到了80年代末，旧的农村合作医疗制度已经名存实亡，自费医疗重新成为农村占主导地位的医疗支付方式。与此同时，随着我国农村经济体制改革的进展，农民的生活水平得到大幅提高，与生产力发展水平相一致的农民的健康需求和卫生需求也日益显现；商品经济的发展，使生产的竞争性和风险性大大增加，而生产上的需要和生育观念的改变，使家庭日益趋于微型化，进而使家庭的保障功能相对减弱；加之同期医疗卫生费用的增长速度大大超过农民收入的增长速度（1985年—1991年人均收入增加了1.58倍，人均医疗卫生费用增加了2.41倍）[1]，这就导致了我国农村医疗卫生水平的下降，而且进一步加剧了我国城乡社会经济发展的不平衡。

2002年10月19日，中共中央、国务院联合下发了《关于进一步加强农村卫生工作的决定》。《决定》明确将新型农村合作医疗制度作为我国今后农村卫生工作的重点。《决定》指出："各级政府要积极组织引导农民建立以大病统筹为主的新型农村合作医疗制度，重点解决农民因患传染病、地方病等大病而出现的因病致贫、返贫问题……各地要先行试点，取得经验，逐步推广。到2010年，新型农村合作医疗制度要基本覆盖农村居民。"[2]

根据《决定》的精神和国务院办公厅转发的《关于建立新型农村合作医疗制度的意见》的要求，从2003年起，全国各地开始制订试点方案，试点工作开始展开。截至2005年9月，试点工作已在全国21%的县（市、区）顺利推进，有1.63亿农民参加了新型农村合作医疗。[3] 新型农村合作医疗试点工作受到了广大农民群众的欢迎，部分试点地区农村的卫生面貌发生了可喜的变化。作为全国首批试点地区的河北省迁安市，因其在新型农村合作医疗试点工作中的实践与创新，已经得到了越来越多的社会关注和认可。

二、迁安市新型农村合作医疗制度的产生

河北省迁安市（县级市）地处"京津唐"金三角之内，地理位置优越，

---

1. 叶宜德等：《90年代合作医疗保健制度概念与内涵的研究》，载《中国农村卫生事业管理》，1992年第5期。
2. 《中共中央、国务院关于进一步加强农村卫生工作的决定》，载卫生部农村卫生管理司编：《新型农村合作医疗文件资料汇编2002—2004》，第48页。
3. 吴仪：《积极推进新型农村合作医疗制度健康发展——在2005年全国新型农村合作医疗试点工作会议上的讲话》。

交通运输便利，铁矿资源丰富，民营经济发达，2005年在全国经济百强县中排名第43位。2004年，迁安市财政收入达21.2亿元，2005年预计超过30亿元。迁安市下辖19个乡镇，1个城区街道办事处，534个行政村，总人口为667744人，其中，农业户157397户，农业人口570852人，占全部人口的近86%。

随着我国经济体制改革的不断深化，经济和社会发展以及城乡发展的不协调问题越来越突出，表现在农村卫生事业上就是农民收入的增长速度日益滞后于医药费用增长的速度。卫生部门的统计数据显示，从1995年到2000年，医院每一诊疗人次的费用从39.9元上升到85.8元（按当年价计），净增1.15倍，每一出院者费用从1668元增至3084元，净增85%；而同期农民的净收入从1578元增至2210元，净增长只有40%。从1998年到2003年农民人均收入年均增长2.48%，但医疗卫生支出年均增长11.48%，后者的增长竟然是前者的近5倍。一个农民一年的净收入在1995年差不多可以支付一次住院费用，但到2000年则只够支付住院费的72%，医疗费用的上涨使农民的相对疾病经济负担更加沉重。[1] 迁安市政府提供的数据表明，在全市57万多农民中，有小病没钱买药的占2.6%左右，有大病没钱住院的占5.8%左右，农民人均住院支出56.62元，占农民人均纯收入的1.51%，农民因病致贫、因病返贫问题突出，现有的农村医疗保障制度与经济的发展已经发生严重断裂，严重威胁着农民的身体健康并对农村的经济发展和社会稳定造成极大的影响。近年来，迁安市经济得到快速发展，2003年全市财政收入达到12.5亿元，2004年更是达到了21.2亿元。经济发展了，如何让广大的农民享受经济发展带来的"红利"是摆在迁安市政府面前的一个重大问题。为此，迁安市政府把统筹城乡发展、切实解决"三农"问题、建立和谐社会作为工作的重中之重，并借全国开展新型农村合作医疗制度试点工作的时机，在全市推行了新

---

1. 毛正中：《新型农村合作医疗的特征及其涵义》，载《卫生经济研究》，2003年第8期。

型农村合作医疗制度。

2003年3月，按照国务院的统一部署，迁安市开始进行新型农村合作医疗试点工作。通过反复征求农民与合作单位的意见，迁安市对农村合作医疗收支费用进行了测算。2003年7月，迁安市最终确定新型农村合作医疗的收费和实施方案：(1) 农民每人每年交费15元（特殊困难群体由民政部门代为缴费），财政补贴20元（其中，中央政府补贴10元，省市县三级按照3:3:4的比例一共补贴10元）；(2) 合作医疗住院报销起付点为500元（2005年1月1日降低为200元）；(3) 封顶返还医疗费用为1万元（2006年调整为15000元）；(4) 农民报销医疗返还费用的期限为15天。

在确定了收费和实施方案后，迁安市通过向农民发送明白纸、文艺下乡演出、逐户宣传等方式对新型农村合作医疗进行了广泛的宣传。2003年5月，迁安市就有95%的农民参加了合作医疗（部分外出打工的农民除外）。2004年，迁安市共有542625位农民参加新型农村合作医疗，占农业总人口的95.05%，农民自筹及各级财政配套资金共1898万元。截至2005年7月，迁安市共为参合农民46.9万人报销医药费用2701万元，其中住院报销22637人次计2254.1万元，人均住院补偿990元，住院报销金额达5000元以上的有528人。初步缓解了农民因病致贫、因病返贫的问题。

三、新型农村合作医疗的参与困境

如何提高农民群众参保热情是当前全国许多地方新型农村合作医疗实施过程中存在的首要问题。农民群众的参与不仅直接关系到新型农村合作医疗资金的筹集，并且它也是判断合作医疗试点工作进展情况的晴雨表。因此，如何提高农民群众的参与度和认可度是新型农村合作医疗试点取得成功的关键。

一些学者对农民参加新型农村合作医疗的心理动机进行了分析。在他们看来，农民参加新型农村合作医疗的心理动机主要包括三方面：对"新农合"所能带来实际好处的心理估算；对"新农合"管理者的信任度和满意度；对"新农合"发展趋势的主观预测。[1] 通过对农民参加"新农合"的心理动机进行分析，我们发现，农民参加"新农合"存在三大困境：

首先是利益困境。农民参加新型合作医疗的直接目的就是为了得到切切实实的医疗保障，但现实的情况却是，新型农村合作医疗的受益面是十分有限的。由于我国农民基数庞大，且当前经济发展水平较低，加上"新农合"基金有限，合作医疗只能提供以大病统筹为主的农村基本医疗保障，所以必须以制定较高起报线的方式对报销范围加以限制。但同时对于农民而言，许多被"新农合"排除在报销范围之外的"小病"并不"小"，它们给患者家庭造成的经济压力并不能通过新型农村合作医疗得以缓解。调查显示，目前仅有2.77%的参合农民得到了住院补偿，低于全国农村居民3.6%的平均住院率。并且，平均每人次补偿费用只有887.8元，只占实际住院花费的25.31%。[2]

新型农村合作医疗受益面窄的另一个表现就是报销比例、封顶线低。报销金额对于大部分经济水平低下的患病农民来说只是杯水车薪，并不能从根本上消除农民的"因病致贫、因病返贫"现象。在一些学者对农民的调查采访中，38.3%的被访者认为报销比例太低；30.2%的被访者认为封顶线太低。[3] 对于大多数患病农民而言，有限的报销资金根本起不到什么作用。

其次是信任困境。调查显示，在未参合的被访者中有15%的人把"对干部（对管理）不放心、不信任"选为自身不参加新型合作医疗的首要原因；同样，15.3%的被访者认为管理的加强是开展"新农合"最重要的条件。[4] 这

---

1. 王军、龚春艳：《新型农村合作医疗制度下的农民心理信息组合模式——关于农民参合意愿的调查报告》（未刊稿）。
2. 毛正中、蒋家林：《如何合理制定"新农合"方案》，健康报网站。
3. 王军、龚春艳：《新型农村合作医疗制度下的农民心理信息组合模式——关于农民参合意愿的调查报告》（未刊稿）。
4. 同上。

里除了农民对管理者的责任心心存质疑外,主要涉及财务管理这一敏感话题。任何涉及资金管理的政策,都不可避免会遇到资金的收、管、用如何保证透明、公开的问题。农民对参合资金的管理、操作和运用十分关心,但绝大多数试点地区参合资金的管理现状并不能使他们放心。

第三是服务困境。定点医疗机构和新型农村合作医疗管理机构的服务质量直接影响农民参加"新农合"的积极性。广大参合农民普遍认为,"新农合"的定点医院数量较少、医疗价格贵、服务态度差,参加新型农村合作医疗纯粹是"花钱买罪受"。同时,在许多新型农村合作医疗试点地区,医疗费用的报销手续极其烦琐。从收单到报销往往需要经由多级管理部门审核报批,其中任何一个环节工作的滞后都会导致报销期的延长,农民有时因为几十元报销款要催促和往返相关部门好几次。参合农民普遍反映报销手续太复杂,报销反馈周期太长,而相关的规定则成了一纸空文。由于报销金额的不能及时到位致使患病农民无法解决近急,这也就在一定程度上打击了农民的积极性,进而对其参合意愿造成影响。

四、政府公共服务能力:迁安市的做法

很显然,上述三大困境都直接与各级政府提供公共服务的能力紧密相关。在新型农村合作医疗的实施过程中,传统的自上而下式的(行政指令式的或"计划式的")公共服务供给模式已经无法满足农民的医疗保障需求。反过来讲,正是传统的公共服务供给模式导致了农民对政府的不信任,进而导致农民对新型农村合作医疗制度充满疑虑。从这个意义上讲,新型农村合作医疗制度施行的过程也就是政府改革公共服务供给模式、提高公共服务意识与质量的过程。因此,新型农村合作医疗制度得以顺利施行的前提恰恰在于政府提升自身公共服务意识与服务能力。新型农村合作医疗制度在迁安的实践正好印证了这一点。

首先，迁安市政府高度重视新型农村合作医疗的试点工作。2003年新型农村合作医疗制度试点开始后，迁安市陆续出台了《迁安市关于建立新型农村合作医疗制度的意见》、《迁安市新型农村合作医疗制度事实方案》、《迁安市新型农村合作医疗实施细则》等政府文件，成立新型农村医疗试点工作管理机构，从而为试点工作的全面铺开奠定了基础。迁安市政府成立农村合作医疗管理委员会，负责全市合作医疗工作的组织、领导和协调工作；农村合作医疗管理委员会下设农村合作医疗管理中心为其业务经办管理机构；各乡镇卫生院设立了农村合作医疗办事处，负责确定申报者享受资格、审核医药报销条件等；成立了农村合作医疗监督委员会，定期或不定期地对合作医疗资金收支、使用情况及定点医疗机构的医疗服务进行监督检查，确保新型农村合作医疗试点的健康顺利发展。

其次，迁安市政府切实将服务公众的理念贯穿于新型农村合作医疗试点工作的始终，千方百计地为农民服务。如前文所述，新型农村合作医疗制度得以顺利推进的前提条件在于政府改革公共服务提供模式。在新型农村合作医疗的试点过程中，迁安市政府在公共服务供给方面变"被动"为"主动"，及时将农民的反馈信息贯彻到政策制定之中，极大地调动了农民群众参加新型农村合作医疗的积极性。

在新型农村合作医疗的实施过程中，面对农民群众反映的种种问题，迁安市政府迅速作出了回应。首先是扩大了新型农村合作医疗的受益面，逐步降低医院的起付点，提高报销封顶线和补偿比例。2006年迁安市第二次对新型农村合作医疗制度的报销标准进行了调整：实施年度内参合农民在所辖区中心卫生院住院医药费用可报金额累计200元以上部分，按45%报销；在县级医院住院医药费用可报金额累计600元以上部分，按40%报销；在县外住院医药费用可报金额累计2000元以上部分，按40%报销；各级医院封顶线均为15000元，住院每人每年累计最高补偿为15000元。为了扩大新型农村合作医疗的受益面，迁安市政府决定对参合农民的门诊费用予以适度报销（在实施年度内，参合农民发生的门诊费用每年的报销额度为 10 元）；为了减轻部分患有慢性病的农民的经济负担，迁安市决定将这部分参合农民的门诊费用纳入报销范围之内。经迁安市合作医疗管理中心确认，患有慢性肾病及糖尿病引发的尿毒症的透析、中晚期癌症、慢性再生障碍性贫血及白血病、脑出血后遗症、精神病的参合农民，其门诊医药费目录内的药品及诊疗费用累计超过 300 元部分按 35% 比例报销，每人每年最高补偿额为 2000 元。

针对参合农民反映的报销手续复杂的问题，迁安市政府施行了"出门即报"制度，极大地缩短了农民的报销时间。2004 年，迁安市投资 54 万元设计开发了合作医疗管理系统软件，以市新型农村合作医疗管理中心为中枢，实现全程电脑管理，14 家定点医院、19 个乡镇管理中心联网运行。同时，迁安市在各个定点医疗机构设立了合作医疗结算窗口，开设了参合农民报销的"绿色通道"。根据"出院即报"制度的工作流程，参合农民在定点医疗机构办理住院手续时，医疗机构工作人员应将参合农民的合作医疗编码录入计算机，参合农民办理出院手续后，持合作医疗证、患者及代办人身份证、诊断证明、住院医药费用收据到定点医疗机构住院补偿制定窗口办理住院补偿手续；定点医院出纳人员对申报人提交的医疗证、身份证、诊断证明、住院医药费用收据及补偿金额进行复核，确认无误后，打印付款凭证，由申报者在付款凭证签字后支付补偿金。整个报销流程不到十分钟，极大地缩短了参合农民的报销时间。

在新型农村合作医疗制度的实施过程中，迁安市政府了解到，部分农民在参加新型农村合作医疗的同时，也参加了商业保险。为了更好地服务农民，减少参合农民报销医疗费用与申请理赔时的不便，迁安市新型农村合作医疗管理中心与中国太平洋保险公司迁安营销服务部签署了《关于参合农民保险理赔有关票据传递协议》。《协议》明确了参合农民在同时报销医疗费和申请理赔时的程序，受到了参合农民的欢迎。

为了确保定点医疗机构的服务质量，迁安市确定了 14 家市内定点医院，

服务政府
Service-oriented Government

农民可以自主选择。参合农民需要到外地诊断治疗的，迁安市只规定级别，不指定具体医院。这一举措大大提高了农民参加合作医疗的积极性。同时，迁安市对定点医院进行严格管理，对1100多个合作医疗目录内用药实行政府集中招标采购。他们规定，定点医院目录内药品使用率必须达到95%。他们每季度考核一次使用大型设备情况，凡大型设备检查阳性率低于65%的，从定点医院的保证金中扣罚。他们还规定，单方金额必须在150元以下，对开大处方、贵重药品量前10名的医生要实行公示处罚。截至今年7月，迁安市累计处罚45.5万元，全部缴入合作医疗基金。目前，参合农民的医药费用得到了有效控制，各定点医院目录内药品使用率和大型设备检查阳性率分别为94%和77%，有效地减轻了参合农民的经济负担。

最后，为了消除参合农民对基金管理状况的担忧，迁安市建立起了封闭式的基金管理模式，即合作医疗基金的收、管、存分离，完全封闭运行。从农民缴费开始，到农民领取补偿金，全部通过计算机完成，真正实现了"收钱的不管钱，管钱的不摸钱，付钱的不管账"。

同时，迁安市还采取了一系列监控机制，对基金的运行情况进行监控：一是收、管、存、支互相分离。镇（乡）、村负责基金收缴，合作医疗管理中心负责基金管理，市农行负责受益人资格审核及资金支付。基金纳入财政专户管理、封闭运行，收钱、管钱、付钱等环节全部通过账户划转，确保基金使用安全。二是内部监控。建立了镇（乡）合作医疗办、管理中心及财政部门两级审核、一级复审的工作程序。三是外部监督。市新型农村合作医疗监督委员会对基金收支、定点医疗机构的服务、各环节运转情况随时监督、检查，年末委托审计机构全面审计。四是市、镇（乡）、村三级公示监督。每季度在市、镇（乡）、村政务公开栏中公示基金收缴、参加农民门诊和住院医药费用报销等情况，并设立举报电话，接受群众的监督。

封闭式的基金管理和切实有效的监控机制保证了基金的良性运转。自从新型农村合作医疗试行以来，迁安市没有发生一起对合作医疗基金的违规操作。这不仅提高了广大农民参加新型农村医疗合作的积极性,而且提升了政府的公信力。

在新型农村合作医疗制度的实施过程中,迁安市政府深切地体会到,只有切实维护农民的利益,保障农民的自主权,才能真正地提高农民参加合作医疗的积极性。在新型农村合作医疗试点中,县(市)、乡政府成立了新型农村合作医疗的管理委员会和监督委员会,尽管都有农民代表参加,但如何使他们真正行使管理权和监督权,真正发挥其在合作医疗中的主体作用,是摆在迁安市政府面前的一道难题。新型农村合作医疗是关系农民自身利益的大事,只有广大农民群众真正参与了管理与监督,新型农村合作医疗才能赢得农民群众的信任和支持,新型农村合作医疗运行中的遇到的"筹资难"、"管理难"等一系列问题也只有依靠农民群众才能得到解决。在合作医疗的试点过程中,迁安市赋予了参合农民三大权利:一是选择权,市内14家定点医院,农民可以自主选择。需要到外地诊断治疗的,只规定级别,不指定具体医院;二是知情权,定点医院必须公示合作医疗用药目录和价格标准,让农民知晓哪些能报销,哪些不能报销。三是决定权,医院使用目录外药品和做大型检查,必须征得农民的同意。这些措施确保了农民在新型合作医疗中的主体地位,极大地提高了他们参加合作医疗的积极性。

综上所述,在新型农村医疗合作制度的试点过程中,迁安市政府更加注重社会公平,它实践了"以人为本"的理念,使广大农民群众真正享受到经济发展带来的"红利"。在新型农村合作医疗制度的实施过程中,迁安市突出了政府的公共服务职能并将公共服务的重点放在了农村。迁安市政府认识到,当前的城乡差距不仅仅是城乡居民收入的差距,更大的差距在于公共服务的差距。因此,要缩小城乡差距首先要缩小城乡公共服务的差距,尤其是缩小因体制性因素导致的公共服务差距。医疗保障是公民应当享受的基本社会权利之一,它属于政府公共服务的范围,而不应当完全由市场来供给。保证新型农村合作医疗制度顺利推进的关键在于强化政府的公共服务职能,这就是迁安带给我们的启示。

五、问题与启示

新型农村合作医疗制度的实施加强了农村卫生建设，初步改变了试点地区农村卫生落后的面貌。截至 2005 年 9 月，试点工作已在全国 21% 的县（市、区）顺利推进，有 1.63 亿农民参加了新型农村合作医疗。到 2007 年，新型农村合作医疗试点工作的覆盖面要达到全国 60% 的县市。但同时，我们必须意识到试点工作中存在的诸多问题。如不妥善解决，这些问题就会影响试点工作的顺利推进。

首先，新型农村合作医疗的管理部门面临"双重身份"的固有矛盾。国务院规定由卫生行政部门负责农村新型合作医疗的管理工作。但在管理新型农村合作医疗的同时，卫生行政部门又是各级医疗机构的管理者，即它在代表参合农民（卫生服务的消费者）购买卫生服务的同时，又在一定程度上代表着医疗机构（卫生服务供给者）的利益。众所周知，卫生服务的供给者和消费者之间存在利益冲突。因此，由卫生行政部门作为新型农村合作医疗的管理者将有可能导致角色冲突。从短期来看，要实现"适度保障"的目标、使农民真正享受合作医疗的优越性，卫生行政部门就必须要在各级医疗机构利益和参合农民利益之间进行协调和平衡。这就要求卫生行政部门在基本卫生服务（比如基本药物目录）的确定、支付方式选择、补偿水平测算以及各方之间如何签订恰当、公正的协议等方面做大量细致的工作。长远看来，只有卫生行政部门切实转变职能，成为完全意义上的公共服务的提供者而非部门利益的代表者，新型农村合作医疗制度才能得到进一步的推进。新型农村合作医疗制度在迁安市的实践就充分说明了这一点。

其次，新型农村合作医疗应加大对农村特殊群体的扶助。为了解决农村贫困人口的医疗保障问题，中央政府专门出台了政策，对农村弱势群体实施医疗救助。2003年11月，民政部转发了《民政部、卫生部、财政部关于实施农村医疗救助的意见》。《意见》指出，农村医疗救助应从贫困农民中最困难的人员和最急需的医疗支出中开始实施。在开展新型农村合作医疗的地区，政府应资助医疗救助对象缴纳个人应负担的全部或部分资金，参加当地合作医疗，享受合作医疗待遇；尚未开展新型农村合作医疗的地区，对因患大病个人负担费用难以承担，影响家庭基本生活的，政府应给予适当医疗救助。[1]但是，对于大量的外出务工农民而言，他们既不是农村医疗救助的主体，也无法得到新型农村合作医疗制度的保障。据调查，全国1亿多进城务工的"农民工"及其家属绝大多数没有任何医疗保障。以迁安市为例，由于经济较为发达，迁安市的外出务工农民较少，并且绝大多数已由其家庭成员代为缴纳参合基金。但是大量来迁安务工的人员却没有被纳入新型农村合作医疗的保障范围之内。由于各级政府要对参合农民实行财政补贴，大量的外来务工农民的参合补贴将会是一笔很大的费用，他们无法享受新型农村合作医疗的保障也就不足为奇了。因此，如何为大量的农民工提供切实可靠的医疗保障是新型农村合作医疗制度必须解决的问题。[2]

最后，新型农村合作医疗制度的试点方案仍需进一步合理化。给付结构的合理性是新型合作医疗可持续发展的根本保证，判断一个试点方案是否合理的唯一标准，就是看它是否把新型农村合作医疗基金最大限度地用于农民。研究发现，试点地区的农村合作医疗基金目前仍有很大的节余，全国平均节余近60%，西部近70%。[3]一方面是总体保障水平较低，另一方面又节余较多，这说明补偿方案的制订尚待改进。因此，试点地区必须要摸索出一个既

---

1. 《民政部、卫生部、财政部关于实施农村医疗救助的意见》，2003年11月18日，民发〔2003〕158号。
2. 劳动和社会保障部2004年出台了《关于推进混合所有制企业和非公有制经济组织从业人员参加医疗保险的意见》，明确要求各地劳动保障部门，把与用人单位形成劳动关系的农村进城务工人员纳入医疗保险范围。根据农村进城务工人员的特点和医疗需求，各地劳动部门要合理确定缴费费率和保障方式，解决他们在务工期间的大病医疗保障问题。但由于农民工具有很强的流动性，目前的医疗保障体制根本无法将农民工纳入统一保障体系之中。
3. 毛正中、蒋家林，《如何合理制定"新农合"方案》，健康报网站。

能提高保障水平又能有效防范超支风险的试点方案。根据合作医疗基金的节余状况，新型农村合作医疗管理机构要坚持以收定支、保障适度、收支平衡、略有节余的原则，合理确定合作医疗支付比例和支付上限并适时对试点方案进行调整。在新型农村合作医疗的试点过程中，迁安市已经两次对合作医疗支付比例和支付上限进行了调整，得到了广大参合农民的欢迎和拥护。迁安市的经验表明，只有将农民的需要放在第一位，新型农村合作医疗制度才能获得不竭的生命力。

（原载俞可平主编：《中国地方政府创新案例研究报告（2005—2006）》，北京：北京大学出版社2007年版）

南京市下关区"政务超市"调研报告及分析

王勇兵
(中央编译局比较政治与经济研究中心)

"政务超市"是南京市下关区在创建文明社区过程中,从实际出发,贴近百姓,因地制宜,创造性地把超市理念引入政府管理程序,积极地促进政府职能转变的产物。

2000年10月,南京市下关区在全国首次模仿商业超市开放的、便民的营业方式,改变了原有的封闭式的办公模式,在全区各街道办事处先后以窗口式和柜台式两种方式实行开放式办公,将民政事务、户籍管理等40多个服务项目的办理集中放在"政务超市"大厅内,分别设立不同的办公窗口和柜台,奉行"便民、为民、利民"的服务宗旨,坚持"公开、公平、公正"的服务原则,采取"前厅后室"的新型办公模式,实行便捷、开放和"一门式"的服务。同时,他们还把这种开放式的办公方式与社区服务项目结合在一起,深受社区群众的欢迎。

"政务超市"遵循"立即办、限时办、联合办、转报办、解答办、劝慰办"的服务原则,实行"首问负责制"、"公开承诺制"、"社区政务听证会制度"等工作制度,努力为社区居民和单位提供便利服务,为弱势群体提供救

助服务，大大方便了居民的生活，改变了公务人员的精神面貌，提高了政府的办事效率，解决了"门难进、人难见、脸难看、事难办"的"衙门式"工作作风，是基层政府转变职能的一种创新形式。

一、"政务超市"的内容和意义

（一）"政务超市"产生的原因和过程

下关区是南京市的六个主城区之一，全区总面积31平方公里，辖6个街道办事处，84个社区居民委员会，总人口37万。

下关区在历史上曾经辉煌过，但由于种种因素和条件的制约，城区面貌长期变化不大，经济和社会发展水平逐步掉到了全市各区县的中下游。为了扭转尴尬的局面，近年来，下关区委、区政府带领全区人民锐意进取，大胆创新，努力以点的突破来带动整体工作的提高。围绕这一工作思路，2000年，区委宣传部抓住全市创评首批市级文明社区（街道）的机遇，提出争当冠军的目标。在充分调研论证的基础上，区政府制订下发了《下关区创建文明社区工作意见》，并结合区情街情，指导各街道制定具体创建措施。同年6月，邀请美国、日本等国家及我国港台地区的友人，举办"社区建设在境外"座谈会，开拓视野，学习经验。8月，在辖区小市街道举办"全区创建文明社区现场会"，为实现"保二争三"的目标鼓劲打气。9月，又利用双休日组织六街道主要负责人赴上海学习取经。年底，辖区内的热河南路、小市街道顺利通过市里的考核，被评为全市首批文明社区。

如何使创建文明社区工作进一步深化提高，创出特色，是创建者共同关心的最大课题。为此，区委宣传部带领各街道四处参观学习，反复交流研讨，投入了大量精力。也正是在创建文明社区一步步走向深入的过程中，"政务超市"应运而生，并逐步由"副产品"发展为"主产品"。

在一次参观回宁之后，区委宣传部要求各街道结合观摩体会为下关区创建文明社区办一件创新的实事。大家一致认为，实实在在地为老百姓办事情，切实转变政府职能是一个很好的突破口。在区委宣传部的启发和具体指导下，2000年10月，热河南路街道率先创办起全市首家社区事务受理处，改变原有的封闭式办公模式，将街道40多个服务项目集中在一楼大厅内，使涉及千家万户的社区事务只需进一个门就可以解决，大大方便了群众。之后，其他街道也相继开办类似机构，但名称各不相同。小市街道创办时，区委宣传部领导干部多次亲临现场指导，为其定名为"政务超市"，这一名称主题鲜明，时代感强，选择了老百姓熟悉的、具有亲和力的"超市"概念，能让老百姓觉得到政府办事就像超市购物一样方便。这一提法很快就得到区委主要领导的支持，一个极具创新内涵的新生事物由此成型。

2001年3月，在全市创建文明社区观摩交流会上，各区县宣传部长、文明办主任、60多个街道的负责人对下关区创建工作进行观摩，市委副书记汪正生全程参加会议，并对"政务超市"这一新生事物给予了很高的评价。有了这样的基础，区委宣传部趁热打铁，决定整合优势，创造品牌，明确提出"统一思想、统一名称、统一标识"，以"公平、公开、公正"为原则，以"便民、利民、为民"为宗旨，将"政务超市"在各街道全面推开。截至2001年7月，全市有5个街道共计投入85万元资金，建起了占地面积共2059平方米的"政务超市"。

"政务超市"自创办之日起，便得到区委、区政府的高度重视和大力支持。区四套班子领导多次深入基层，进行现场办公，推动"政务超市"不断走向深化。与此同时，区委宣传部继续致力于"政务超市"的完善和提升。先后牵头召开各街道和有关部门联席会议，积极促进有关职能部门适当下放权限或到"政务超市"设立窗口；专门组织"办好'政务超市'，实践'三个代表'"培训会，区委常委、宣传部长亲自为"政务超市"工作人员进行授课；组织街道、有关职能部门领导进行"政务超市"理论研讨，发现并解决深层次问题，明确中长期发展思路。

（二）"政务超市"服务项目

表13　"政务超市"服务项目分类

社会保障 民政服务类	①社会保障、最低生活保障线初审；②社区弱势群体接待站；③老年人维权服务；④办理残疾证；⑤开具私托发票；⑥办理婚姻状况证明；⑦办理流动人口婚育证；⑧办理独生子女证和小孩户籍申报；⑨办理生育证审核；⑩办理公房承租租金减免手续。
城市建设 市容管理类	①无（待）业人员驾照手续办理；②汽车营运手续办理；③私房修建手续初审；④摊点规范设置咨询；⑤市容卫生违章处理；⑥"除四害"咨询服务；⑦违章建设举报受（处）理。
就业服务 创业指导类	①无业人员《就业证》申办、年检；②待业人员资料管理；③再就业政策咨询；④招工信息。
信访服务 综合接待类	①党（团）组织关系接转；②社区思想政治工作动态受理；③接待市民来访；④兵役登记、征兵报名；⑤公民出（入）境初审；⑥法律咨询；⑦纠纷调解；⑧流动人口权益维护；⑨警务公开、违法举报。
工商咨询 税务助征类	①申报工商执照咨询；②税务助征；③私房租赁税征收；④定税、核税咨询；⑤新办企业代理服务。
人大代表 工作室	人大代表、政协委员、街道领导接待人民群众来访。

（三）区政府有关部门简政放权在"政务超市"设立的服务项目

　　民政局：小额救灾救济的审批

　　　　　最低生活保障的初审

　　计生委：定期到街道办理独生子女证

　　物价局：设立"下关区价格举报中心街道分站"

　　　　　委托街道"政务超市"办理三级以下餐饮等级证书

　　文化局：进"政务超市"受理书报摊点申请

城建监察大队：与街道协作查处违章搭建

市容局：与街道协作办理户外广告及横幅的审批

劳动局：负责办理《城镇失业人员就业登记证》

二、"政务超市"的性质及其与其他部门的关系

（一）"政务超市"的性质

"政务超市"是基层人民政府设立的直接受理百姓事务，为公众提供行政服务、社区服务等全方位的政府办事场所与服务窗口的统称。"政务超市"的工作内容主要有：

受理群众来信来访，为老百姓协调解决困难；履行政府审批职能，办理群众事务的审批手续；公开办事程序与服务指南，为群众提供快捷、便利的服务；开展思想政治工作，做好思想疏导、说服教育工作，稳定群众情绪，防止激化矛盾；扶持弱势群体，为能力弱、身体差等处在社会底层的群众提供帮助。

（二）"政务超市"与街道各职能部门的关系

街道现有的科室设置是根据街道所承担的政府职能和它的工作任务所决定的。粗略地分，街道的工作任务可分为三大项：一是经济工作，二是社区建设与管理，三是承办百姓事务。街道职能科室（经济科、财政科除外）承担着第二、三两项职能，目前开办的"政务超市"基本上就承担了第三项职能，即将原先由科室分别承担的百姓事务集中到"政务超市"统一办理。由此可见，"政务超市"只是承担了街道科室职能的一部分，它不能取代职能科室，街道科室与"政务超市"是平行关系，只是工作内容的侧重点不一样。

(三)"政务超市"与社区服务中心的关系

"政务超市"与社区服务中心两者之间既有联系,又有区别,"政务超市"是在社区服务中心的基础上发展而来的。社区服务,最初是以民政事务为服务的主要内容,以后又扩大到为老百姓日常生活服务。随着改革开放的深入,老百姓利益的保障,已成为国家方针政策的重要内容,过去的社区服务概念已包容不了整个的社区工作。而"政务超市"则以社区老百姓为服务对象,以多元化、全方位的服务为根本宗旨,突破了原来的介绍保姆、维修家电等内容,新增了政策法律服务以及社会稳定的服务等。这种模式把政府和社区密切地联系在一起,丰富了社区服务的内涵,扩展了社区服务的外延,是对原有社区服务中心的补充和发展。原来的社区服务中心目前在所有的街道都保留着,仍然发挥着重要的作用。两者的区别在于,社区服务中心侧重生活类的服务,如为百姓找保姆,通下水道等,而且它已经向有偿性、产业化方向发展。"政务超市"侧重的则是政府公共服务,是政务类的与民有关的政策、法规等服务。它坚持把社会效益放在首位,因而大部分服务项目是无偿的,是社区服务发展的高级阶段。

(四)"政务超市"与办证中心的关系

从形式上看,这两者之间具有相似性,具体表现为:都是一条龙式的、公开化的服务,都体现了方便、快捷的特点。但办证中心主要是相关执法部门集中办公,为个体工商户和有关企业提供服务,对象只是一部分人群。"政务超市"的服务项目要比办证中心宽泛,服务对象是社区全体老百姓,工作量更大,辐射面也更宽,更带有基层性、普遍性和根本性。

三、"政务超市"的特点和理念

"政务超市"是一个比喻性的专有名词。具体讲，具有以下几个特点：

第一，公开性。办公形式、办公程序对外开放，是当前政务公开的最佳选择。

第二，可选择性。把政务服务项目的选择权交给服务对象，类似商品超级市场。

第三，便民性。由于实行了"前厅后室"式的办公模式，简化了工作流程，服务对象办事更加方便了。

第四，丰富性。以政务服务为主，也提供党务、人大、政协等方面工作的服务。在基层，"政务超市"甚至提供一切与服务对象有关的无偿服务和部分家政服务。

"政务超市"与"一门式服务"在价值取向上是相同的，都强调便民利民。但"政务超市"不只是停留在一般的办公模式的改变上，而是更多地涉及政府职能的转变。它在工作的规范性、深入程度以及亲和力上都向前推进了一步。

"政务超市"是社会转型过程中的新事物，体现了政府理念的创新：

第一，以民为本的理念。通过简化手续，完善办事流程，达到便民的目的；将选择权交给服务对象，提高了政府工作人员的服务意识，体现了对服务对象的尊重。

第二，政府企业化运作的理念。"政务超市"的设立是基于以下几个意识：一是成本效益意识。政府办事也要考虑成本，以最少的投入获得最大的收益，这就要求政府在不增加工作人员和工作时间甚至减人减时的前提下，办更多的事。这也对政府工作人员的素质提出了更高的要求。二是竞争意识。随着行政服务对象选择权的逐渐回归，将来应有许多有偿的行政服务可以在不同的"政务超市"之间选择，必然加大"政务超市"之间的竞争。为提高

"政务超市"的竞争力,"超市"内部人员也必然要实行优胜劣汰。三是服务意识。"政务超市"要把服务对象当"顾客",而"顾客"就是上帝。果真如此,中国的行政管理及服务水平将会达到更好的水平。

四、"政务超市"的功能和作用

(一)"政务超市"实现了由"民求官"向"官为民"服务理念的转变

实践证明,"政务超市"非常强调把人民群众的需要放在政府服务工作首位的指导思想。过去,一些政府工作人员把自己分管的工作看成是拥有一种权力,无视老百姓的需求和心理承受能力。

街道办事处是人民的办事处,直接与人民群众打交道,在办事过程中便民、公正是街道干部的天职。"政务超市"把政府的职能和权限放到了老百姓最需要的地方。在服务理念上,超市人员做到"民有所呼,官有所应","官之所为,民之所需",以最大限度地满足市民群众的需求作为"政务超市"工作的出发点和归宿。

(二)"政务超市"实现了由多头操办向"一门式"服务的跨越

一般说来,"政务超市"涉及为老百姓服务的内容达50多种。经过分析,将这些项目分门别类归为5—7条线,减少横向环节,建立办事的快速通道。以往由于没有公开这些服务项目及流程,老百姓办事弄不清头绪,摸不到门,不知道政府能办什么,什么时间办,找谁办,怎么办。老百姓"求官办事,往往上楼气喘喘,下楼一路怨"。

"政务超市"将50多个服务项目集中在一个大厅内,有的事项甚至只需在一个窗口就可办完。"政务超市"实行"首问服务制",即谁先接待,由谁负责办到底。对于所受理事务采取几种不同的处理方式：

第一，属超市职权范围的，立即处理；

第二，需街道内部协调处理的，先登记，三天内处理解决；

第三，需要上报区有关部门的，先记录，一周内处理解决；

第四，如政策法规不容许办的事情，耐心地给予解释。

这种"一门式"服务极大地提高了办事效率。

第一，精简政府人员。过去街道办事处一般设有8个科室，编制为25—35人。创办"政务超市"后，街道办事处有关服务项目就集中在一起，分5—7个窗口，每个窗口一般设有多个服务项目，只需2人承办即可，这些窗口履行的职能相当于以前街道办事处所有科室的职能。"政务超市"要求办事人员做到"一专多能"，服务窗口"一窗多用"。这与以前相比，可以精简办事人员，为南京市政府机构改革摸索了一条新路。

第二，克服推诿扯皮。"政务超市"把政府各部门（科室）集中在一起，职责分明，人员到位，铲除了产生推诿、扯皮现象的土壤，达到了运转协调、行为规范的目的。

第三，加快了办事速度。"一门式"服务最显著的特点，就是办事快捷。老百姓普遍感觉，以前找政府办一件事需要几天甚至几个月才能办完，现在到"政务超市"一般不超过一个小时就可以办妥。政府办事效率提高，不仅缩短了老百姓的办事时间，更重要的是缩短了老百姓和政府之间的心理距离，体现了便民、亲民、益民的理念，密切了党群、干群关系。

（三）"政务超市"实现了由暗箱操作向公开透明的过渡

第一，老百姓享有了知情权。"政务超市"将政府的政策规定、办事程序、优惠条件等信息全部"上墙"，老百姓一到"政务超市"，一目了然，真正享有了知情权和知政权。在"政务超市"里，老百姓办理业务心情舒畅，人格得到了尊重，政务做到了公开。即使是有一定政策弹性的服务项目也公之于众，并作出相关的解释，做到在窗口面前人人平等，杜绝了某些政府人员不按章办事，以感情代替政策，甚至以权谋私的现象。同时也让老百姓得到实惠。

第二，增强了政务处理的公民参与。"政务超市"把事关老百姓切身利益的公共事务决策权交给老百姓，广泛听取老百姓的意见，扩大了决策的"半径"。去年底，小市街道东井亭社区拆除了67处违章建筑后，召开了听证会，就是否复建街道进行讨论。一部分群众认为，便民的生活设施没有了，复建后既可方便群众生活，又可以解决一部分人的就业；另一部分群众认为，好不容易将违章建筑拆除，复建将弊大于利。听证会上200多名社区居民各抒己见，根据少数服从多数的原则，听证会现场决定不再复建。像这样的事情，其决策过程建立在广泛听取民意的基础上，极大地调动了公众参与和民主自治的积极性。

第三，强化了民主监督机制。首先，政府各部门（科室）集中办公，为民办事的态度和服务质量可以相互之间进行监督；其次，老百姓依照政府部门的公开承诺，通过意见簿、评议簿，对政府办事人员进行监督；再次，由各部门领导和上级主管部门对各个窗口办事情况定期讲评。这种全面监督的措施，对"超市"工作人员的服务行为增强了约束，促使机关工作人员转变工作作风，提高依法按章办事的自觉性。

（四）"政务超市"架起了政府和老百姓之间的桥梁

在"政务超市"里，政府可以获得大量的社情民意，了解人民群众的疾苦，解决人民群众反映出来的困难，进而及时根据群众意愿，调整工作思路，促进政府和老百姓之间关系的改善。

第一，设立了人大工作室。以往人大代表一般只在开会期间行使代表权利。为了发挥人大代表在闭会期间沟通政府和老百姓的纽带作用，"政务超市"设立了社区人大代表工作室，为人大代表平时走进社区，倾听选民意见，反映选民呼声创造了便利，也为监督政府工作，行使代表权利，发挥了重要作用。

第二，开辟了弱势群体专门窗口。"政务超市"把工作的触角伸向弱势群体，为弱势群体办急事、难事和好事，最能体现政府对老百姓的亲和力。南京市禁止外地牌照的"三小车"运营后，双腿残疾人员袁存林，抱着试探的心情来到街道"政务超市"，"政务超市"工作人员几经协调，给他换了一部手摇式残疾车，找了一处固定场所修鞋子。一位下岗女工投资5万元开办了一家私立幼儿园，因不符合相关政策和规定，刚开业不久就被有关部门勒令停业。无奈之下她向"政务超市"求助，在"超市"工作人员的热情帮助下，一所占地200多平方米的"私托"很快就诞生了。许多市民群众高兴地说："现在到'政务超市'办事，政府人员的观念变了，作风变了，效率也变了。"

（五）"政务超市"开辟了社区政治思想工作的新阵地

"政务超市"设立了专题谈心室、法律咨询"门诊部"、街道领导信箱以及直接电话和领导接待日制度。群众若有一些不愿公开和难办的事情，可以直接找领导，由领导解决这些问题。过去老百姓办事经常会因扯皮、推诿而对政府某些部门或工作人员产生怨气，一些久拖不决的问题甚至会激化矛盾。而"政务超市"出现后，在一定意义上缓解了社会矛盾。

（六）"政务超市"提升了街道整体工作的水平

"政务超市"的开办，十分重视为辖区内的企业困难职工和下岗人员提供就业咨询等各项服务，并把它作为重要的新的经济增长点来抓，在区域内树立了良好的政府形象，以此调动和促进了街道的全面工作。

小市街道2000年有12项工作被评为江苏省、南京市先进，南京电视台"社会大广角"栏目对此作了5次专题报道。2000年，该街道被授予南京市首批"文明社区"、"南京市安全文明街道"、"南京市双拥模范街道"等荣誉。

热河南路街道2001年完成税收达426万元，比上年同期增长38.8%。街道可用财力达到600多万元，并在全省最低生活保障线工作会议上作为唯一街道代表作大会发言。街道近年来先后获得了"江苏省体育先进社区"、"南京市市容卫生优胜街道"、"南京市科普文明街道"、"南京市双拥模范街道"和"南京市首批文明社区"等十余项荣誉称号。

五、"政务超市"模式的意义

（一）"政务超市"是实现善治的重要尝试

南京市下关区创办"政务超市"是实现善治的重要途径和政府治理的重大进步。善治是使公共利益最大化的社会管理过程，它的本质特征就在于它是政府与公民对公共生活的合作管理，是政治国家与公民社会的一种新型关系，是两者的最佳状态。

1. 增强了政府的合法性

合法性越大，善治的实现程度越高，善治要求有关的管理机构和管理者最大限度地协调公民之间以及公民与政府之间的各种利益矛盾，以便使公共管理活动取得公民最大限度的同意和认可。"政务超市"实行"一门式"办公方式，集中在一个平面大厅里服务，极大地方便了群众，这体现了政府部门全面贯彻以民为本的思想，遵循"立即办、限时办、联合办、转报办、解答办、劝慰办"的服务原则，有力保障了人民群众的利益，增强了民众对政府的支持和理解，扩大了政府的合法性基础。

2. 增加了政府的透明性

"政务超市"是办理各种公共服务最公开的服务场所，涉及服务老百姓的7大类50多种服务项目都公布于众，告知群众办什么事、需要什么条件、在什么窗口、找什么人。这样就使各种政务工作的服务对象、服务内容、服务方式等一目了然，改变了过去"门难进、人难找、脸难看、事难办"的"衙门"作风，增加了政府的公开性和透明度。

3. 增强了政府对民众的责任性和回应性

"政务超市"的政府工作人员实行首问负责制的工作制度，遵循"首问负责，对口接待"的原则。第一个被询问人负有首问责任，属于职责范围的事，自己负责接待；不属于职责范围的事，负责指点或帮助联系相关部门或相关人员接待；具体工作人员外出，别人无法代办的，首问责任人要负责与来访办事人预约，并转告具体经办人，具体经办人为群众的事情办妥后，告知首问接待人；首问责任人不得以任何借口推诿、拒绝，如确有困难，也要做好解释工作，并向本部门负责人汇报，使群众满意。首问负责制大大地加强了工作人员的责任性，能及时地回应公民的反映，满足了公民的要求。

4. 提高了政府的有效性

街道办事处作为区政府的派出机关，直接与公民打交道。在街道办设立"政务超市"，将各职能科室集中在一起，职责分明，人员到位，避免了产生推诿、扯皮现象的发生，有利于协调运转，提高效率。同时，实行服务承诺制，严格办事程序，按规定的期限或预约期限办完事情，直接提高了办事的效率，增强了政府的有效性。

（二）"政务超市"有利于建立服务型政府

"政务超市"的建设有利于转变机关工作作风，增强工作人员的服务理念，促进"控制导向"的政府管理向"服务导向"的政府管理转变，有利于建立服务型政府。政府工作的重要部分在于对民众的需要给予充分的回应。在传统的体制下，政府扮演了生产者、监督者、控制者的角色，为社会和民众提供公共服务的职能和角色被淡化，有些政府部门和人员甚至或多或少地忽视了为民服务的宗旨。这既与传统的经济体制有关，也与政府组织的特性有关。在计划经济下，政府的职责就是负责人、财、物的分配，而不是提供服务。政府组织被更多地视为设定职能、授予权威和正式结构的结合体，而不是一个服务体；政府在管理上，也是讲求计划和控制功能，视组织成员和民众为管理的对象和客体，甚至出现"吃、拿、卡、要"的现象，而忽视了为社会和民众服务的责任。这种管理模式忽视了公共管理的内在价值，使政府存在的正当性受到质疑和诘难，也导致官僚主义和人民对政府部门的信心下降。

建立一个服务于人民的政府，是中国政府再造的战略目标。服务型政府，概括起来，就是将政府由原来的控制者，改变为兴利者和服务者。南京市下关区的"政务超市"最根本的一点就是树立公共服务的理念，把最大程度地满足群众的需求作为工作的出发点，严格要求工作人员，处处为群众着想，想群众之所想，急群众之所急，切实保障公民的权利，为老百姓排忧解难。这实际上是在政府运作过程中实行"顾客驱动"，让顾客具有选择权和评价手段以驱动政府在符合社会需求的方式和服务质量的标准下行事和正常运转。

六、"政务超市"在实际运作过程中存在的问题及分析

"政务超市"的出现，符合社区发展的方向，在社会上引起了一定的反响。

不过，"政务超市"形成的时间毕竟不长，本身也需要有一个不断完善的过程，"政务超市"的内容、形式和方法也需不断创新和进一步加以推广。

第一，桥梁作用仍需发挥。创办"政务超市"是以最大限度地满足广大人民群众的需要为根本目的，因此，在进行党和国家各项方针政策贯彻的配套服务工作时，将落实过程中出现的问题及时反馈给上级政府，更好地架通政府和民众之间的桥梁，是"政务超市"发展的根本方向。所以，"政务超市"的一切工作，都应始终围绕这一主题展开。

第二，服务体系仍需进一步完善。"政务超市"是一个开放的系统工程。它的运行不是孤立的，既和上层系统相联系，又和下层百姓息息相关，同时还涉及相关横向部门。"政务超市"的功能和作用，应该向四方辐射，有利于形成一个完整的公共服务体系。

第三，工作水平仍需进一步提高。"政务超市"的内涵和功能也会随实践的发展而变化。它要求政府工作人员不断提高工作水平和工作质量，既对上层方针政策有比较准确的把握，善于引导群众；又对改革开放的新形势、新任务有比较强的适应能力，这是办好"政务超市"的关键所在。

第四，"政务超市"开办过程中遇到经费的问题。办"政务超市"的前期投入较大，区政府又没有专项经费，街道经济负担较重。由于各街道经济实力上的差距较大，财力不足的街道在服务设施的配备上不能到位，从而会影响"政务超市"功能的发挥。

南京市下关区"政务超市"的产生是政府制度变革的一个典型例子。原来办事难的办公模式就是百姓"不满意状态"，"政务超市"就是由"不满意

到满意状态"转变的产物。制度变革是要付出变革成本的,变革成本就是为了建立一种新的制度安排和制度结构所必须耗费的人力、物力和财力,是一种类似于工程开办费和建设费的一次性开支。"政务超市"的变革成本主要由以下几个方面构成:一是规划设计、组织设施的费用。南京市下关区工作人员去上海学习取经等费用就属于这个成本。二是更新组织的费用。"政务超市"的创办要更新办公设备和调整办事人员。三是消除变革阻力的费用。为了消除制度变革的阻力,就需要付出一定的代价,对变革受损者进行补偿。这是制度变革成本的重要组成部分。四是制度变革造成的损失。"政务超市"增加了政府工作人员的工作量,增强了责任。五是随机成本。"政务超市"的开办与政府领导的创新精神和领导能力是分不开的,可是政府领导是有任期的,在"政务超市"创办和完善过程中,原来负责开办"政务超市"的领导也许会调走,必然对工作的持续发展造成一定的影响。

制度变革能否成功以及新制度能否正常运转必须要考虑制度需求和制度供给。只有当制度变革的社会效益大于社会成本与个别效益大于个别成本同时出现时,才会既有制度变革的需求,又有制度供给;既有变革动机,又有变革能力,变革者才会采取行动,放弃旧的制度安排而选择新的制度安排。"政务超市"的创办能否取得成功,取决于它的社会效益能否大于它的成本。

七、"政务超市"是否真正转变了政府职能

"政务超市"服务宗旨的便民性,要求必须进一步认真思考和分析定位街道办事处在直接为民服务方面所应该承担的政府公共服务职能。但是目前的"政务超市",还仅仅是街道在为社区群众提供政务服务方式和场所的改变,并没有真正触及街道机关实质性的政府职能转变。因为目前"政务超市"所能提供的服务项目、服务内容和服务权限还仅仅局限于以往上级

政府所赋予的职能范围之内，由于上级政府部门的职权没有下放，街道的服务职能还不明晰，简化和扩大并没有起到真正意义上的便民作用。如办理婚姻登记、"独生子女证"、"残疾证"、"老年证"等10多个服务项目，这些服务项目没有一项能够在街道办事处一次性办完，而是通过街道办再到区政府的职能部门去办理。实际上，街道办在某种意义上成了区政府及其职能部门的"腿"。

如果想真正带来街道办事处职能的转变，就必须同时提出区委、区政府相关部门职能转变的问题，因为街道办事处是区政府的派出机关，仅仅是代表区政府执行区政府授予的职能。从目前"政务超市"受理的项目来看，不少项目牵扯到区委、区政府相关部门的审批权。这就要求区委、区政府相关部门，一方面要改变作风、转变职能，加强对"政务超市"的支持和指导；另一方面，加快管理重心下移和职能下放工作，使"政务超市"的职能上下贯通，连成一体，促进便民、利民，提高办事效率，使之不断完善提高。

八、"政务超市"与城市行政管理体制的改革

南京市下关区的"政务超市"是由下关区的街道办设立的办事场所，它的产生是转变政府职能和改革街道办体制的尝试。街道办要转变政府职能，就必须要上下互动，推动区政府甚至更上一级政府机构的改革和职能的转变，同时推动城市管理体制的改革。

要探讨"政务超市"在现行行政管理体制中的运行，就必须首先了解街道办事处的地位和性质，进而了解我国城市行政管理体制。在我国，城市实行"两级政府、三级管理"的模式，市、区两级政府，在不设区的市和市辖区的下面设立街道办事处作为它们的派出机关，因此街道办事处不是一级政权机关，它具有多元性、社会性、服务性的特征。新中国成立以来，街道办事处所承担的职能时增时减，但是它的性质和体制都没有变化。

现行街道管理体制存在不少弊端，妨碍了街道办事处作用的充分发挥：

（一）性质与作用的矛盾

街道办事处的性质是由我国法律所确定的。1954年颁布的《城市街道办事处组织条例》和1982年颁布的修改后的《中华人民共和国地方各级人民代表大会和地方各级人民政府组织法》是界定街道办事处性质的基本法律依据。这两个法律文件都把街道办事处定性为"市辖区和不设区的市人民政府的派出机关"，这种派出机关的性质决定了街道办事处作用的限度。随着经济的不断发展、社会的不断进步和改革开放的不断深入，街道办事处在社会生活中的作用远远超过了当初的设想。在城市社区管理活动中，需要街道办事处依法行政的范围越来越宽，需要街道办事处协调的社会关系越来越复杂，需要街道办事处承担的社会责任越来越大，需要街道办事处提供的服务越来越多。这种实际作用与法定性质之间形成了矛盾，这种矛盾严重影响了街道职能的发挥，挫伤了基层管理组织的积极性，阻碍了街道事业的发展。

（二）职责与权力的不统一

街道办事处在履行地区性行政管理职责过程中，必须具有与职责相对应的权力，但现行的街道管理体制责权不一的问题十分突出。街道办事处往往是有责无权或责大权小。作为市或区政府的派出机关，街道办事处要无条件地接受上级政府的领导，承担市或区政府交办的大量工作任务。作为城市基层的行政管理中心，街道负有管理地区性事务、兴办社会公益事业的责任，要完成任务、履行职责，就应当具有行政管理、统筹协调、监督检查等相应的权力。但由于现行的街道管理体制缺乏必要的法律明确规定的行政管理权限，街道办事处很难做到依法行政。许多事情，看得见，摸得着，但没有权，管不着。一旦出现问题，街道办事处还要承担责任，这种"责任大、任务重、权力小"的不正常局面，加大了街道工作的负担和难度。

（三）条块分割，关系不顺

条块关系是现行街道管理体制中一种基本的结构性关系。长期以来，由于过分强调高度集中和政令统一，忽视分级管理、层层负责，造成街道管理体制严重的条块分割问题。在实践中表现为"条条"控制为主，"块块"管理为辅，街道办事处缺乏应有的权威。街道办事处在进行地区性管理工作时，必然要联系城建、房管、环卫、公安、司法、工商、税务等部门，必然要涉及驻街各工厂、企业、机关、学校等单位，这些部门和单位都是按照各自"条条"的指令行事，街道办事处作为"块块"，对他们没有法定的约束力，因而造成各自为政、政出多门的现象。

（四）机构设置不合理

区级以上政府机构齐全，而街道办事处却部门很少，呈"倒金字塔型"。在职责、任务的划分上却恰恰相反，越是基层，任务越多，上级政府各职能部门的各项工作任务都要汇集到街道，靠街道落实，呈"正金字塔型"。仅以街道办事处的城管科为例，这一科室与上级机关相对应的部门多达20多个，承担任务竟达120多项。

伴随着计划经济向市场经济的转型，作为中国计划经济体制的基本单元的单位体制的逐渐松动，许多人由"单位人"转变为"社区人"，原来积蓄在单位内的资源和能量逐渐释放出来。同时，单位承担的社会管理任务也移交给社会，这些社会管理任务就需要由负责社区工作的街道办事处来承接，

服务政府
Service-oriented Government

城市管理的工作重心下移到了街道层面。这就需要街道发挥贴近居民、了解居民的工作优势，从而更加有效地解决改革和发展过程中出现的新矛盾、新问题。近年来，街道主导安置了大量在国有企业改革中的下岗分流人员，承接了许多由"单位人"转为"社区人"的城市居民的社会保障服务，承担了社会弱势群体的帮困救助的托底保障工作，为维护社会基层稳定作出了重要贡献。而且，街道较好地承担了环境整治、拆除违章、小区治安、小区绿化、物业管理等社会综合管理功能，为加强城市社会管理发挥了重要作用。街道还积极开展老年人服务保障、家政服务、文化体育活动、志愿者队伍建设等社区工作，切实有效地提高了广大居民的生活质量。

"政务超市"的产生顺应了社会转型和发展的趋势。但是"政务超市"不能仅停留在办公模式的改变，应当深化到行政管理体制的改革之中，才能真正实现它的理念。体制改革的目标是社会系统中各要素间责权利的调整，它追求的是公平与效率的最佳结合。首先要明确责任，什么级别、什么部门应当办什么事，权限多大，程序如何，都应当明晰化，杜绝推诿拖拉、暗箱操作、宽严随意等弊端，从而减少滥用职权，以权谋私的腐败现象，从而体现公平的原则。其次，通过办事程序的简化以及激励机制的优化，进一步激发政府工作人员的积极性、创造性，达到精兵简政的目的，使"政务超市"的发展焕发更强的生命力。

（原载俞可平主编：《地方政府创新与善治：案例研究》，北京：社会科学文献出版社 2003 年版）

参考文献

俞可平主编：《中国地方政府创新案例研究报告（2003—2004）》，北京：北京大学出版社2006年版。

俞可平主编：《中国地方政府创新案例研究报告（2005—2006）》，北京：北京大学出版社2007年版。

俞可平主编：《中国地方政府创新案例研究报告（2007—2008）》，北京：北京大学出版社2009年版。

俞可平主编：《中国地方政府创新案例研究报告（2009—2010）》，北京：北京大学出版社2010年版。

俞可平主编：《中国政府创新年度报告2006》，北京：中央文献出版社2006年版。

图书在版编目(CIP)数据

服务政府／徐焕主编.—北京：中央编译出版社，2013.8
（中国的民主治理：理论与实践／俞可平主编）
ISBN 978-7-5117-1733-7

Ⅰ.①服…
Ⅱ.①徐…
Ⅲ.①地方政府-行政管理-研究-中国
Ⅳ.①D625

中国版本图书馆 CIP 数据核字（2013）第 177870 号

服务政府

出 版 人	刘明清
出版统筹	薛晓源
学术统筹	陈家刚
责任编辑	苗永姝
责任印制	尹　珺
出版发行	中央编译出版社
地　　址	北京西城区车公庄大街乙 5 号鸿儒大厦 B 座（100044）
电　　话	（010）52612345（总编室）　（010）52612335（编辑室）
	（010）66161011（团购部）　（010）52612332（网络销售）
	（010）66130345（发行部）　（010）66509618（读者服务部）
网　　址	www.cctphome.com
经　　销	全国新华书店
印　　刷	北京印刷一厂
开　　本	787 毫米×960 毫米　1/16
字　　数	230 千字
印　　张	20.5
版　　次	2013 年 8 月第 1 版第 1 次印刷
定　　价	65.00 元

本社常年法律顾问：北京市吴栾赵阎律师事务所律师　闫军　梁勤
凡有印装质量问题，本社负责调换。电话：(010)66509618